MATZE KNOP

WER ICH BIN

– und das sind viele

MATZE KNOP
WER ICH BIN
– und das sind viele

Bibliografische Information der Deutschen Nationalbibliothek:
Die Deutsche Nationalbibliothek verzeichnet diese Publikation in der Deutschen
Nationalbibliografie; detaillierte bibliografische Daten sind im Internet über
http://d-nb.de abrufbar.

Für Fragen und Anregungen:
matzeknop@mvg-verlag.de

1.Auflage 2010

© 2010 by mvg Verlag, ein Imprint der FinanzBuch Verlag GmbH, München,
Nymphenburger Straße 86
D-80636 München
Tel.: 089 651285-0
Fax: 089 652096

Redaktion: Antje Steinhäuser, München
Umschlaggestaltung: Moritz Röder, München
Umschlagabbildung: Manfred Esser (Supa Richie), Marc Rehbeck (Niki Lauda),
Falko Wübbecke (Dieter Bohlen)
Bilder innen: Marc Rehbeck: S. 16, 21, 22, 25, 26, 29, 66, 170, 175, 181,
          266, 268-273, 276, 278-282
          Manfred Esser: S. 40, 42, 43, 44, 47, 50, 51, 53, 80, 82, 85, 88, 89, 90,
          91, 100, 102, 103, 104, 106, 107, 109, 112, 115, 117-121, 134,
          136-138, 140, 143, 144, 204, 205, 209-212, 214, 248-257,
          Renate Kampmann: S. 45
Innenlayout und Satz: Moritz Röder, München
Druck: Firmengruppe APPL, aprinta druck, Wemding
Printed in Germany

ISBN 978-3-86882-165-9

Weitere Infos zum Thema:

www.mvg-verlag.de
Gerne übersenden wir Ihnen unser aktuelles Verlagsprogramm

Inhalt

Vorwort

Hallo liebe Leserin, lieber Leser. Dieses Buch, das Du hier in den Händen hältst, ist ein Sachbuch. Daher rede ich Dich ab sofort auch nur noch mit „Sie" an. Einfach um der ganzen Sache die nötige Glaubwürdigkeit zu geben. Auch wenn Du erst sieben bist und normal nur „die Wilden Kerle" liest oder „Conny auf'm Bauernhof" oder die Rückseite vom Nutella-Deckel. „Sie" ist eine förmliche Anrede und für dieses Buch genau richtig.

Im Laufe meiner Arbeit als Comedian – insofern man das überhaupt als Arbeit bezeichnen kann – habe ich die unterschiedlichsten Charaktere und Persönlichkeiten dargestellt, parodiert und ein wenig aufs Korn genommen. Dafür musste ich mich als Vorbereitung stets intensiv mit der jeweiligen Person und ihren Eigenarten auseinandersetzen. Zumeist waren es sehr bekannte und äußerst erfolgreiche Personen. Hierbei fiel mir immer wieder auf, dass es einen Grund gibt, warum diese Menschen in ihrem Leben eventuell mehr „Erfolg", mehr „Verdienst" oder auch einfach nur mehr „Glück" haben oder hatten als wir Durchschnittsbürger.

Und genau diese Besonderheiten, diese Eigenarten und Charaktereigenschaften möchte ich Ihnen auf den folgenden Seiten näher erläutern. Aus dem einfachen Grund: UM SIE ZU KOPIEREN!

Reiner „Calli" Callmund würde sagen: „Et is wie bei juten Essen, nimm die richtigen Zutaten und dat Gericht schmeckt am Ende à la boneur." Und der Calli hat recht. Alle Personen, mit denen ich mich auf den folgenden Seiten näher befasse, haben irgendetwas richtig gemacht in ihrem Leben. Aber was ist es?

Nehmen wir Angelina Jolie. Die amtierende Miss Perfect, die Schlauchboot-Lippen-Susi an der Seite von Brad Pitt, dem ehemaligen Pin-Up-Boy aus *Thelma und Louise*. Dem Joe Black aus *Sieben Jahre in Tibet*, dem Vampir aus *Legenden der Leidenschaft*. Man könnte auch sagen: Aus der Mitte entspringt ein Fluss und jedes Jahr ein neues Familienmitglied. 6 Kinder haben Brangelina inzwischen, und man hat das Gefühl, *12 Monkeys* werden es am Ende mindestens sein. Aber warum? Weil beide absolute Weltstars sind. So berühmt und bekannt, dass sie sogar bei einem einsamen Tauchgang im Marianengraben östlich von Guam am Rande des Pazifik in 10.899 Meter Tiefe wahrscheinlich von einem Borstenwurm für die BILD-Aktion 1414 abgeschossen würden.

Daher schaffen sich Brangelina eben ihre eigene kleine Welt. Ein Kind aus Kambodscha, eins aus Vietnam und eins aus Afrika. Drei aus eigenem Anbau – also aus Nordamerika. Fehlt eigentlich nur noch ein Australier. Vielleicht ein kleiner Brasilianer und zwei Europäer. Vielleicht sind die zwei deswegen so oft in Berlin. Aber wer mag es ihnen verdenken. Im Zeitalter von google streetview und handylocator.com gibt es für Superpromis eben kein Entrinnen.

Und für viele von uns „Normalos" bald auch nicht mehr. Daher mein Tipp: Kinder machen. So viele wie geht. In kurzen Abständen. Am besten fünfzig. Oder sagen wir 53, damit´s nicht so geplant aussieht. Und dann links und rechts im Garten eine zwanzig Meter hohe Mauer hochziehen und Ruhe is!!! Dann können die Lehmann-Brothers ruhig unsere ganze Kohle verschleudern und die Amis noch dreißig Jahre in Afghanistan „dem

„Alte Zöpfe soll man abschneiden." Beim FC Schalke 04 hat Felix Magath 2010 deswegen gleich die komplette Mannschaft ausgetauscht. Sogar die Arena-Klosteine sind inzwischen neu.

Shut" hinterherjagen. Dann juckt uns das nicht mehr. Dann sind wir autark. Quasi die Amish People von Bad Nenndorf, die Eremiten von Aurich oder wo immer Sie Ihre Homebase haben.

Aber keine Angst, es sind nicht alle Tipps in diesem Buch derart übertrieben. Manchmal sind es auch nur ganz kleine Hinwei-

Der erste deutsche Staatsmann, der mit einem Mann verheiratet ist. Wobei man Loki Schmidt jetzt auch nicht unbedingt als Vollblutweib bezeichnen kann. Deswegen: Heiraten Sie ruhig Ihre Mutter oder Ihren Hamster, wenn's nun mal der Deckel zu Ihrem Topf ist.

se, die ich gebe. Verhaltensweisen, Wesenszüge und Handlungen, die Ihr Leben positiv auf den Kopf stellen können. Nehmen wir Felix Magath, Fußball-trainer und Drill Instructor in Personalunion. Es gibt Schalke-Spieler, die der Meinung sind, gegen Quälix war Gunnery Sergeant Hartmann aus *Full Metal Jacket* nur ein Erdhörnchen. Aber was lernen wir von Felix?! Ganz klar, wenn unser Talent – beispielsweise als Maurer – deutlich geringer einzuschätzen ist als das der Konkurrenten, dann muss ich zumindest der Schnellste sein, der Fitteste und der Sparsamste. Heißt: Sie müssen den Zement zur Not auch mit der Zahnbürste anrühren und in der Lage sein, die Kathedrale von Palma während der 5-Minuten-Siesta zu renovieren. Am Ende sind Sie dann zwar vielleicht für den Schiefen Turm von Pisa verantwortlich oder die U-Bahn in der Kölner Südstadt, aber immerhin! Besser als arbeitslos werden und anschließend bei `ner rumänischen Drückerkolonne maximal den Fluchtwagen zu steuern. Und genau deswegen trainiert der FC Schalke Freistöße nur mit Medizinbällen statt mit der Jabulani-Plastik-Pille von Adidas und wurde 2010 zu Recht Vizemeister.

Sie merken schon, worauf dieses Buch im Groben hinausläuft. Auf einen Ratgeber der ganz besonderen Art. Ein Buch, das es in dieser Form noch nicht gegeben hat. Ein weiteres Beispiel gefällig? Vielleicht ein etwas ausführlicheres? Bitte schön!

Nehmen Sie Guido Westerwelle, den Oberhäuptling der FDP. Die gelbe Gefahr aus Bad Honnef – wie man ihn zur Kolonialzeit vermutlich genannt hätte. Dieser Westerwelle absolvierte zunächst ein Studium der Rechtswissenschaft an der Universität Bonn, welches er 1987 mit dem ersten und 1991 mit dem zweiten juristischen Staatsexamen beendete. 1994 erfolgte seine Promotion zum Doktor der Rechtswissenschaften (Dr. jur.) an der FernUniversität in Hagen mit einer Dissertation. Seit 2001 ist Westerwelle Bundesvorsitzender

der Freien Demokratischen Partei (FDP). Ferner war Westerwelle von 2006 bis 2009 Vorsitzender der FDP-Bundestagsfraktion und Oppositionsführer im Deutschen Bundestag. Seit Ende Oktober 2009 ist er designierter Bundesminister des Auswärtigen und Vizekanzler im Kabinett Merkel II.

Er ist also das lebende Beispiel dafür, dass man auch mit leichter Problemhaut – und das ist ACHTUNG: „eine wichtige Info für alle Pubertöre" – durchaus die Möglichkeit hat, auf politischem und gesellschaftlichem Parkett Lorbeeren einzuheimsen. Und in der Disco sowieso. Auch ich hatte als Jugendlicher den einen oder anderen Pickel auf der Stirn und im Schläfenbereich. Leider gab´s damals außer Schmirgelpapier und dem Mitesser-Messer keine geeigneten Gegenmaßnahmen. Es gab sogar Tage, da hätte ich im Clearasil-Windkanal arbeiten können und war kurz davor, ein eigenes Akne-Forum zu gründen, nur blöderweise gab´s noch kein Internet. Also hab ich mir den Pony lang wachsen lassen und den ganzen Pustelkram daruntergeschoben. Irgendwann waren sie dann weg. Einfach so. Über Nacht. Schwupps. Matze hatte glatte Haut. So zart und weich, wie die Satinunterwäsche vom Guido. Aber darauf wollte ich gar nicht hinaus. Was ich eigentlich sagen wollte:

Sie habe alle Chancen der Welt – liebe 8. und 9.-Klässler, wenn „ihr" euch auf den Hosenboden setzt und lernt. Und lernt. Und lernt. Und lernt. Und lernt. Ich freue mich, dass bereits an dieser Stelle des Buches auch alle Lehrer anfangen werden, heftig zu nicken und zu denken: „Der Knop – manchmal hat sogar er helle Momente."

Übrigens: Seit 1991 schon ist Guido Westerwelle als Rechtsanwalt zugelassen.

Mit anderen Worten, unser Vize-Guido, die zweite starke Frau im Staate Deutschland hat einen anständigen Beruf erlernt. Insofern man das über einen Anwalt überhaupt sagen kann. Kommt dieser in der Hierarchie der sogenannten Vertrauenspersonen doch erst hinter dem Versicherungsvertreter und nur ganz knapp vor dem Gebraucht-wagenhändler. Wenn man aber bedenkt, das Guido W. eigentlich ja Politiker ist, so erzielt der Anwalt in Relation zum Job des Politikers in Sachen Vertrauenswürdigkeit wiederum einen absoluten Spitzenplatz. Kapiert? Nicht? Nicht schlimm. Schließlich haben viele Politiker heut-zutage ein Ansehen, das selbst die imagemäßig arg gebeutelten Tali-ban in tiefe Depression stürzen würde. „Was Politiker? Wir? Niemals, wir sind anständige, wohlerzogene Terroristen mit gutem Elternhaus."

Wie auch immer. Sollte die Polit-Karriere von Guido Westerwelle eines Tages abrupt zu Ende gehen – was wir natürlich schon aus rein kabarettistischen Gründen nicht hoffen wollen –, dann hat Mr. West-wave als Rechtsanwalt immer noch die Möglichkeit vor dem Amtsge-richt Erlangen den neunjährigen Tunjal Selifiloglu wegen seines mas-kierten Raubüberfalls auf ein Dixiklo vor 35 Sozialstunden in einer Seniorentagesstätte oder gar der Abschiebung in die kurdische Grenz-region zu bewahren. Und auch damit würde der Guido wahrscheinlich noch so viel Kohle verdienen, dass er sich sowohl seine tägliche Ration Frühstücksflocken, als auch einen Alterswohnsitz im 7-Sterne-Klotz Burj Al Arab vor der Retortenküste von Dubai locker leisten könnte.

Um es griffiger zu machen: Wenn Sie den großen Wunsch hegen, als Maler, Bildhauer oder Rumpelstilzchen Karriere zu machen, ler-nen Sie vorher noch was Anständiges. Jede brotlose Kunst sollte auf einer seriösen Säule stehen. So habe ich zwar die Köln Comedy Schule besucht, dafür aber mit vierzehn schon in einem Fleischfachbetrieb während der Ferien gelernt, wie man Gabelstapler fährt bzw. wie man ihn, ohne zu gucken, rückwärts gegen ein Rolltor setzt. Oder dass man frisch geschnittene Mortadella und Bierschinken niemals zusammen mit Dauerwurst aufbewahren sollte. Weil die Dauerwurst schneller schwitzt. Stattdessen soll man in die Tupperdose mit dem frischen Auf-schnitt ein paar Nudeln legen. Die saugen nämlich die Feuchtigkeit auf und verhindern, dass die Frischwurst „schmierig" wird.

So! Und mit diesem Wissen in der Hinterhand kann mir auf

dem freien Arbeitsmarkt überhaupt nix passieren. Gar nix. Selbst wenn mir morgen kein vernünftiger Gag mehr einfällt und der Kaiser nach einer finalen Weihnachtsfeier seinen Rücktritt vom aktiven Expertentum bekannt geben sollte, bin ich beruflich auf alle Eventualitäten vorbereitet. Zur Not kann ich immer noch bei BIFI im Kühlhaus anfangen oder selbst modellierte Mett-Igel bei E-Bay verticken oder einfach für die neue Gutfried-Werbung über den Gartenzaun hüpfen, obwohl zwei Meter weiter das Türchen offen steht.

Dieses zusätzliche Wissen gibt mir so viel innere Gelassenheit und Stärke, dass ich mich voll auf das Schreiben dieses Buches konzentrieren konnte.

Im Folgenden werde ich Ihnen einige brauchbare Berufskombinationen ans Herz legen. Nicht schlecht ist, wenn die Berufe im weitesten Sinne anverwandte Züge aufweisen.

Angestrebter Traumberuf	Zur Sicherheit
Pilot	*Drogenkurier*
Astronaut	*Pilot*
Sänger	*Ergotherapeut*
Schauspieler	*Profi-Fußballer*
Magier	*Heilpraktiker*
Bankangestellter	*Insolvenzverwalter*
Tierarzt	*Hundefänger*
Comedian	*Gabelstaplerfahrer*
Journalist(in)	*Politesse*
Beamter	*nicht nötig*
Feuerwehrmann	*Bademeister*
Politiker	*Rechtsanwalt*

Gerade die Kombi Politiker / Rechtsanwalt weist große Vorzüge auf. Denn mit umfangreichem Wissen aus dem Bereich Medienrecht weiß man als rechtsverdrehter Politikanwalt ganz genau, welche Aussagen man vor der Wahl treffen darf, die man nach der Wahl auf gar keinen Fall einzuhalten braucht. So unterscheidet der Medienrechtler etwa zwischen Tatsachenbehauptungen und Meinungsäußerungen.

Kennzeichnend für die Tatsachenbehauptung ist, dass sie im Kern nachprüfbar und beweisbar ist – also eigentlich nix für einen halbwegs cleveren Politiker. Der Meinungsäußerung ist dagegen das Element der persönlichen Stellungnahme und Wertung immanent, das dem Beweis nicht zugänglich ist. Deswegen bedienen sich Politiker vor der Wahl eben gerne der Meinungsäußerung und warten mit der Tatsachenbehauptung bis nach der Wahl und sind rein rechtlich schön aus dem Schneider.

Vor der Wahl:
Wir werden die Steuern nicht erhöhen. Es sieht gut aus. (Meinung)

Nach der Wahl:
Wir müssen die Steuern erhöhen. Der Staat ist bankrott. (Tatsache)

Aber ich will Sie jetzt hier nicht mit Politik langweilen, sondern vielmehr ergründen, warum der Kauf dieses Buches eine weise Entscheidung war und was wir zum Beispiel von Felix Magath, Angelina Jolie oder von Mr. Westwave alles kopieren sollten.

Bedenke: Westerwelle ist seit 1980 Mitglied der FDP. Hier zählte er zu den Mitbegründern der Jungen Liberalen. Als sein Vorbild nannte er Hans-Dietrich Genscher.

Suchen Sie sich Vorbilder, denen Sie nacheifern können. Das kann Ihre Oma sein, weil sie den besten Schweinebraten der Welt zaubert. Das kann Ihr Chef sein, weil er so unglaublich wenig Führungsqualitäten mitbringt, aber durch sein Angst- und Schreckensregiment trotzdem den Laden irgendwie auf Kurs hält. Oder Sie suchen sich meinetwegen auch irgendeinen Prominenten mit Vorbildfunktion wie z. B. Winnetou, Viktoria Beckham, Mac Gyver, Jesus, Captain Future, Peter Zwegat, Flipper oder Boomer – Der Streuner, falls den noch einer kennt. Die Person sollte halt nur irgendwas haben oder leisten, was auch Ihnen als äußerst erstrebenswert erscheint. Allerdings sollten Sie sich – bevor Sie es öffentlich machen – genau überlegen, wen Sie zu Ihrem persönlichen Held machen. Von folgenden Vorbildern ist abzuraten.

- Saddam Hussein
- Bibo aus der Sesamstraße
- Adolf Hitler
- Baron Münchhausen (Wer einmal lügt ...)
- Robert Mugabe
- R2D2

Das Vorbild:

Sigmund Freud sah die „Identifizierung" mit einem Vorbild als einen psychodynamischen Prozess, der eine Angleichung des eigenen Ich zu dem zum Vorbild genommenen Ich zum Ziel hat. In Folge benimmt sich das erste Ich in bestimmten Hinsichten so wie das andere, ahmt es nach und nimmt es gewissermaßen in sich auf. In der frühen Kindheit sind die Eltern oder primären Bezugspersonen die wichtigsten Vorbilder, sie werden unreflektiert nachgeahmt. Jüngsten Untersuchungen zufolge haben knappe 60 % aller deutschen Jugendlichen ein Vorbild. Bei der Mehrheit der Vorbilder handelt es sich um Prominente und Stars aus den Massenmedien: Sportler, Sänger, Schauspieler. Mutter und Vater belegen aber immer noch den ersten bzw. zweiten Platz in der Hitliste der Vorbilder.

Also noch mal vereinfacht erklärt: Suchen Sie sich ein Vorbild oder besser mehrere und eifern Sie ihnen nach. Und vor allem setzen Sie neue Maßstäbe. Werden Sie mit elf Jahren der jüngste Frührentner in den neuen Bundesländern oder mit 94 Jahren der älteste Bundesligaprofi im Trikot von Hertha BSC Berlin (so wie die im Herbst 2009 rumgegurkt haben, ist Ihnen ein Platz in der Stammformation sicher). Machen Sie als bisher einziger Ihr Abitur auf der Rütlischule in Neukölln. Oder fliegen Sie als erster Weltraumtourist zum Planeten Melmac und schmeißen zusammen mit Alf und Rhonda eine Katze auf den Grill. Genehmigen Sie Mahmud Ahmadinedschad als erster Deutscher einen unterirdischen Atomversuch in Ihrem Koikarpfenteich oder machen Sie Bert Wollersheim zum nächsten deutschen Papst.

Und damit bin ich auch schon am Ende des Vorworts. Also sagen wir fast. Denn Tom Cruise hab ich noch vergessen. Ein cooler Typ, oder? Und er ist nicht nur ein erfolgreicher Schauspieler. Er ist auch noch so etwas wie ein Halb-Gott. Ein Apostel. Ein Prophet. Ein fleischgewordener Wanderaltar. Außerdem hat er eine sechzehn Jahre jüngere Frau, dieses Bleaching-weiße Hollywood-Grinsen und den tödlichen Mission-Impossible-Blick. Etwa so, wie ich auf dem Foto rechts -------------- Ok. Ich sehe vielleicht mehr aus wie ein gescheiterter Recall-Anwärter von Aserbaidschans-Next-Toptrottel, aber so'n klein bisschen Ethan Hunt ist mit drin im Blick. Also zumindest `ne Prise *Eyes Wide Shut* mit dem Schuss *Rain Man* kann ich erkennen. Was ich sagen will: Treten Sie einer Sekte bei. Oder am besten gleich mehreren. Ich empfehle die Splittergruppe der Mormonen. Sie leben nämlich polygam und missionieren meist in Fußgängerzonen. Heißt: Sie können auch weiterhin bei Starbucks rumlungern und ohne schlechtes Gewissen die komplette Fußballmannschaft Ihres Gatten beschlafen. Oder wenn's zum Anfang eine etwas harmlosere Sekte sein soll, werden Sie Waldorfschüler oder BVB-Mitglied. Völlig Schnuppe. Hauptsache Sie profitieren von diesem „Netzwerk". Denn darum geht es.

Lernen Sie möglichst viele einflussreiche Leute kennen und nutzen Sie deren Wissen und Kontakte. Das macht der Tom perfekt.

So, das reicht jetzt aber. Ich denke, Sie haben verstanden, um was es geht. Ich danke Ihnen schon mal, dass Sie dieses Buch gekauft haben und wünsche Ihnen viel Spaß beim Lesen.

Die wichtigsten Kaiser-Gesten für Top-Manager und Selfmade-Männer. Geste 1: Die herzliche Gäste-Begrüßung „Jo servus !"

Franz Beckenbauer
Kaiser, Gott, Lichtgestalt

Franz Anton Beckenbauer (* 11. September 1945 in München), auch Der Kaiser genannt, ist einer der Vizepräsidenten des Deutschen Fußballbundes (DFB), Präsident des FC Bayern München sowie Aufsichtsratsvorsitzender der FC Bayern München AG. Zudem war er Präsident des Organisationskomitees der Fußball-Weltmeisterschaft 2006. Er war bis 1983 als Profifußballer tätig und hatte den Ruf eines internationalen Ausnahmeathleten. Nach seiner aktiven Karriere als Fußballer war er als Fußballtrainer und Sportfunktionär, Werbeträger, Geschäftsmann und einflussreicher Kolumnist tätig.

Mit anderen Worten, wenn auch Sie zur Lichtgestalt werden wollen, zum größten Mogul Ihrer Zunft, zum lieben Gott der Finanzbranche, zum Petrus des Versicherungswesens, zum König von Mallorca, dann haben Sie eine Menge vor sich. Dann reicht Ihr aktuelles Leben zeitlich gesehen eigentlich gar nicht aus. Es sei denn, Sie komprimieren. Sie verringern sich und Ihre Aktivitäten auf ein Minimum. Qualität statt Quantität. Dann rennen Sie sich mit Mitte dreißig als Fußballer nicht im Mittelfeld die Lunge aus dem Hals und riskieren, dass Sie der 84-jährige Platzwart mit Mund-zu-Knoblauch-Beatmung in der 87. Minute noch mal auf den maulwurfshügelübersäten Kreisliga-Acker zurückholt, sondern Sie lassen sich schön auf die bequeme Libero-Position zurückfallen, laufen nur das Nötigste und spielen vorzugsweise noch in einer Mannschaft, die auf Sieg und Meisterschaft abonniert ist. Am besten auf Kunstrasen oder auf Velours. Oder besser noch auf Parkett Kirsche geölt. Dort können Sie glänzen, dort können Sie Eleganz ausstrahlen. Und beim Schuss mit dem Außenrist – vom Kaiser übrigens in seiner aktiven Zeit bei Bayern perfektioniert – dem Fotografen der Lokalzeitung noch ein Signal-Iduna-Lächeln zuwerfen. Deswegen werden

Sie auch bitte niemals stinknormaler Vorsitzender vom Kaninchen-züchterverein „Große Löffel e.V.", sondern wenn überhaupt Ehren-vorsitzender vom Saunaclub Pik Ass an der B1 in Dortmund. Da müssen Sie nicht bei jeder Sitzung anwesend sein und kriegen im Whirlpool ohne großes Gerangel immer den besten Platz neben der vollbusigen Russin ohne Aufenthaltsgenehmigung. Dafür müssen Sie allerdings eines entwickeln. Ein Gespür für die richtigen Entschei-dungen zur rechten Zeit.

Kaiser Franz erlernte das Fußballspiel beim SC 1906 Mün-chen. 1958 plante der dreizehnjährige Franz den Wechsel zum TSV 1860 München, dem damals größten Club in München. Als er jedoch während eines Spieles für den MSC mit einem der Löwen-Spieler aneinandergeriet und dieser ihm eine Ohrfeige gab, änder-te Beckenbauer seine Pläne und wechselte stattdessen zum FC Bay-ern München, der damaligen Nummer 2 in der Stadt.

Sicher, in der Bibel steht: Wenn dir jemand auf die rechte Ba-cke schlägt, dann halte ihm auch die linke hin. Was allerdings auch eher nach einer Formel-1-Party unter der Leitung von Max Mosley klingt. Korrekterweise müsste es heißen: Wenn dir jemand auf die rechte „Wange" schlägt, dann halte ihm auch die linke hin.

Aber jetzt mal ehrlich: Wenn mich die Kassiererin bei Aldi um das Wechselgeld bescheißt, dann lege ich ja auch nicht die Master-card aufs Band und sage: „Ach, wissen Sie was, buchen Sie sich hier auch noch´n bisschen was runter. Und danke bei der Gelegenheit, dass die Erdbeeren gestern unten drin alle komplett verschimmelt waren. Vielleicht können Sie mir aufmerksamerweise dazu noch ei-nen abgelaufenen Becher Sahne andrehen?!?" Nein! Man geht lo-gischerweise hin und brüllt: „Hör mal, du Einzelhandelsschlampe, du Einscan-Hexe, verarschen kann ich mich alleine. Der ALDI ist für mich ab heute gestorben. Ich wechsel mit sofortiger Wirkung, ablösefrei, ohne Handgeld und DFB-Auflagen zum REAL." Auch wenn die preislich in einer anderen Liga spielen.

Aber genau das machen die meisten von uns nicht. Sie handeln unkaiserlich. Sie ergeben sich ihrem Schicksal und denken: „Hm, der Friseur hat mir zwar zum wiederholten Male für teuer Geld eine Macke verpasst, aber der Laden liegt halt auf'm Weg. Und außerdem haben die die ‚Freizeit Revue' im Lesezirkel. Und die Stühle sind so rückenfreundlich. Und die haben Licht, wenn´s draußen dunkel ist. Und eine Tür zum Reingehen. Und überhaupt, ich find die Macke gar nicht mehr schlimm ... auch nicht die in meinem Ohr. Und das bisschen Blut kann ich ja verkraften.
Ach, du großer Schreck ... mein Kreislauf! ICH KOLLABIERE. Aber nein nein nein ... ich will mich nicht verändern."

Franz Beckenbauer gilt als einer der besten Fußballer aller Zeiten und wird in der Öffentlichkeit häufig als „Lichtgestalt des deutschen Fußballs" bezeichnet. Wichtige Meilensteine seiner Ausnahmestellung im Fußball sind der Gewinn der Fußballweltmeisterschaft sowohl als Spieler (1974) als auch als Trainer (1990).

STOPP!

Wer die innere Gelassenheit des Kaisers erlangen möchte, der muss die großen Siege erringen. Am besten in einer noch nie dagewesenen Konstellation. Es reicht also nicht aus, wenn man gegen das Ordnungsamt Garmisch-Partenkirchen den Streit um das Fünf-Euro-Knöllchen wegen Falschparkens an der Graseckbahn gewinnt und gleichzeitig die Geldbuße wegen Geschwindigkeitsüberschreitung im Münchener Aubinger Tunnel (Achtung: Infrarot-Blitzer) abschmettern kann. Das wäre zu einfach und zu naheliegend. Besser wäre etwa, man umrundet wie Steve Fosset die Erde in einem Heißluftballon und legt die gleiche Strecke etwas später als Brustschwimmer zurück. Dann kann man die Klappe aufreißen und auch mal Statements abgeben, die erst beim dritten oder vierten Mal Hören so was Ähnliches wie einen Sinn ergeben. Aber um solche Siege zu feiern, braucht man natürlich Talente.

Beispiele:
- Sie können Musiktitel am Geschmack erkennen
- Sie sind der beste Geröllskifahrer im Dorf
- Sie sind unschlagbar im Synchron-Bügeln von Schiesser-Unterwäsche
- Sie sind der Meister im Apfelbaum-Bungee
- Sie können Goldfische mit dem Rektum verschlucken
- Sie können freihändig den „Kolumbusfalter" von Walt Disney rezitieren.
- Gegen sie ist Johnny Knoxville von Jackass so gefährlich wie Pastinake von Hipp.

1974 führte Beckenbauer bei seiner dritten Weltmeisterschaft die Mannschaft bis ins Endspiel, das gegen Holland mit 2:1 gewonnen wurde. 1976 führte er die Nationalmannschaft erneut ins Endspiel der Europameisterschaft. Dort unterlag die Mannschaft aber in seinem 100. Länderspiel gegen die Tschechoslowakei in der Nacht von Belgrad im Elfmeterschießen. Es war seine vierte Endspielteilnahme mit der Nationalmannschaft. Er ist der erste Europäer, dem dies gelang, und der Einzige, der in je zwei EM- und WM-Endspielen stand.

Merke: Persönliche Rekorde und Bestmarken lassen sich gut vermarkten. Deswegen sollten auch Sie – wie Kaiser Franz – versuchen, zunächst kleine Rekorde aufzustellen. Versuchen Sie einfach mal, bei der nächsten Tupperparty mehr Plastikschrott zu kaufen

Die 1990er Grübel-Geste. Langsam schreitend, über den Erfolg sinnierend. Innere Haltung: „Jo guat, jooo ... jetzt hamma den Pokal ... wie geht's weiter ?"

als alle anderen. Oder Sie servieren bei Ihrer nächsten Geburtstagsfeier so wenig zu essen wie sonst keiner in der Familie.

Wenn´s dann auch noch scheußlich schmeckt, weil entweder abgelaufen, total versalzen oder einfach rattenkalt, haben Sie eine ernstzunehmende Duftmarke gesetzt, an der so schnell keiner rütteln wird. Sie können aber auch versuchen, zwölfmal hintereinander in eine Radarfalle zu tappen (ich wiederhole: Aubinger Tunnel, A99), Sie tragen einfach mal so lange Ihre Unterwäsche, bis die freiwillige Feuerwehr Sie aus dem Slip rausschneiden muss, oder Sie versuchen ganz einfach, alle anderen in Ihrer Kirchengemeinde zu überleben. Dann müssen Sie zwar alleine feiern und auf dem Siegerpodest ist der Zweitplazierte maximal durch seine Urne präsent, aber dieser Triumph ist Ihnen von niemandem mehr streitig zu machen. Und beim nächsten Kriegsveteranen-Treffen kommt das Stichwort „überlebt" sowieso gut an.

Im Jahre 1977 wechselte Beckenbauer – auch aus privaten Gründen – zu Cosmos New York. Seine damalige Ehekrise und

Die Nach-Büroschlaf-zurecht-rück-Geste. „Jo sicherlich …"

De Kitzbühle Grant Blick. Bring jeden Ver handlungs partne aus de Fassung

die Beziehung zu der Sportfotografin Diana Sandmann wurde von der BILD-Zeitung, für die er später als Kolumnist tätig wurde, „ausgeschlachtet". Der Wechsel in die USA bedeutete das Ende seiner Zeit als Nationalspieler, da zu der Zeit im Ausland tätige Spieler nach den Erfahrungen bei der WM 1974, als ein nicht austrainierter Günter Netzer von Real Madrid zur WM kam, nicht berücksichtigt wurden. Im damaligen Fußball-Entwicklungsland USA wurde Beckenbauer dreifacher US-amerikanischer Meister (1977, 1978, 1980).

Ein Auslandsaufenthalt gerade in jungen Jahren ist jedem ans Herz zu legen. Dabei ist es zunächst egal, ob Sie eine Schauspielschule in New York City besuchen, als kasachische Tänzerin im Mega-Park Mallorca anheuern oder mit einem guten Kumpel einfach mal drei Monate quer durch Thailand trampen (wovon Sie allerdings nicht mehr als drei Nächte in Patpong verbringen sollten, auch wenn die Ping-Pong-Shows sehr verlockend klingen). Sehr zu empfehlen sind übrigens die Full Moon Partys am Haad Rin Beach auf Koh Phangan, der nördlichen Nachbarinsel von Koh Samui.

Hier lernt man nicht nur jede Menge Möchtegern-DiCaprios kennen, sondern auch herrenlose Hunde, Kiwi-Bowle ohne Kiwi und dass es irgendwie scheiße ist, wenn man morgens um fünf völlig nackt im Wasser steht und sich krampfhaft versucht zu erinnern, wer man ist, wo man ist und warum man nicht NEIN gesagt, als einem der Schwarze mit den kaputten Zähnen die große Schultüte zum Rauchen angeboten hat.

Aber wir kommen vom Thema ab. Der Zeitpunkt des Auslandsaufenthalts geht meist mit dem Scheitern einer Beziehung einher. Manchmal auch mit dem Beginn. Wenn man zum Beispiel weiblich ist, 27 Jahre alt und sich in der DomRep in den Chefanimateur vom Bulla-Bulla-Club verliebt hat. Der natürlich sofort heiraten würde, wenn nicht schon wieder der Ausreiseantrag abgelehnt worden wäre und er deswegen von ihr erstmal 15.000 Euro braucht, um die Liebe aufrechterhalten zu können. Sollten Sie aber zur anderen Gruppe gehören, nicht lange zögern und ab in den Flieger! Eine Fremdsprache, die man fließend spricht, kann von unvorstellbarem Wert sein, wenn Sie demnächst mal jemand fragt, ob Sie auf 400-Euro-Basis nicht eine WM ins eigene Land holen wollen. Deswegen sollten Sie aber auch zwei bis drei Tage bleiben. Eine Woche Gran Canaria All Incl. mit Tenniskurs bei Jürgen aus Bottrop zählt da nicht.

Während der WM 1986 in Mexiko – Deutschland verlor im Endspiel 2:3 gegen Argentinien – kam es zu einem Eklat im deutschen Lager, als Beckenbauer von Ersatztorhüter Uli Stein in Anspielung auf seine frühere Werbetätigkeit für die Firma Knorr als „Suppenkasper" bezeichnet wurde. Stein wurde daraufhin als erster Nationalspieler während einer WM aus dem Kader geworfen und musste die Heimreise antreten.

Sie müssen Konsequenzen ziehen und im Notfall mit harter Hand regieren, sonst tanzen Ihnen bald alle auf der Nase rum. Egal, ob Sie ein angehender Popstar, Kommandeur an Bord der internationalen Raumfahrtstation ISS oder Chefverkäufer bei Praktiker sind. Wenn es auf Tiernahrung keine zwanzig Prozent gibt, dann gibt es keine. Auch nicht für den Bruder mütterlicherseits, davon die Tochter, dessen Onkels Tante der Sohn sein Hund. Und sollte ein Aushilfsverkäufer dennoch Ihre Anweisungen missachten, dann schmeißen Sie ihn raus. Natürlich nur wenn Sie dürfen. Ansonsten streuen Sie ihm Juckpulver in die Jacke. Oder kleben sein Butterbrot im Waschraum mit Sekundenkleber auf die Klobrille oder verpassen ihm einfach nach Feierabend auf dem Parkplatz einen kräftigen Schwinger. Das tut zwar weh, aber beim Autozubehör gibt's auf Verbandskästen die üblichen 20 Prozent. Also, greifen Sie hart durch. Und zwar rechtzeitig.

Vier Jahre später, bei der WM 1990 in Italien, machte sich Beckenbauer unsterblich, indem seiner Mannschaft im Finale die Revanche gelang und Deutschland mit einem 1:0 über Argentinien Weltmeister wurde. Damit gelang Franz Beckenbauer ein seltenes Kunststück: Er war nach Mario Zagallo der Zweite, der sowohl als Spieler als auch als „Trainer" (er erwarb nie die Lizenz eines Fußballtrainers) Weltmeister wurde. In Erinnerung blieben insbesondere die Szenen, als er nach Ende des Spieles allein und in Gedanken verloren über den Platz wanderte, während die Spieler Ehrenrunden drehten. Nach der gewonnenen WM trat Beckenbauer als erster Bundestrainer/ Teamchef zurück.

Feste soll man feiern wie sie fallen. Das gilt ab sofort auch für Sie. Dabei spielt die gekonnte Inszenierung eine wichtige Rolle. Nicht einfach losziehen und sich sinnlos besaufen. Sondern wenn die Abiprüfung bestanden ist, sollte man im elterlichen Garten zunächst ein sek-

Der Kaiser-Royal-Gruß für große Menschenansammlungen. Beispiel: Betriebsratsversammlung.

Die „Pack mer's, Buam-Geste." Besticht durch extreme Körperspannung.

Der familiäre Freundschafts-winker. Besonders geeignet für Mittelständler (z.B. Sommerfest, Verabschiedung eines Rentners, Lokalzeitungs-Fotos)

Die Jung-Präsiden-ten-Geste. „Freunde, wos ist los ....?!"

tenähnliches Ritual abhalten. Das verleiht der ganzen Prüfung eine mystische Note und erweckt den Anschein, Sie hätten sich im Vorfeld tatsächlich ernsthaft mit dem Lernstoff befasst.

Rollen Sie einen Teppich aus. Zünden Sie gelbe Kerzen an. Außerdem benötigen Sie: einen Strauß Hahnenfedern, zwei Tauben, Stechginsterzweige, ein Glas Wein und ein Körbchen Brot (Letzteres eigentlich nur, falls Sie während des ganzen Hokuspokus Hunger bekommen). Fallen Sie dann auf die Knie und sagen Sie laut „Om namah Shivay". Die restlichen Utensilien verwenden Sie bitte zur freien Improvisation.

Ihre Eltern werden sich berechtigte Sorgen um Ihren Geisteszustand machen und heilfroh sein, wenn Sie wieder zur Besinnung kommen, um Ihnen mitzuteilen: „Papa, es ist eine vier minus." Aber auch bei einer eins plus gibt dieses Schauspiel der besonderen Note eine noch besonderere Note.

Und: Wenn's am schönsten ist, soll man aufhören. Auch das lernen wir vom Kaiser. Deswegen ist nach dem Abitur ja auch Schluss mit der Schule. Und nach dem Orgasmus mit dem Liebesakt. Und nach der WM eben mit dem Teamchef-Job. Verona Pooth etwa war mal der Meinung: „Besser als derzeit kann es in meiner Ehe gar nicht laufen, ich lass mich scheiden." Dass dies bereits nach vier Wochen so war, hat sicher auch andere überrascht.

Schon 1966 versuchte Beckenbauer, seinen Ruhm als Fußballer auch als Sänger zu vermarkten, und nahm eine Schallplatte mit dem Titel „Gute Freunde kann niemand trennen" auf. Der Titel wird auch heute immer wieder eingespielt, wenn über ihn berichtet wird. Mit dieser Single kam er Ende 1966 in den Charts bis auf Platz 31. Für den Tütensuppenproduzenten Knorr machte er Werbung für Suppen (Slogan: „Kraft in den Teller – Knorr auf den Tisch") im Vertragswert von 12.000 Mark.

Schuster, bleib bei deinen Leisten, kann ich nur sagen. Aber wenn das Anbringen von Thermopenfenstern mit Doppelverglasung zur Mittagszeit die zwölffache Kohle bringt, dann scheiß ich doch auf diese abgedroschene Redewendung und stell die Leisten einfach mal zwei bis drei Jahre in die Ecke. Dann nehme ich ein Lied auf und reise als „Bauer sucht Frau" mit Schäferstab in der Hand so lange um den Globus, bis ich mir einen fetten Claas-Trecker auf den Hof stellen kann, statt dieser alten Krücke mit den morschen Reifen und dem Herzschrittmacher im Motor. Also: Nicht immer nur blind geradeaus laufen und machen, was alle machen, sondern einfach mal was Neues ausprobieren. Und wenn's noch so bescheuert klingt. Vielleicht bieten Sie als Staubsaugervertreter dem Kunden ein kostenloses Scientology-Auditing mit an. Dann ist er so verängstigt, dass er zwar den Sauger nicht will, aber fünfzig Paletten Beutel und zwölf Aufsätze für die alte Miele-Möhre. Oder Sie verkaufen als Anlageberater der Sparkasse nicht nur blöde Deka-Fonds mit zwanzig Prozent Ausgabeaufschlag, sondern Berliner mit Haargel-Füllung. Einfach mal so.

Mal gucken, was passiert. Oder Sie setzen Ihrem Nachbarn keine Garage vors Panorama-Fenster, sondern montieren mit Hilfe von Kumpels aus'm Bingo-Club einfach ne zwölfstöckige Achterbahn im Vorgarten. Und wenn Herr Nölemann von nebenan ausrastet und die Bullen rufen will, stellen Sie den CD-Player auf die Fensterbank und spielen „Gute Freunde kann niemand trennen". Anschließend servieren Sie ihm noch ne Tütensuppe von Knorr und laden ihn zur Weihnachtsfeier ein. Da wird auch der Nölemann irgendwann vielleicht sagen: „Jo gut, sicherlich ... was interessiert mich mein Gemecker von gestern."

Übrigens: Beckenbauer ist ein leidenschaftlicher Golfspieler mit Handicap 8.

Ganz wichtig: Suchen Sie sich – wie der Kaiser – einen Ausgleich zum Beruf. Gehen Sie in die Kirche oder zur Teufelsaustreibung. Besuchen Sie Museen oder zumindest Verwandte. Die sind zwar meist nicht so wertvoll, aber meine Großtante mütterlicherseits war im Gesicht auch immer sehr hübsch bemalt. Und wenn Sie einen Ausgleich für sich entdeckt haben – Billard, Gina Wild-Videos, Fußnägelkauen – dann betreiben Sie dieses Hobby mit der nötigen Ernsthaftigkeit. Zeigen Sie Engagement, denn nur dann lenkt es Sie auch wirklich vom Alltag ab. Wenn Sie als Freizeit-Domina immer nur halbherzig bei der Sache sind, wird Sie das nicht fesseln bzw. Ihr Gegenüber ... äh ... ich meine Ihr Untendrunter ... also, Sie wissen schon ...

Andere tolle Hobbys und Spiele zur Freizeitgestaltung:
- **Mikado mit Nudeln al dente**
- **Wer hat Angst vor dem kleinen Mann (spielen die in der Formel-1 immer mit Bernie Ecclestone)**
- **Tontauben füttern**
- **Mensch ärgere dich doch**

Der Misserfolgs-Schlendrian (bitte nur im stillen Kämmerlein ausüben)

- Mein rechter, rechter Platz ist frei (sehr beliebt auf NPD-Parteitagen)
- Einkaufswagen zusammenschieben
- Wolken zählen
- Mohnkuchen anpflanzen

Franz Beckenbauer war von 1966 bis 1990 in erster Ehe verheiratet. Die 1990 geschlossene Ehe mit seiner zweiten Ehefrau Sybille wurde 2004 geschieden. Am 23. Juni 2006, dem Tag der letzten Vorrundenspiele der Fußball-Weltmeisterschaft 2006, heiratete Beckenbauer ein drittes Mal.

Ein anderes – an dieser Stelle sehr passendes – Sprichwort lautet „Übung macht den Meister". Und wenn´s die erste Frau eben nicht ist, dann vielleicht die zweite oder die achte. Dschingis Khan hatte bekanntlich sieben Frauen in einer Nacht. Gut, darüber können Tiger Woods und der Zwergterrier meines Nachbarn nur lachen, und auch Jesse James, dem zukünftigen Ex-Mann (oder vielleicht doch bald wieder Gatten ...) von Sandra Bullock, entlockt diese Zahl grade mal ein müdes Schmunzeln. Aber immerhin. Der Mann war bemüht.

Unser Mongolenführer (Regiment zwischen 1208 und 1227 n. Chr.) hat sich Nacht für Nacht total engagiert durchgenudelt. Nur um rauszufinden, welche die Richtige ist. Aber verkehrt ist das nicht. Lieber dreißig bis vierzig falsche Frösche küssen und am Ende einmal den Richtigen, als dreißig bis vierzig Jahre die dicke braune Kröte mit dem fetten Bentley knutschen. Und am Ende stellt man fest, dass der schlecht rasierte Kioskbesitzer an der Ecke, mit dem fehlenden Eckzahn und der Nazi-Tätowierung, eigentlich der weiße Ritter gewesen ist, auf den Sie all die Jahre vorm Milliardärsclub gewartet haben.

Also, machen Sie es wie der Kaiser, die Lichtgestalt, der Liebe Gott des Fußballs. Heiraten Sie. Von mir aus in der Mittagspause oder im Wartezimmer Ihres Lieblings-Urologen. Völlig wurscht.

Hauptsache, Sie kriegen ein Gefühl dafür.

Zusammenfassung:

- Achten Sie penibel darauf: Qualität statt Quantität.
- Wenn Ihnen jemand auf die linke BACKE schlägt, dann halten Sie auch die rechte FAUST hin.
- Erringen Sie große, sagenhafte Siege.
- Entscheiden Sie sich für einen längeren Auslandsaufenthalt (nur nicht Ostfriesland).
- Setzen Sie Erfolgsduftmarken.
- Feiern Sie wie die alten Römer.
- Wenn´s am schönsten ist, soll man aufhören.
- Schuster, vergiss deine blöden Leisten.
- Übung macht den Deutschen Meister.

Der Kaiser und
der Kultkaiser

Michael Schumacher
Immer heiß und hungrig bleiben!

Michael Schumacher (* 3. Januar 1969 in Hürth-Hermülheim) ist ein deutscher Automobilrennfahrer. Er startete zwischen 1991 und 2006 bei 249 Grand-Prix-Rennen in der höchsten Motorsportklasse Formel-1 und gewann dort sieben Weltmeisterschaften. Am 14. März 2010 gab Schumacher in Bahrain sein Comeback im Mercedes.

Unser Schumi wollte es also noch mal wissen. Quasi als Renn-Opi, als Vollgas-Rentner. Und ich kann ihn sehr gut verstehen. Den ganzen Tag Corinnas Haflinger striegeln oder den dreißig Hunden das Stöckchen werfen, ist auf Dauer auch ein bisschen öde. Also: Ab in den Rennboliden, so lang der Rücken noch keine Geräusche macht wie eine poröse Gießkanne in der Müllpresse.

Und seitdem wir wissen, dass Formel-1-Fahrer, die während des Rennens mal Pipi müssen, es einfach laufen lassen, seitdem ist auch klar, dass eine mögliche Alters-Inkontinenz kein Hindernis auf dem Weg zum 8. Titel und zur 700. Million bedeuten würde. Selbst das Gebiss bleibt trotz Tempo 250, dank Helm, da, wo es hingehört.

Und Autofahren kann man ja wirklich bis ins hohe Alter! Meine Nachbarin zum Beispiel ist knapp neunzig. Die sieht nix mehr. Gar nix. Noch nicht mal wenn ihr morgens ein Grizzly im Baströckchen die Fernbedienung verstecken würde. Die kann nicht mehr laufen, schlecht schlucken und hat Gleichgewichtsstörungen wie David Hasselhoff kurz nach dem Frühstück (acht Fernet und ein Korn – wegen der Cerealien!) und trotzdem: Sie fährt Auto! Natürlich nur zum Einkaufen. Franzbranntwein, Emser Pastillen,

Senioren-Pampers. Und ich weiß auch immer ganz genau, wann sie einkaufen war! Denn das mit dem Einparken klappt nicht mehr so richtig. Kein Witz. Sie stellt den Wagen direkt auf der Straße ab! Und wir anderen müssen dann eine Woche lang halb übern Bordstein um die Karre rumfahren. Deswegen bin ich auch dafür, dass Autofahrer ab siebzig in der Verkehrserziehung als natürliches Hindernis eingestuft werden, so wie Bäume oder Schlaglöcher oder Klingonen-Raumschiffe. So nach dem Motto: Erst schaust du links, dann schaust du rechts, und wenn du den ockerfarbenen Ford Fiesta von Omma Tüddelich siehst, rennst du ganz schnell ins Haus, kriechst untern Schrank und wartest, bis das Motorgeheule langsam ausklingt und die Martinshörner verstummen. Vorbei die Zeiten, als man Kinder noch beruhigt auf dem Bürgersteig spielen lassen konnte. Die gefürchteten Kukident-Rocker sind in der Stadt, die Geronto-Gang ist im Anmarsch!

Wie gut, dass bei Formel-1-Rennen die Strecke umzäunt ist. Immer schön in der Bahn nach Kreis fahren, da verpasst du auch keine Ausfahrt. Hast aber auch keine Chance, an irgendeiner Raststätte ein Käsebaguette für sympathische 14 Euro 50 zu erwerben. Im Gegenteil: Wenn Ende ist, wedelt einer mit der Fahne. Das kannst du machen, bis du umfällst.

Denn Rennen fahren ist ja auch eher eine Kopfsache. Du musst es mental draufhaben. Du musst dich auf das Wesentliche konzentrieren und darfst an nichts anderes denken.

Beispiel: Bischofskonferenz
Alle Bischöfe treffen sich, doch bevor es losgeht, sagt der Oberbischof: „So, jetzt gehen wir erst mal alle schön in den Puff. Dann ham wir das aussem Kopp."

So ähnlich macht's der Schumi auch! Er schaltet alles andere, alles Störende einfach aus. Denkt nur: Kurve, Kurve, Straße, Straße, Gas, Gas und nix anderes! (Außer vielleicht mal: „Dem Alonso, der Sau, fahr ich gleich erstmal ne schöne Klinke in den Kofferraum.") Aber normal ist unser Schumi fokussiert wie eine ausgehungerte Büschelmücke auf eine klaffende Kopfwunde.

Wenn wir Sterblichen Auto fahren, sieht das oft ganz anders aus: Da werden im Geiste Einkaufslisten geschrieben, es wird telefoniert, sich geschminkt, Kaffee getrunken, am Radio rumgefummelt, oder an der Beifahrerin …

Bei roten Ampelphasen werden ganze Staffeleien aufgebaut, um die Wartezeit mit ein wenig Aquarellmalerei zu überbrücken. Bleibt die zu klärende Frage: Wie werden Sie erfolgreicher Formel-1-Fahrer? Oder zumindest DTM-Pilot oder Indy-Car-Idiot oder zumindest Testfahrer bei Matchbox? Ganz einfach: früh damit anfangen. Am besten schon vor dem Hauptschulabschluss rein in den Boliden und dann nur kurz für'n Abschlussball und zum Heiraten raus in die Box kommen.

Oder Sie fangen noch früher an, dann kann sich Mutti die Kohle für den Laufstall sparen. Einfach zum ersten Geburtstag ein Bobby-Car mit 500-PS-Motor und windschnittiger Nase auf den Wunschzettel schreiben. Die Nackenmuskulatur ist dann zwar auch nicht viel stabiler als bei Schumi nach seinem Moped-Flick-Flack im spanischen Cartagena, aber die Knochen sind weicher. Das heißt, es kracht nicht gleich, wenn man in Silverstone mit 200 Sachen in den Reifenstapel brettert. Es schnackt nur etwas.

Und selbst wenn, verheilt der doppelte Schien-Wadenbein-Bruch auch schneller. Und natürlich gilt die alte Regel: An der Stelle, wo es einmal gebrochen war, kann es nicht noch mal brechen. Mit anderen Worten: Wer früh und oft den halben Körper geschient bekam, hat die Anzahl potenzieller Verletzungsstellen am Bewegungsapparat auf ein Minimum „runtergebrochen".

Aber was können wir noch von Onkel Schumi aus Kerpen lernen? Er bleibt heiß. Er bleibt hungrig. Auch nach sieben WM-Titeln und gefühlten 12.000 Pole-Positions hat er die Schnauze immer noch nicht voll. Viele verfallen dem Irrglauben, es sei die Kohle, die ihn antreibt. Aber wer 500 Millionen Schweizer Franken unterm Kopfkissen kompostiert und jeden Morgen mit einem anderen Ferrari die Köter um den Briefkasten jagt, riskiert sein Leben garantiert nicht für den nächsten popeligen Geldspeicher. Nein, es geht um Herzblut, um Liebe und Leidenschaft für eine Sache. Und genau darin liegt das eigentliche Erfolgsgeheimnis. Such dir etwas, das dir absolut am Herzen liegt und das deinen Talenten voll und ganz entspricht, dann ist es manchmal nur eine Frage von Stunden, bis der Talerlaster seine Ladung Gold-Nuggets in deine Einfahrt schüttet.

Ohnehin ist es ratsam, im Leben ausschließlich Dinge zu tun, die man mindestens so gerne tut wie Feiern, Futtern und Vögeln. (Entschuldigen Sie an dieser Stelle bitte meine leicht vulgäre Ausdrucksweise, aber ich habe mein Tourette-Syndrom noch immer nicht vollständig im Griff ... Arsch ... Pillermann ... Wixxer.) Ich sage dies in aller Deutlichkeit, weil der Mensch ohnehin viel Zeit im Leben einfach vergeudet. So verbringen wir circa vierundzwanzigeinhalb Jahre mit Schlafen (also ein Drittel unseres Lebens), dreizehneinhalb Jahre bei der Arbeit und in der Schule, zwölf Jahre mit Fernsehen, drei Jahre mit Essen, drei Jahre mit Lesen und eindreiviertel Jahre mit Körperpflege (was ich als Mann allerdings für ein Gerücht halte). Außerdem hängen wir ein Jahr am Telefon und neuneinhalb Monate auf der Toilette. Für die Liebe brauchen wir hingegen nur etwa fünf Monate Zeit, was bedeuten würde, dass wir Männer bei einer durchschnittlichen Ejakulationszeit von zwei Minuten auf 108.000 Orgasmen im Leben kommen. Kein Wunder, dass viele Männer im Alter so ausgemergelt aussehen.

Schumacher ist der erfolgreichste Pilot der Formel-1-Geschichte. Neben seinen sieben WM-Titeln gewann er bisher 91 Rennen, stand 68 Mal auf dem ersten Startplatz und fuhr in 76 Rennen die schnellste Runde. Er sammelte mit Abstand die meisten Weltmeisterschaftspunkte, stand am häufigsten auf dem Siegerpodest und führte mehr Runden und Kilometer als jeder andere Fahrer. Seine größten Konkurrenten waren Ayrton Senna, Damon Hill, Jacques Villeneuve, Mika Häkkinen, David Coulthard, Juan Pablo Montoya sowie zuletzt Kimi Räikkönen und Fernando Alonso. Seit seinem Comeback gehören auch die Deutschen Sebastian Vettel und Nico Rosberg dazu.

Konkurrenz belebt bekanntlich das Geschäft. Sie treibt einen an, sie setzt dich unter Druck und schafft es, aus einem ehrgeizigen Menschen „das Letzte" rauszuholen. Hat man keine Konkurrenz, geht es einem wie der deutschen Bahn. Man fährt hinterher, kommt meist verspätet ins Ziel und wird trotzdem aufmüpfig, wenn die „Fans" mal Unzufriedenheit äußern. So wurde Hartmut Mehdorn – der ehemalige Bahnchef – 2008 zum unbeliebtesten Deutschen gewählt, mit einer Sympathie-Note von 4,7. Wenn man so etwas beim Frühstück über sich in der Zeitung liest, fliegen einem doch komplett alle Smacks aus dem Gesicht. Bei einer 4,7 hätte ich zu Schulzeiten drei Tage Hausarrest bekommen oder wahlweise ein großes Stück Blutwurst zum Nachmittags-Latte macchiato. Handball-Trainer Heiner Brand bekam im gleichen Jahr übrigens die Sympathie-Note 1,8 (der alte Streber).

Seinen ersten aktiven Kontakt mit einem Motorfahrzeug hatte Michael Schumacher bereits im Alter von vier Jahren, als sein Vater ihm ein umgebautes Kettcar mit 5-PS-Mofamotor schenkte.

Kettcar mit Mofamotor. Bei dieser Vorstellung geht jedem Kind, auch wenn es den dreißigsten Geburtstag schon längst hinter sich hat, noch heute das Herz auf. Ich habe mal versucht, in meine blau-gelben Disco-Roller einen Rasenmäher-Motor einzubauen. Leider ist die Sache daran gescheitert, dass der ausrangierte Zündapp-Rasenmäher meiner Oma nur mit Schnur funktionierte und die Fahrt immer schon nach zehn Metern zu Ende war. Mein Kumpel hat irgendwann dann noch mal eine Kabeltrommel zwischengebaut. Doch leider hat die sich beim schnellen Abwickeln einmal so verhakt, dass er sich tierisch auf die Fresse gelegt und seitdem mehr Porzellan im Mund als im Esszimmer lagert. Trotzdem hat diese Bastelarbeit von Papa Schumi mit Sicherheit maßgeblich dazu beigetragen, dat der Mischaäl (wie der Rheinländer sagt) diese unglaubliche Leidenschaft für den Motorsport entwickelt hat. Also, wenn auch Sie wollen, dass Ihre Tochter später mal Ihren Edeka-Laden übernimmt, kann es nicht schaden, der Kleinen ab und an mal zum Kuscheln ein Rad Leerdammer, eine Palette Gewürzgurken oder eine Kiste Fettarme Milch ins Babybett zu packen. Einfach nur, um mal zu gucken, „wie dat Mädsche reajieren tut".

Außer den vielen großartigen Siegen gab es im Laufe von Schumis Karriere jedoch auch immer wieder unrühmliche Zwischenfälle, wie etwa der Silverstone-Vorfall 1994. Damals überholte Schumi in der Einführungsrunde verbotenerweise Damon Hill und fuhr Zick-Zack vor dem Engländer. Oder die Bodenplatten-Affäre von Spa, als die Holzplatte unter seinem Auto über das erlaubte Maß abgeschliffen war. Oder der Villeneuve-Rammstoß 1997, als Schumi im letzten Rennen in Jerez in der WM-Wertung einen Punkt vor dem Kanadier lag und ihm in die Seite fuhr, als dieser den Deutschen überholen wollte. Oder die Rascasse-Affäre 2006 in Monaco, als Schumi seinen Boliden nach erreichter Bestzeit kurz vor Ende des Qualifyings in der Rascasse-Kurve stehen ließ und alle anderen Fahrer somit behinderte.

Die Botschaft ist klar. Fair geht vor. Unfair geht hinterher und überholt. Also, was machen? An die Regeln halten oder drauf geschissen? Ich persönlich halte mich natürlich zu hundert Prozent an alle Regeln, die mir aufgetragen werden. So wahr ich Ingo Appelt bin. Aber Sie müssen natürlich von Fall zu Fall entscheiden:

Beispiel 1:

Wenn Sie mit Sack und Pack im Stau stehen und Ihnen Ihr Malleflieger vor der Nase abhaut, kostet Sie das als vierköpfige Familie circa 1600 Euro an Neubuchungsgebühr. Fahren Sie aber über den Standstreifen und werden von den Bullen gepackt, sind es nur fünfzig Euro und zwei Punkte in Flensburg. Ich würde es mir überlegen!

Beispiel 2:

Wenn Sie in der Abiturprüfung von Tuten und Blasen keine Ahnung haben, riskieren Sie vielleicht 0 Punkte und fallen eventuell durch. Wenn Sie mogeln und werden gepackt, bekommen Sie auf jeden Fall 0 Punkte und fallen sicher durch. Werden Sie nicht gepackt, holen Sie 15 Punkte und werden später Bundeskanzler. (Obwohl Sie von Tuten und Blasen eigentlich keine Ahnung haben.) Da muss man abwägen.

Beispiel 3 a (für Männer):

Wenn Ihre Freundin einen Kegelausflug macht, können Sie wie verabredet aufräumen, bis alles unauffindbar ist, Wäsche zerkochen, Blumen ertränken und mit dem Müll ne Runde Gassi gehen. Dann ist sie anschließend zwar bester Laune, aber das Wochenende im Arsch. Oder Sie pfeifen auf den Marschbefehl der Nörgelnatter, fliegen selbst spontan nach Vegas und lassen im Gentlemen´s Club die Puppen um die eigene Stange tanzen. Das kostet zwar mindestens 5000 Dollar pro Tag, aber wenn sie nach ihrer Rückkehr dann auszieht, ist dies vielleicht sogar die preisgünstigere Variante.

Beispiel 3 b (für Frauen):

Wenn Ihr Kerl nach einem Vierzehn-Stunden-Workaholic-Tag nach Hause kommt, können Sie ihm – wie vorm Altar versprochen – das argentinische Rumpsteak mit nem Hefeweizen servieren und sich anschließend im roten Plüsch-Tanga auf dem Wasserbett als Nachtisch präsentieren. Dann ist er satt und nach 10 Sekunden Vollekstase im Narkoseschlaf. Oder Sie fahren mit Ihrer besten Freundin und seiner Kreditkarte spontan auf eine Schönheitsfarm am Comer See, wo Ihnen ein 23-jähriger Norditaliener mit Six-pack und Robert-Pattinson-Blick erklärt, wo in Mailand schöne Schuhe und bei Ihnen der G-Punkt zu finden ist. Dann zieht Ihr Kerl nach Ihrer Rückkehr zwar sofort zurück zu Mutti, aber wenn er die Kreditkarte nicht mitnimmt, ist das auch scheißegal.

Zusammenfassung:

- Ihr Alter spielt keine Rolle (also ich meine Ihr Geburtsdatum. Ihr Alter spielt schon eine Rolle ... vor allem wenn er Knete hat).
- Kriegen Sie die Birne frei.
- Bleiben Sie heiß und hungrig.
- Konkurrenz belebt Ihr Geschäft.
- Mit Speck fängt man Mäuse (Stichwort Kettcar).
- Ein bisschen Al Capone hat noch keinem geschadet.

Die wichtigsten
Luca-Gesten für
Hobbyfußballer und
Schauspiel-Schüler
Geste 1: Lucas unver-
wechselbarer Tor-Jubler

Luca Toni
Avete Capito? Brimborio Numero Uno!

Luca Toni Varchetta Delle Cave (26. Mai 1977 in Pavullo nel Frignano (MO), Italien) ist ein italienischer Fußballspieler.*

Er ist der Strahlemann des europäischen Fußballs, die Giraffe des runden Leders, denn mit 1 Meter 94 ist Luca Toni größer als jeder durchschnittliche Oger. Gut, in der NBA würde man ihn wahrscheinlich nur „Kurzer" rufen oder „Kleiner" oder „Maffay". Aber im Fußball sind 1 Meter 94 eher eine Seltenheit. Da die meisten Trainer fordern, flach zu spielen und hoch zu gewinnen. Zauberfloh Lionel Messi etwa ist grade mal so groß wie ein genmanipuliertes Gänseblümchen. Und sogar Schalkes neuer Wunderstürmer Raul ist vergleichsweise so groß wie ein Barhocker mit Wachstumsstörungen. Dagegen ist der Luca ein Fernsehturm. Und zwar ein sehr auffälliger. Denn niemand dreht sich nach dem Torerfolg so schön am Ohr, wie der Mann aus Modena. Doch was meint er damit. Was bedeutet dieser Ohrdreher?

- Ich höre meinen eigenen Tinitus nicht?
- Oh, oh, ob das nicht Abseits war?
- Meine Schraube ist locker, bitte festziehen?
- Ich hab Ahoi-Brause im Hirn?
- Ruf mich an, Martha! (aber nur vom Telefon mit Wählscheibe)
- Wenn ich nach Hause komme, wechsele ich die Glühbirne aus, versprochen!

Nein, nix von alledem. Es heißt – so hat er mir bei einer großen Tasse Cola verraten – „Habt Ihr das gesehen?" ... Na, klar, deswegen dreht man sich am Ohr. Weil man mit dem Trommelfell so toll gucken kann.

Heda, hat mal einer ne Brille für mich? Ich höre nix! Denn dann hätte ich den Einwand seiner Begleitperson aufgeschnappt, die korrigierend meinte: Es heißt „Avete capito – Habt Ihr das verstanden?" Naja, geht so. Zumindest weiß ich, dass, wenn einer nix versteht, man gerne mal den Scheibenwischer zeigt. Aber Ohrdreher?! Italiener eben. Man liebt sie. Man hasst sie. (Zumindest wenn es um Fußball geht und sie gegen Deutschland im Halbfinale stehen.) Aber eines sind sie einem auf keinen Fall: gleichgültig. Und das können wir von denen lernen. Sorgen Sie dafür, dass Sie polarisieren. Dass man Ihnen entweder zu Füßen liegt und Ihrem Plastik-Abbild mindestens einmal täglich eine Kuh, ein Schwein oder eine 500-Gramm-Packung Geflügelsalami opfert. Oder sorgen Sie dafür, dass man Ihnen nicht aufs Fell gucken kann. Weil Sie alles und jeden beleidigen, weil Sie Mundgeruch von hier bis Wuppertal haben oder weil Sie einfach nur einen Gesichtsausdruck aufsetzen wie Pinocchio mit Schließmuskelkrampf. Hauptsache die Leute haben eine emotionale Meinung zu Ihrer Person.

Beispiele:

- Es hilft nix, wenn Sie nur einer Oma über die Straße helfen. Entweder dem ganzen Seniorenstift (und dann auch mit rotem Teppich) oder Sie schubsen die Dame hinter den nächsten LKW und laden das Video dazu bei You Tube hoch. Entscheiden Sie sich!

Foto: Mani

- Es hilft auch nix, wenn Sie bei Aldi eine mickrige Packung Hafer-flocken klauen. Entweder Sie rammen nachts mit Ihrem Ford Escort das Schaufenster und klauen alle Schnittlauchringe samt Kasse und Mitar-beiterküche. Oder Sie legen an der Kasse beim Bezahlen die goldene Mastercard aufs Band und sagen: „Schenk ich Ihnen!"

Beide Varianten führen dazu, dass Sie auffallen. Dass Sie polarisie-ren. Dass man an Ihnen nicht vorbeikommt, selbst wenn Sie nicht der Bulle von Tölz sind oder mit Ihrem Braunkohlebagger die Einfahrt vom Nachbarn zugeparkt haben. Werden Sie zum Italiener. Stehen Sie im Strandurlaub mit Checker-Brille und Handy im flachen Wasser und te-lefonieren mit der Lautstärke eines Presslufthammers. Gestikulieren Sie beim Bestellen im Restaurant wie eine geisteskranke Windmühle. Und lassen Sie sich fallen. Einfach so. Da wo Sie gerade sind. In der Fußgän-gerzone, im Hundesalon, im Büro Ihres Vorgesetzten. Einfach fallen las-sen und schreien. Sich krümmen vor Schmerzen, und wenn der Big Boss in der Tür steht, auf Ihren Vorgesetzten zeigen und sagen: „Er war's, er hat mich gefoult." Danach ist die Ausgangsposition für Ihre Gehaltser-höhung eine ganz andere. Fordern Sie Wiedergutmachung. Schalten Sie den Betriebsrat ein. Rufen Sie den Bundesverband für Mobbingopfer an und schildern Sie diese „unglaublichen Vorkommnisse".

Foto - Manfred Baier

Das Unschuldslamm: Schwalbe????? ICH??? No, No, No ... Der Regenwurm ist mir von hinten in die Beine ge-rutscht!

Sie können Ihren Vorgesetzten natürlich auch verbal reizen. Sagen Sie „Isch hab deine Mutter gefickt" oder „Deine Schwester hatte isch auch schon, die Hure" oder „Du hast doch Flugangst, du Lusche". Und dann warten Sie, bis Herr Dr. Müller Sie mit einem gezielten Zinedine-Zidane-Kopfstoß vor Ihre Brust zu Boden streckt. Oder er Ihnen Guerrero-mäßig eine volle Plastikflasche an den Kopf wirft. Oder er weint und raus zu Mutti rennt. Von all dem ist unser Luca allerdings weit entfernt. Gut, er fällt auch schon mal unerwartet über einen Regenwurm oder eine Blattlaus, aber vor allem seine Lebensfreude steckt uns an. Wenn er madonnenhaft gen Himmel betet, weil der Kopfball aus drei Metern nur Millimeter an der Eckfahne vorbeigestriffen ist. Wenn sein gelbeschwertes Haar lässig an seiner Stirn klebt, weil er in den ersten zehn Minuten des Spiels zwar nur acht Meter gelaufen ist, aber bereits frech und fröhlich zwei Abseitstore reingespitzelt hat. Dann sitzen die Mädels von Flensburg bis Genua so nah vor dem Flatscreen-Fernseher, dass sie den Schweiß von Lucas Achsel riechen können. Dann flockt sich sogar die 70-jährige Elvira aus Wildbad Kreuth noch mal die Brusthaare auf und biegt ihre Dracula-Prothese zum Knutschen in die richtige Position. Dazu ein feines Liedlein auf den Lippen – und man ist im Handumdrehen in eine überaus verheißungsvolle Stimmung versetzt.

Warten auf Italienisch ! Geeignet für: Arbeitsamt, Samenspende, KFZ-Anmeldungen, Ersatzspieler

Songtext "NUMERO UNO":

Fritti, Scampi
E Chianti, calamari
Luca sei per me
NUMERO UNO

Cannelloni
Luca Toni
Pepperoni
Luca sei per me
NUMERO UNO

BELLA DONNA
MAMA MIA
ALIMENTI CIAO CIAO
ROMA ROMA RIBERY
AMORE MIO

Mozzarella,
Mortadella
Mit Nutella
Luca sei per me
NUMERO UNO

(STAND BY FOR
ACTION)

(ONE, TWO, THREE,
FOUR)

Strophe:
Prego,
Faul an Luca Toni
Simulazioni
Stehe wieder auf.
(hey)

Prego,
Luca Tore mache
Und bei Jubel lache
Championi Luca Toni

Simulazioni,
Stehe wieder auf (hey)
Prego,
Luca Tore mache,
Und bei Jubel lache,
Campioni LUCA TONI

Refrain:
Zabaione,
Minestrone
Oben Ohne
Luca sei per me
NUMERO UNO

Italiani
Trifft Germani
Große Klappe
Luca sei per me
NUMERO UNO

BELLA DONNA
MAMA MIA
ALIMENTI CIAO CIAO
ROMA ROMA RIBERY
AMORE MIO

Amaretto
Rigoletto
Benedetto
Luca sei per me
NUMERO UNO

(ONCE AGAIN)
(THREE, FOUR)

Strophe:
Prego
Aqua minerale
Grappa speziale

Cozze vongole

Prego
Foto di panini
Schicker Lamborghini
Luca Toni KRIEGT MILLIONI

Refrain:
Tortellini
Cappuccini
Con Martini
Luca sei per me
NUMERO UNO

Luca Toni
Telefoni
Berlusconi
Chiama qui per te
NUMERO UNO

BELLA DONNA
MAMA MIA
ALIMENTI CIAO CIAO
ROMA ROMA RIBERY
AMORE MIO

Schwarze Haare
Viel parlare
Calcio di mondiale
numero uno
(numero uno)
(numero uno)

GAME OVER

Fakt ist, man muss den Luca einfach mögen. Unseren Vorzeige-Italiener. Es sei denn, man hatte kürzlich einen Familienstreit mit einem seiner Landsleute und schwimmt grad im Lago Maggiore unter der Wasseroberfläche mit einem Betonklotz am Fuß oder man war mal Trainer beim FC Barcelona und trinkt gerne Rioja.

Also fassen wir zusammen:

1. Schaffen Sie sich Gesten an. Große, ausladende Gesten. Benutzen Sie dazu Ihre Arme und Ihre Hände und fuchteln Sie in der Gegend herum. Wenn Sie jemand fragt: „Entschuldigung, geht's Ihnen nicht gut?", sind Sie auf dem richtigen Weg. Egal ob Mann oder Frau: Füllen Sie jede Faser Ihres Körpers mit Leben. Spüren Sie die Luca-Energie.

2. Benutzen Sie Haar-Styling-Produkte. Wet Gel, Haar-Lack, Strubbel-Look, Surfer-Knete, Wachs, Hühnerfett, Halbfettmargarine, Rührei mit Schlagsahne. Hauptsache es glänzt und lässt Sie aussehen, als hätten Sie grade mit einem Brontosaurus um die letzte Liege am Pool gekämpft. (Dieser Supertipp gilt natürlich vorwiegend für Männer)

3. Lachen Sie, grinsen Sie, strahlen Sie mit dem Castortransport um die Wette. Reißen

Cinque Gesti: Körpersprache für Kreisliga-Koryphäen! a.) „Waffanculo" oder „Und nu? Herr Schiedsrichter" oder auch „Bitte, das kann doch nicht wahr sein?!" b.) Der Pistolenjubler c.) „Den muss ich machen!" d.) Jubler nach Stolpertoren e.) „Mama Mia" oder „Madre Mia"

Sie Ihre Augen auf, als hätten Sie grade mit der nassen Hand in die Steckdose gepackt. Und zeigen Sie Emotionen. Auch bei kleinen Dingen. Wenn der Reißverschluss klemmt, Ihr Schnürsenkel auf ist, Ihr Hühnerauge aufs Kleinhirn drückt. Springen Sie auf und rufen laut: „Noooooooo. Alora! Warum? Warum?"

Erst mit 23 Jahren gelang Luca Toni dann erstmals der Sprung in die Serie A, wo er sich in den folgenden drei Jahren bei den Abstiegskandidaten Vicenza Calcio und Brescia Calcio (an der Seite Roberto Baggios) mehr oder weniger überzeugend zu etablieren versuchte. Bei Brescia verlor er am Ende seinen Stammplatz, und so erschien sein Wechsel zum damaligen Zweitligisten US Palermo zunächst wie ein Rückschritt, jedoch sollte sich dies als entscheidend für seine fußballerische Entwicklung herausstellen.

Heißt: Es ist nie zu spät. Auch als 30-jähriger Postbote können Sie durchaus noch Ihren Grundschulabschluss nachholen. Oder sich bei der Krabbelgruppe „7 Zwerge" für den Studiengang „Laufen lernen" einschreiben, wenn Sie das gelbe Postfahrrad nicht mehr sehen können.

Wirklich zu spät ist es nur, wenn ...
- über Ihnen jemand den Holzdeckel zumacht.
- ein Soldat auf Ihrem Balkon die nordkoreanische Flagge hisst.
- grüne Männchen Ihnen bei lebendigem Leibe Ihre Schweißfüße amputieren (als Organspende für klingonische Meerjungfrauen).
- die Sparkasse Düsseldorf Ihnen Franjo Pooth als Ihren neuen Finanzberater vorstellt.
- das Boot mit den Kannibalen Ihre SOS-Rauchzeichen als Einziges bemerkt hat.
- Sie für Ihren Säure-Basen-Haushalt täglich Brottrunk saufen müssen (Baah!).

- Sie den Dödel noch rausziehen wollten, aber Oskar mit der Blechtrommel von hinten nachdonnert.

- Sie zum Air-Berlin-Piloten sagen: „Die Menschen sehen von hier oben aus wie Ameisen." Und er sagt: „Das sind Ameisen." (Ja, ich weiß, der Gag ist alt, aber ich hab ja auch ganz junge Leser.)

Ansonsten gilt: Mit 66 Jahren, da fängt das Leben an. Auch mit 70 können Sie sich noch Ihren Traum vom Eis-am-Stiel-Urlaub in Tel Aviv (oder wo die Filme gedreht wurden) verwirklichen. Es kann zwar sein, dass Bea Fiedler ihre Möpse inzwischen als Schleppe hinter sich herzieht und Bobby aussieht wie Gollum mit Lederjacke. Auch die brünette Schönheit hinten auf Ihrem Moped hat möglicherweise mehr Hautfalten um die Augen als ein Chihuahua mit Neurodermitis, aber egal. „Splish splash, I was taking a bath…" Denken Sie an Benny, Bobby und Jonny. Bauen Sie am Strand eine Menschenpyramide, klauen Sie Ihrer dicken Cousine mit den Glasbausteinen das Bikinioberteil. Und gucken Sie auf jeden Fall bei den Umkleidekabinen durchs Schlüsselloch, wenn der Montserrat-Kalbsfrikassee-Verschnitt aus dem Nachbarappartement ihren String-Tanga mit dem Rektum verschluckt. „Rama lama ding dong …" Und nicht vergessen: Der absolute Durchbruch gelang Luca Toni wie gesagt relativ spät, nachdem er zunächst einige Jahre bei Clubs der zweiten und dritten italienischen Liga durch (so heißt es in Presseberichten) mangelnde Motivation und Disziplin verschwendet haben soll.

Stichwort Disziplin

Natürlich ist es von Vorteil, wenn man es schafft, jeden Morgen pünktlich um 5 Uhr aufzustehen, um die Zeitung reinzuholen, den Kaffee aufzusetzen und sich die kompletten 5 Stunden vom Sat1 Frühstücksfernsehen reinzupfeifen. Aber ich formuliere es mal so: Wer das Leben liebt, kann nicht gleichzeitig als Buchhalter arbeiten (sorry, liebe Buchhalter, aber jetzt ist Schluss mit lustig bzw. in eurem

Fall bleibt alles beim Alten). Was ich eigentlich sagen wollte: Man kann keinen Schauspieler heiraten und erwarten, dass er sich immer total natürlich gibt. Und man kann auch keinen Friedensnobelpreisträger zum Auftragskiller umschulen. Also, glaube ich jedenfalls nicht. Soll heißen, wenn jemand gerne mal feiert, dann feiert er eben gerne mal. Und dann schläft er länger. Heißt: Er kommt grundsätzlich erst zum Frühstück, wenn im Fernsehen bereits Sandmännchen läuft, aber sobald es dunkel wird, ist der Typ (die Typin) jut drupp.

Aber generell ist gegen Disziplin nichts einzuwenden.

Deswegen:
- Seien Sie pünktlich. Auf die Sekunde. (Spätestens wenn die Frage mal lautet: „Roter oder blauer Draht?", werden Sie dankbar sein.)
- Hängen Sie Ihren Schlüssel immer sofort ans Schlüsselbrett (und nicht ins Gefrierfach).
- Bügeln Sie Ihre Socken.
- Stempeln Sie niemals fünf Minuten vor Feierabend. Immer danach. Am besten so sechs bis sieben Stunden.
- Sitzen Sie beim Essen gerade. Schulter nach hinten. Brust raus. (Körperspannung ist das Ah und Oh ... zumindest im Saunaclub „Rosa Panther".)

Foto · Manfred

- Befolgen Sie Befehle Ihres Vorgesetzten uneingeschränkt: „Jawohl Mama! Verstanden Mama! Ich räum mein Zimmer auf!"
- Falten Sie gebrauchte Lümmeltüten wieder auf, bevor Sie zurück in den Schrank kommen.

Luca Toni wird in Italien oft il Bomber (der Bomber, in Anlehnung an Gerd Müller) oder auch l'armadio (der Schrank) genannt; ein weiterer Spitzname Tonis ist Tonigol, von der Bild während der WM 2006 mit „Tore-Toni" übersetzt. Ebenfalls aus der Bild-Zeitung stammt der Spitzname Luca Tori.

So ein Spitzname wäre auch für Sie zu überlegen. Es macht eine Person greifbarer. Denn Namen sind Schall und Rauch. Schon beim Gedanken an die Schulzeit hat man die Hälfte seiner Klassenkameraden namentlich nicht mehr auf dem Schirm. Und spätestens beim Zwanzig-Jahre-Abi-Treffen wird's auch mit den Gesichtern schwer, wenn dem gut aussehenden Popper-Bernie von damals mittlerweile das Knie durch die Perücke wächst. Aber an einen können wir uns alle noch erinnern: An Fratzen-Hubi oder an Breitarsch-Bärbel oder an Schüttel-Else, die jedem Schützenbruder in Lippetal-Herzfeld hinter der Bierbude ... naja, Sie wissen schon ...!

Foto: Manfred

Nach einem sehr erfolgreichen Jahr beim FC Bayern und einem weiteren Jahr unter Jürgen Klinsmann wechselte Luca Toni im Winter 2009/2010 zum italienischen Serie A-Ligisten AS Rom. Dort feierte er gleich einen tollen Einstand, indem er bei einem seiner ersten Spiele gegen den FC Genua zwei Tore erzielte und zum neuen Liebling der Roma-Fans avancierte. Und das, obwohl er zuletzt beim FC Bayern unter Neu-Trainer Louis Van Gaal oft nur Ersatz war.

Man muss an sich glauben. Auch in schwierigen Zeiten. Rückschläge gehören dazu. Sind sogar am besten fest einzuplanen. „Ah, ein Rückschlag, wunderbar! Es läuft alles wie gesollt." Denn schon im Kindergarten war es völlig normal, dass hin und wieder mal ein ungewolltes Tröpfchen Pipi in die Buxe ging, obwohl man drei Wochen zuvor die Windeln eigentlich schon komplett an den Nagel gehängt hatte.

Luca Toni – Campioni del Mondo 2006 Berlino

Sogar ein Bill Gates verliert zwischen Suppe und Dessert schon mal sieben Milliarden Euro, wenn die Griechen mal wieder zu lang die Füße hochgelegt haben und die Börsen ins Nirwana rutschen. Wichtig ist: Ruhe bewahren. Bloß keine Panik. Frauen und Kinder zuerst. Und selbst wenn die Titanic schon in der Mitte auseinandergebrochen ist, dürfen Sie den Glauben an die baldige Rettung niemals aufgeben. Erst wenn Ihr Körper leblos im Wasser treibt und der dritte Wiederbelebungsversuch gescheitert ist, können Sie anfangen, über ein Scheitern nachzudenken. Sicher, das klingt übertrieben, aber dieses Buch soll sich ja schließlich auch verkaufen. Da darf man dann im Sinne der Auflage schon mal etwas auf die Kacke hauen.

Zusammenfassung:

1. Legen Sie sich eine für Sie unverwechselbare Geste zu (werden Sie zum Piepmatz-Zeiger, zum Vor-die-Stirn-Hauer, zum Sich-selbst-an-den-Kopf-Treter).

2. Polarisieren Sie. Wenn Ihnen die Mafia höchstpersönlich jeden Tag einen Strauß frisch geschnittene Disteln vor die Tür legt oder 472 Jungfrauen nackt in Ihrem Garten pennen, haben Sie alles richtig gemacht.

3. Verwenden Sie bei Unterhaltungen große Gesten, sogar wenn beim Kindergeburtstag Stille Post auf dem Programm steht.

4. Benutzen Sie Haarpflege-Produkte. Reichlich. Je nasser und schmieriger, je strubbeliger und verwegener desto besser. Als Frau gilt natürlich das Gegenteil: Glattes, leicht gewelltes, geschmeidiges Haupthaar und ein Teint wie Kaschmir mit Vanillesauce.

5. Grinsen Sie sich zum Erfolg. Bitte nicht ganz so auffällig manipulierend wie Tom Cruise, aber mindestens so entwaffnend wie George Clooney, wenn er uns seine Senseo-Kaffeemaschine aufschwatzen will.

6. Es ist nie zu spät. Nie! Auch wenn Sie schon 63 sind und gerade als Aufsichtsratsvorsitzender eines börsennotierten Großunternehmens selbiges vor dem finanziellen Ruin retten müssen. Wenn Ihnen das Piratenschiff von Duplo bei Toys´R Us doch so gut gefällt, kaufen Sie es sich. Und die Hamster-Rennbahn gleich dazu.

7. Disziplin! Ganz wichtig. Auch die Horde „Ich surfe nur im Urlaub"-Surfer auf der griechischen Urlaubsinsel Naxos sind beim Rumlungern im Strandcafé Flisvos extremst diszipliniert, wenn es darum geht, den ganzen Tag auf Wind zu warten.

8. Legen Sie sich einen Spitznamen zu, der Ihre Persönlichkeit, Ihren Charakter (insofern Sie einen haben) näher beschreibt.

Grazie Luca per il tuo umore e il supporto dei miei progetti.

Victoria Beckham
Die Mutter aller Spielerfrauen

Victoria Caroline Beckham (* 17. April 1974 in Goff's Oak, Hertfordshire; als Victoria Caroline Adams) ist eine britische Sängerin, Songwriterin, Autorin und Designerin, die als Mitglied der Girlgroup Spice Girls *breitere Bekanntheit erlangte.*

Ich weiß, was Sie jetzt denken. Na, da bin ich ja mal gespannt, was ich ausgerechnet von der lernen soll. Ne ganze Menge! Schließlich ist Victoria das wohl bodenständigste und natürlichste Geschöpf dieses Planeten. Ich kenne jedenfalls sauviele Mütter die mit 50-Zentimeter-Stilettos ihre in Armani gekleideten Söhne auf den Kinderspielplatz begleiten. Und zwar genau zwei. Victoria Beckham und … äh ... Nee, ist doch nur eine. Sorry! Trotzdem ist es natürlich erst mal eine sehr gute Idee, sich einen Fußballspieler als Ehemann zu angeln. Also zumindest solange er bei Manchester United spielt oder Bayern München oder wenigstens Hansa Rostock. Bei Vereinen wie Juventus Urin, Egal Madrid oder den Zeugen Yeboahs (allesamt in der Wilden Liga zugange), sollte man dann vielleicht doch vorsichtig sein. Der Vorteil an einem Fußballer: Er hat in der Regel Schotter, einen Waschbrettbauch und wenig Zeit. Man kann also in aller Ruhe seine Kohle auf den Kopp hauen (circa 3,5 Millionen netto im Jahr) und nebenbei noch an der eigenen Karriere basteln. Wie zum Beispiel

- Popsängerin
- Schmuckdesignerin
- Star-Verkäuferin bei Homeshopping Europe
- Avon-Beraterin
- Wanderpokal im Ligaverbund

Bekannt wurde Victoria Beckham unter dem Namen Posh Spice als Mitglied der Spice Girls. Nach der Auflösung der Spice Girls im Jahr 2001 startete sie eine Solokarriere, die jedoch weniger erfolgreich war als die ihrer ehemaligen Bandkolleginnen. Aus ihrem Album Victoria Beckham (2001) koppelte sie die Singles „Not Such An Innocent Girl" und „A Mind Of Its Own" aus.

Merke: Bevor Sie sich einen Fußballspieler angeln können, ist es ratsam, zunächst selbst einen gewissen Prominentenstatus zu erlangen. Damit der Linksaußen von Rot-Weiß Erfurt nicht sofort rafft, dass Sie eigentlich nur an seine Fleischtöpfe wollen und nur bedingt an seinem astreinen Charakter interessiert sind. Auch das Wort „Model" ist – das kann gar nicht genug betont werden – ein echter Türöffner. Ich gebe zu, einen vorehelichen Status wie Victoria Beckham zu erreichen, ist nicht ganz leicht. Zumal es so was wie die Spice Girls nur alle zwanzig Jahre gibt. (Wenn man Maria und Margot Hellwig jetzt mal außen vorlässt). Aber selbst als Saxofonistin vom Trio Angel-Eyes oder als Schlagzeughure bei den Fabulösen Thekenschlampen ist die Sache nicht aussichtslos.

Berühmte Beispiele:

- Cheryl Cole (ehemals Girls Aloud / Popstars-Band England) – Ashley Cole (Chelsea London, Fußballer)
- Marilyn Monroe – Joe DiMaggio (US-Baseball-Star)
- Carla Bruni – Nikolas Sarkozy (französischer Staatspräsident)
- Jamelia – Darren Byfield (Aston Villa, Fußballer)
- Amy MacDonald – Steve Lovell (Partick Thistle, Fußballer)
- Nicole Scherzinger (Pussycat Dolls) – Lewis Hamilton (Formel 1-Fahrer)

Und sogar in der Fußball Kreisliga B oder C hat man heutzutage bessere Flirtchancen, wenn im Dorf bekannt ist, dass man pro Einsatz zwanzig Euro Handgeld und ne gratis Currywurst kassiert. Vorausgesetzt, man gehört nicht – wie ich – zur Kategorie „Auslangeweilemaulwurfshügelplatttreterweiltechnischunterentwickeltunddeswegenseltenangespielt".

2007 gaben die Spice Girls ihre Wiedervereinigung bekannt und kündigten eine Welttournee an, die im Dezember 2007 begann und im Februar 2008 in Toronto endete.

Danach widmete sich Victoria wieder ihrem David, ihrer Modelinie und ihren Diätplänen. Denn wenn man bedenkt, dass Menschen auf dem TV-Bildschirm grundsätzlich fünf Kilo dicker aussehen als in Wahrheit, haben Sie eine ungefähre Vorstellung von Victorias „echter Figur".

Den echten Po von J.Lo wollen wir uns deswegen an dieser Stelle besser nicht vorstellen.
Aber was lernen wir daraus? Ganz klar! Um so auszusehen wie Posh Spice, brauchen Sie Disziplin und einen eisernen Willen (oder eine Jahreskarte bei Professor Mang). Ganz wichtig: Lernen Sie „Nein" zu sagen oder zumindest: „Ich esse meine Suppe nicht. Nein, meine Suppe ess ich nicht." Meine Recherchen haben ergeben, dass sich Victoria Beckham angeblich ausschließlich von Erdbeeren, Salat und Sushi ernährt. Folgende Diäten würden daher von der Guten wahrscheinlich nicht empfohlen:

1. **Die Blutgruppen-Diät** (ernähren Sie sich konform zu ihrer Blutgruppe)
   Blutgruppe 0 = Essen wie die Höhlenmenschen (Fleisch in rauen Mengen)

Blutgruppe A = vegetarisch (jeden Mittag einen Strauß Blumen mit Joghurt-Dressing)

Blutgruppen B / AB = Sie können alles essen (meinetwegen auch Holz und Ihren Nachbarn)

Zu empfehlen? Nur, wenn Sie Blutgruppe 0 sind und neben der Gyrosbude „Knossos" wohnen. Ansonsten bleibt die Blutgruppen-Diät ausschließlich Vampiren vorbehalten! (Kids sprechen aktuell auch gern vom Twilight-Fasten.)

2. Die Mayo-Diät = Sie essen überwiegend Gemüse, Fisch, Obst und 25 Eier pro Woche. Bedeutet: Sie nehmen zwar ab, haben aber schon bald einen Cholesterinspiegel wie der Bulle von Tölz kurz nach der Gänseleberdiät. Finger weg!

3. Die Mandeldiät = Sie essen jeden Abend vor dem Schlafengehen sechs Mandeln. Das war´s! Sechs ganze Mandeln (und da sind die eigenen noch gar nicht mit drin). Sonntags dürfen Sie auch mal eine Nuss mit beimischen. Am besten eine hohle, das passt dann zu den Personen, die diese Diät für bare Münze nehmen. Forget it!

4. Die Null-Diät = Sie essen gar nix. Trinken nur Wasser, Tee, Saft und Gemüsebrühe.

Bedeutet: Normal besteht der Mensch je nach Alter zu 36 bis 75 Prozent aus Wasser. Nach der Null-Diät haben Sie wahrscheinlich keine Fettrollen mehr, aber Wasser inne Beine. Und in der Lunge und im Hirn sowieso. Aber schon vorher, sonst würden Sie den Vollquatsch gar nicht erst machen. Schwachsinn!

5. FDH / Friss-die-Hälfte-Diät = Sie essen von allen Portionen in Zukunft nur noch die Hälfte. Heißt: Obelix kriegt keine zwei Wildschweine mehr, sondern nur noch eins. Und statt zwölf Nutellabrote vorm Schlafengehen, essen Sie sechs. Oder eben vierzig, wenn Sie vorher achtzig gegessen haben.

Resümee: Wer vorher „gefressen hat wie ein Schwein", wird nicht automatisch dünner, wenn er plötzlich nur noch „frisst wie ein halbes Schwein".

Aber egal welche Diät nun die Richtige ist, dank Vicky haben Frauen jetzt eine neue Kleidergröße. (Bei uns Männern sind dafür übrigens Otti Fischer und Hulk Hogan verantwortlich.) Anders formuliert, allein die Tatsache, dass es die Größe 34 überhaupt gibt, macht eine Frau doch wahnsinnig, wenn sie gut verteilte 40 hat. Oder etwa nicht?

Nachdem sie ihre Schauspielkarriere mit dem Film *Spiceworld – Der Film* begonnen hatte, bot ihr Tom Cruise 2006 eine Rolle als Alienbraut in dem Scientology-Film *The Thetan* an, was Beckham jedoch ablehnte.

Ich wiederhole mich: Lernen Sie „Nein" zu sagen. Auch wenn Ihr bester Kumpel nebenbei gecrackte Sky Decoder vertickt und Sie „nur mal eben kurz" den 7,5-Tonner mit der heißen Ware für ihn über die ... sagen wir „palästinensische Grenze" fahren sollen. Sagen Sie „Nein". Auch wenn er Ihnen androht, ansonsten Ihre Affäre mit der Edelhure aus Paris an die Presse zu verkaufen. Nein! Nein! Nein! Oder meinetwegen auch

Nö
No
Non
Niet
Ochi

Nixe

Nao

Never ever, Arschloch!

Im Februar 2007 wurde berichtet, dass sie auf dem amerikanischen Fernsehsender NBC ihre eigene Reality-Show (*Victoria Beckham: Coming to America*) erhalten sollte, die sie und ihre Familie während des Umzuges von Madrid nach Los Angeles zeigt. Die ursprüngliche Vereinbarung sah sechs Episoden à 30 Minuten vor, wurde jedoch auf eine einstündige Sondersendung reduziert, deren Ausstrahlung zu Kritik in den amerikanischen Medien führte.

Schade. Denn die Idee ist doch wirklich super. Und im Zeitalter von Internet und Videoblogs eventuell auch eine tolle Idee für Sie. Einfach zu Hause mal die Kamera draufhalten, wenn Sie die Küche aufräumen, das Klo putzen oder die Kinder zum Gesangsunterricht mit Dr. Marbuse schicken. Filmen Sie und bloggen Sie es!

Lassen Sie andere teilhaben, wenn Ihr Schäferhund in der Mauser ist. Wenn Ihr Goldfisch bei der Niederkunft Bisamratten gebärt, weil er heimlich mit der Spitzmaus rumgemacht hat. Sogar wenn Ihr Schneebesen langsam in der kaputten Spülmaschine vor sich hinrostet, kann das unter Umständen andere interessieren. Gut, ich wüsste jetzt nicht wen. Aber sogar ein Umzug von Madrid nach Los Angeles hat ja irgendwelche Menschen auf diesem Planeten dazu bewegt, nicht umzuschalten … also, zumindest nicht sofort.

Ab 2009 war Beckham als Model für die italienische Marke Armani tätig, für die sie insbesondere Dessous präsentierte. 2004 entwarf sie eine eigene Jeanskollektion sowie weitere Kollektionen für Rock and Republic unter dem Titel „VB Rocks“.

Das muss man der Victoria lassen, sie trägt immer die coolsten

Klamotten und geht niemals ungeschminkt vor die Tür. Deswegen lacht sie wahrscheinlich auch so selten, weil die Schminke wie eine Art Gipsverband das Gesicht quasi bewegungsunfähig macht. Eine gute Bekannte von mir würde sagen: „Die macht immer so´n Bekotzten." Was sie aber auch wieder ziemlich cool wirken lässt. Also entscheiden Sie selbst, ob Sie als Lachsack à la Cameron Diaz durchs Leben gehen oder lieber den beckhamschen Totengräber-Blick aufsetzen. Eine Modeikone ist sie allemal. Von der Frisur angefangen bis runter zu den Krüppelfüßchen. Ich darf das sagen, schließlich wurden bei mir schon früh sogenannte Knick-Spreiz-Senk-Füße festgestellt. Was nix anderes heißt als: hässliche Quadratplattlatschen! Dagegen sind die Stöckelschuh belasteten Füße von Vic wahrscheinlich ästhetischpoetische Wunderwerke.

Was Sie auf jeden Fall kopieren sollten, ist der Pärchenstyle von Vic und David. Sämtliche Klamotten der beiden sind perfekt aufeinander abgestimmt. Einige von Ihnen kennen das vielleicht aus dem Borkum-Urlaub, wenn sich Mutti und Vati beim Modehaus Kersten wieder mal die gleiche Windjacke gekauft haben und aussehen wie die Kessler-Zwillinge kurz vor der Zwangseinweisung. Aber: So was demonstriert Einigkeit. Es schweißt zusammen. Es verbindet. Und symbolisiert: Zwischen uns passt kein Blatt Papier. Allerhöchstens mal eine holländische PR-Beraterin oder ein spanisches Kindermädchen, aber das war´s auch schon.

> **Apropos Pärchen: Sagt sie zu ihm, als sie grade nackt aus dem Badezimmer kommt: „Sag mal was hast du damals eigentlich gedacht, als du mich zum ersten Mal nackt gesehen hast?" Er: „Ich hab mir gedacht, ich möchte deine Brüste aussaugen und dir den Verstand wegbumsen!" „Und was denkst du heute?", fragt sie mit erregter Stimme. Sagt er: „Ich denke, dass mir das ganz gut gelungen ist!"**

Übrigens, Victoria Beckhams Ur-Ur-Urgroßvater Carl Heinrich Pfänder (1819-1876) stammte aus Heilbronn und kam um 1845 nach London, wo er Revolutionär im Umfeld von Karl Marx und Friedrich Engels war.

Huiiii. Das sind Informationen, die man so sicher nicht erwartet hätte.

Kleiner Einwurf: Karl Marx und Friedrich Engels sind bekannt als die Wissenschaftler und Publizisten, die der Arbeiterklasse eine theoretische Grundlage für ihren Emanzipationskampf erarbeiteten. Während sich die internationale Arbeiterbewegung in erster Linie auf die nationalökonomischen Werke von Marx (Das Kapital) und die politischen Propagandaschriften (Manifest der Kommunistischen Partei) stützte, haben einige ihrer erst spät gewürdigten „Frühschriften" im 20. Jahrhundert Bedeutung für den philosophischen Neomarxismus – und damit auch für den Problemkreis der Hermeneutik und Ideologiekritik gewonnen. Dazu zählt in erster Linie die von Marx und Engels gemeinsam verfasste Deutsche Ideologie von 1845/46, die sowohl die Arbeit der älteren Frankfurter Schule (Adorno, Horkheimer) als auch die von Jürgen Habermas beeinflusst hat.

Alles klar, Frau Beckham? Also ich musste den Absatz erst dreimal lesen, bevor ich ihn per Mausklick in dieses Dokument kopiert habe. Aber wenn man Victoria Beckham mit derartigen Sätzen, Formulierungen und Inhalten in Verbindung bringt, lässt das die Mutter aller Spielerfrauen in einem ganz anderen Licht dastehen. Mit derart bedeutungsschwangeren Wurzeln würde ich sogar Djamila Rowe als zukünftige Bildungsministerin durchaus begrüßen. Im Umkehrschluss muss man allerdings auch sagen, dass man nicht zwingend selbst zur Intelligenzbestie wird, nur weil vielleicht der Urgroßvater mit einem umgebauten DeLorean in die Zukunft reisen konnte. Manchmal schlägt es auch ins Gegenteil um. Nur so ist zu erklären, dass die Neffen von Donald Duck ziemlich clever und strebsam sind. Wie auch immer. Viv ist vor allem eines. Extrem ehrgeizig und geschäftstüchtig. Und David? Der ist verletzt…

Im gesamten Jahrgang 2008 der amerikanischen Modezeitschrift ELLE war die Ausgabe mit Victoria Beckham auf dem Cover (Januar 2008) die verkaufsstärkste Ausgabe (413.000 Exemplare). Der Januar ist laut dem amerikanischen Medien- und Modefachmagazin WWD traditionell einer der auflagenschwächsten Monate, daher ist dieser Auflagenrekord besonders herausragend.

Aus dieser Tatsache kann man eigentlich erstmal gar nix lernen. Außer vielleicht, dass Sie zusehen sollten, als Titelgirl auf die ELLE zu kommen. Was aber mindestens so schwierig sein dürfte, wie Michael Jackson im Jahre 2012 zu fünfzig Comeback-Shows im Jugendkulturzentrum Tuttlingen zu bewegen. Aber warum nicht nach den Sternen greifen. Auch Victoria war schließlich mal ein ganz normales Mädchen, das seine Barbiepuppen mit Erdnussbutter und Chips gefüttert hat.

Zusammenfassung:

- Basteln Sie auch als Ehefrau, Lebensabschnittsgefährtin, heimliche Geliebte oder Puffmuse nebenbei an Ihrer eigenen Karriere.
- Erarbeiten Sie sich einen möglichst hohen, vorehelichen Status (der durch eine anschließende Liaison mit einem Statushöheren an Wertigkeit noch zulegt).
- Hungern Sie sich auf Konfektionsgröße 30/32 runter. Oder tragen Sie mit Konfektionsgröße 42 grundsätzlich 46 und jammern über Ihren dramatischen Gewichtsverlust.
- Lernen Sie „Nein" zu sagen. Egal, ob Sie der GEZ-Gebühreneintreiber nach einem Zusatzgerät oder die Nachbarin nach 500 Gramm Zucker und drei Leiheiern fragt.

- Filmen Sie alles, was Sie tun. Wahllos! Ohne Sinn! Einfach Kamera oder Handy an und draufhalten. Nasebohren, Füße kratzen, kochen, duschen, staubsaugen, Kinder entlausen. Alles filmen und später im Netz bloggen! Ach ja, außerdem Twittern, Facebooken, My Spacen, Lokalisten-Einträge, Stay Friends-Nachrichten und „Wer kennt Wen"-Mails nicht vergessen.
- Laufen Sie keinem Trend hinterher. Kreieren Sie ihn selbst. Eishockey-Legende Wayne Gretzki hat mal gesagt: „Es gibt viele sehr gute Spieler. Sie laufen immer dahin, wo der Puck ist. Ich aber laufe immer dahin, wo der Puck sein wird."
- Pflegen Sie den Pärchen-Style. Tragen Sie den gleichen Pullover, die gleichen Jacken, dieselbe Unterhose.
- Durchforsten Sie Ihren Stammbaum nach Intelligenzbestien und schmücken Sie sich damit.
- Versuchen Sie, es auf die Titelseite der ELLE zu schaffen.

Tragen Sie auch als Mann souverän Haarreifen wie David Beckham

Deutschlands Pop-Titan Nr. 1:
Immer am Puls der Zeit und
den Igel in der Tasche. „Ich habe
keine Geldanlage mit einem
Funken Risiko !
Ok ... außer Carina und die
Koikarpfen vielleicht ...“

Dieter Bohlen
Mega-Burner Styling Tipps

Model „Rockin´ Dieta"

Eng-Arsch-Hose	C&A 35 Euro
Schuhe „Ludenplastik"	Deichmann 79,50 Euro
T-Shirt Drachenmuster	unbekannt 25,90 Euro
Blutlederjacke Replika rot	Jack & Jones 79,50 Euro
Halstuch schwarz	KiK 12,99 Euro
Gitarre „Akkord-Arbeit"	unbekannt 199 Euro

In diesem Outfit sind Sie der absolute Meeeega-Burner auf jedem Rock-Event. Egal ob auf der nächsten KISS-Europatour, als Ersatz-Maffay für die Carmen-Nebel-Tribute-Party im Beat Club Weimar oder auf der 1-Euro-Abschussparty im Restekeller auf Norderney. In diesem lässig-coolen Over-50-Dress ist Ihnen die 19-jährige Araberstute mit den Mega-Dongels und dem Apfelsinen-Arsch so gut wie sicher.

Die Gitarre dient beim Out-fit „Rockin´ Dieta" als Phallus-Ersatz. Ihre genaue Position verrät die Absichten des Trä-gers. Steht der Gitarren-Hals bei der Anmache nach vorne bzw. nach schräg hoch, ist dies gleichbedeutend mit dem Satz: „Bock auf'n Kaffee?", was so viel heißt wie „Zu mir oder zu dir?", was so viel heißt wie „Mit oder ohne?", was so viel heißt wie „Mit ... Penisbruch!"

Model „Eighties-Dieta"

Jeans-Hose Silberschimmer	Clockhouse 29,50 Euro
Acryl Schweineleder Jacke	unbekannt 69,90 Euro
Siegfried & Roy Tiger-Halstuch	Macy's New York 19,50 US-Dollar
Winnitouch Slim Fit Shirt	Pull & Bear Madrid 18 Euro
Totenkopf Handwecker	Macy's New York 25 US-Dollar
Kuscheltier „Flusenmuschi"	Losbude Schneider 8 Lose

Mit diesem Outfit kaufen Sie Ihre eigene Zeitmaschine und fliegen 25 Jahre zurück in die Achtziger. In eine Zeit, als noch mindestens zehn Stararchitekten mit Onkel Dietas Frisur betraut waren. Diese hochexplosive Optikbombe, die wir hier sehen, bietet eine gelungene Mischung aus Depeche Mode und Fräulein Menke. Mit einem solchen Styling sind Sie der Blickfang auf jeder Schrebergarten-Party, kommen aber auch im Gay-Club voll auf Ihre Kosten.

Das Katzen-Keyboard dient beim Outfit „Eighties-Dieta" als therapeutisches Element und verhindert, dass Sie auf der nächsten „Fisch sucht Fahrrad"-Party wieder ganz alleine in der Ecke rumstehen. Das Instrument leistet Ihnen nämlich treue Gesellschaft.

Model „Glamour-Dieta"

Männerbluse „Camisa Negra"	Zara 49,50 Euro
Glitzer-Jacket „Koikarpfen-Kutte"	Spezialanfertigung 250 Euro
Glitzer-Latz	Spezialanfertigung 50 Euro
Schreibtischstuhl „Lendenpower"	IKEA 89,90 Euro

Dieses Outfit macht Sie zum Star. Ob Chef einer bekannten Autowerkstatt, Leiter der Fleischtheke vom Lidl Bottrop-Fuhlenbrock oder Finanzberater von Lukas Podolski, in diesem Styling können Sie getrost die Füße hochlegen und den Erfolg in Ruhe auf sich zukommen lassen. Wer Gold trägt, wird Gold ernten. Ob in Form von Barren, Münzen oder einem fetten Inlay hinten links in Ihrer Kauleiste.

Model „Sommer-Dieta"

Hochzeits-Anzug	Ansons 439,50 Euro
Lederslipper „Miami"	Lagerfeld 689 Euro
Akustik-Gitarre „Ein bisschen Frieden"	C.F. Martin 3400 Euro
Kapuzenpulli „Blue System"	Hugo Boss 289 Euro
Bleaching Creme	25 Euro

Dieses Outfit stellt alle anderen in den Schatten. Wenn Sie so um die Ecke biegen, wird sogar die 16-jährige Rottweiler-Dame vom Nachbarn noch mal rollig. Als luftigfluffiger Trend-Gigolo mit festgezurrtem Sunshine-Grinsen ist Ihnen ein Alpha-status im Jachthafen von Marbella oder Dortmund-Hörde sicher. Sogar in der Schraubenabteilung vom Praktiker wird man sich Ihrem mediterranen Flair nicht entziehen können und Ihnen zwanzig Prozent auf alles – inklusive Tiernahrung – geben. In diesem Outfit – das ist sicher – hat Onkel Dieta damals schon Janina in Hamburg auf'm Teppich zu Weltruhm geknattert.

„You´re my heart, you´re my brother cherie cherie cadillac ..." oder auch „Schuster bleib bei deinen Leisten." Oder auch „Never chance a running system" gez. EUER SUPER BOHLEN

Wie schon beim Model „Rockin´ Dieta" übernimmt die Gitarre eine Vermittlungsfunktion. Im Gegensatz zur elektronischen Variante kommt das bauchige Akustikmodel etwas kuscheliger daher. Blümchensex statt Fesselspiele könnte die freie Interpretation dieser modischen Aufwartung lauten.

Rafael Nadal
Linie putzen, Strümpfe richten:
König der Rituale

Rafael Nadal Parera (* 3. Juni 1986 in Manacor, Mallorca) ist ein spanischer Tennisspieler. Er war vom 18. August 2008 bis zum 6. Juli 2009 die Nummer 1 der Tennis-Weltrangliste. Er gewann in seiner bisherigen Karriere sieben Grand-Slam-Titel, fünfmal bei den French Open sowie je einmal in Wimbledon und bei den Australian Open. Bei den Olympischen Sommerspielen 2008 in Peking gewann Nadal zudem die Einzelkonkurrenz.

Rafael (Rafa) Nadal Parera wurde auf der spanischen Insel Mallorca geboren.

Dies hat den großen Vorteil, dass Rafa die Sonne schon mit der Muttermilch aufgesogen hat. Während andere Kinder viel Zeit damit verbracht haben, auf einem Stadtspielplatz in Berlin-Prenzlauer Berg bei strömendem Regen alte Spritzen und getrocknete Hundehaufen zu sammeln, hat Rafa als Fünfjähriger wahrscheinlich im gefälschten Barca-Trikot am Es Trenc-Strand Muscheln und Pflaster gesucht und ist mindestens dreimal am Tag in die türkisfarbene Suppe gesprungen.

Der tägliche Überlebenskampf gegen deutsche und englische Voll-Proll-Touris hat ihm zusätzlich das nötige Durchsetzungsvermögen gegeben. Deswegen guckt der junge Spanier manchmal auch so grimmig, als wäre ihm schon vorm Frühstück ein Betonmischer übers Gesicht gefahren.

Fazit: Sind Sie gerade schwanger und wollen für Ihre Brut die optimale Aufzucht gewährleisten, wählen Sie für die Niederkunft ein Spital auf den Balearen. Das Krankenhaus von Palma etwa, die Privatpraxis von Dr. Stefan Sturzgeburt an der Playa d´en Bossa auf Ibiza oder den Lounge-Bereich der In-Disco Space, falls Sie auch zwischen den Presswehen gerne etwas Techno-Beat um die Ohren haben. Außerdem schmeckt der Banana-Daikiri da einfach ziemlich geil und ist das optimale Willkommens-Getränk für den neuen Erdenbürger. Einfach schon deswegen, damit er/sie/ es weiß, in welch launige Familienbande er da grad reingeschissen wurde.

Aber Spaß beiseite, bei der Berechnung eines Horoskops sind nicht nur Geburtstag und die exakte Minute entscheidend, auch der genaue Ort spielt eine wichtige Rolle. Außerdem klingt es einfach geiler, wenn Sie Ihrem Astrologen sagen: „Ich habe in L.A. Downtown das Licht der Welt erblickt" anstatt „Bitterfeld, im Schrebergarten hinter den Mülltonnen haben sie mich seinerzeit mit der Zange geholt".

Es gibt den schönen Satz „Man sollte nie vergessen, wo man herkommt". Das fällt einem bei Geburtsorten wie „Miami Beach", „Rio de Janeiro" oder „Bali" auch nicht so schwer. Aber wenn man im russischen Klawgadisgrad, in Oberhausen-Sterkrade oder auf einem düsteren Schloss in den Wäldern Transsilvaniens zur Welt kam, kann das durchaus mal vorkommen und ist auch vollkommen verständlich. Also: Sehen Sie zu, dass Ihre Nachkommen schon bei der Geburt ein gutes Grund-Gefühl erfahren, denn frühkindliche Erfahrungen haben bekanntermaßen großen Anteil an der späteren Sozialprognose. (Gott, was für ein Satz. Man könnte meinen, ich hätte tatsächlich was in der Birne. Aber ich verspreche, es ist alles nur gut recherchiert.)

Der Nachname Nadal entstammt dem auf Mallorca gesprochenen Katalanischen und bedeutet Weihnachten.

Rumms. Das sitzt. Ein Mensch, der Weihnachten heißt. Und bei dem offensichtlich das ganze Jahr über Bescherung ist. Da ein Grand Prix-Titel, dort ein Grand Slam-Sieg und „hier noch ein Umschlag von Oma, Rafa, mit 5000 Euro, weil du ihr immer ein

Küsschen gibst, obwohl sie mit der neuen Kauleiste so sabbert."

Heißt: Sollten Sie mal heiraten und keinen eigenen Nachnamen besitzen, der übersetzt „Ostern", „Geburtstag" oder „Dauerurlaub" heißt, dann suchen Sie sich einen Partner, der dieses Defizit ausmerzt. Heiraten Sie einen Sonny Sonne oder einen Gerd Geil oder eine Sybille Sieg (wenn Sie ein Mann sind und mit eigenem Nachnamen Pech, Mist oder Rotze heißen). Danach ist die tägliche Dosis positive Autosuggestion sichergestellt.

Kurz erklärt: Es gibt wunderschöne Übungen, um sich quasi selbst zu manipulieren. Sagen Sie einfach fünfzigmal am Tag den Satz „Mir geht´s gut". Dann geht´s Ihnen irgendwann zumindest besser. Und genauso funktioniert das auch mit Ihrem Namen. Heiraten Sie zum Beispiel Sonny Sonne, melden Sie sich demnächst einfach zwanzigmal täglich am Telefon mit „Hallo, ich bin´s, die Sonne". Oder wenn Sie Gerd Geil heiraten, lautet Ihre zukünftige Vorstellung „Guten Tag, ich bin Geil" oder „Ich bin der Sieg", und schwupps sind Sie beim nächsten Familien-Minigolf der neue Tiger Woods. Also rein sportlich gesehen. Sexuell sowieso.

Als Mann würde ich Ihnen jedoch ehrlich gesagt eher zu einem Künstlernamen raten als zur sogenannten Namensheirat. Das ist in Anbetracht der aktuell hohen Scheidungsrate bedeutend günstiger.

Rafael Nadal begann im Alter von vier Jahren mit dem Tennisspielen. Erster und bis heute einziger Trainer ist sein Onkel Toni. Nadals zweiter Onkel Miguel Ángel Nadal spielte als Profi-Fußballer unter anderem für den FC Barcelona und bestritt 63 Spiele für die spanische Nationalmannschaft.

Was nichts anderes bedeutet, als dass die Damen des Hauses wahrscheinlich für die Dreckwäsche zuständig sind und dem Rafa schon früh die rote Asche aus der Unterhose bügeln mussten.

Nachzuahmen ist unbedingt das Modell „Trainer-Onkel". Wer eine talentierte Tante in der Familie hat, kann diese beispielsweise für die Buchhaltung anheuern oder die Zubereitung von Schwarz-brot-Kanapees bei Ihrer nächsten Saunaclub-Eröffnung in Hessisch Oldendorf. Denn bekanntlich ist Blut dicker als Wasser und von daher sehr vertrauenswürdig. Es sei denn, Ihr älterer Bruder heißt Kain und schleicht ständig mit der Axt um Ihr Haus. Dann sollten Sie lieber die Jalousien runterlassen und Ihrem Jack Russel Terrier beibringen, keine Wurst anzupacken, die durch den Brief-kasten-Schlitz geworfen wird.

Aber ansonsten hat es nur Vorteile, wenn zum Beispiel Ihr Papa in Ihrer eigenen Firma mit anpacken darf. Jeder andere Mitarbeiter würde bei den andauernden Überstunden und der miesen Bezahlung irgendwann den Betriebsrat auf den Plan rufen. Nicht so Ihr Vater. Er ist aufgrund emotionaler Verbundenheit Ihrem ausbeuterischen Führungsstil hilflos ausgeliefert. Er kann auch nicht kündigen, weil er seine Kohle von Ihnen immer schwarz bekommen hat und somit voll drinhängt in der Steuerfalle. Außerdem kriegt er keine Rente. Genial.

Nadals bevorzugter Untergrund ist der Sandplatz, ein Belag auf dem er zurzeit als nahezu unbesiegbar gilt. Oft wird er deshalb als Sandkönig („el rey de la tierra") bezeichnet.

Was lernen wir daraus? Suchen Sie sich ein Terrain, ein Umfeld, welches Ihren Fähigkeiten entspricht und diese unterstreicht. Hegen Sie also eine Antipathie gegen Emmentaler Rohmilchkäse, der Ihnen bisweilen sogar zebrafarbene Ekelbeulen im Schläfenbereich beschert, sollten Sie Ihren Job in der REWE-Frischeabteilung kündigen und sich lieber für das Einräumen von Multivitaminsäften einteilen lassen. Noch mal: Wenn Sie auf Rasen den besten Stand haben, gehen Sie zum Bowlen niemals in eine Halle, sondern werden Sie einfach Mitglied im Gras-Kegelclub „ACHT UM DEN DICKEN".

Bemerkenswert ist die außergewöhnliche Athletik des Mallorquiners und hier im Besonderen seine enorme Schnelligkeit und Beweglichkeit, die es ihm oft ermöglicht, auch schwierige Bälle auf der Rückhandseite zu umlaufen und stattdessen seinen stärkeren Vorhandschlag einzusetzen.

Stichwort Fitness: Egal welchen Job Sie ausüben, ob Bordsteinschwalbe, Nachtwächter bei Dr. Oetker oder Freizeit-Terrorist, kümmern Sie sich um Ihren Körper. Gehen Sie ins nächste Fitnessstudio und nehmen Sie an einem Spinning-Kurs teil. Dann kotzen Sie anschließend zwar Ihre eigene Lunge auf den Teppich und schwitzen mehr als Tine Wittler beim Zirkeltraining in der Wüste Gobi, aber der ganze Dreck kommt raus. Die zwölf Kästen Bamberger Bürger Bräu, die zwanzig Stücke Bauchfleisch und die siebzig Stangen Rot-Händle ohne Filter, die Sie in den letzten drei Tagen geraucht haben. Besser noch als stumpfes Radfahren in klaustrophobischen Räumen oder Power-Gymnastik im engen Ritzenputzer zu „Call On me" von Eric Pryde ist Bewegung an der frischen Luft. Schließen Sie sich einer Lauf-Gruppe an, der Geher-Vereinigung „Schlendrian e.V." oder machen Sie Nordic Walking, besser bekannt unter dem Pseudonym „Qualle am Stiel". Hauptsache Sie kommen runter vom Sofa und weg vom Chipsletten-Depot.
Erst wenn Sie unter Ihrem Hugo Boss-Hemd aussehen wie Conan der Barbar kurz nach dem Gewinn der Eiweiß-WM im Gold-Gym von Venice Beach und Sie es problemlos schaffen, während der Zehn-Minuten-Pinkel-Pause auch noch kurz einen kompletten Decathlon zu absolvieren, sind Sie auf dem richtigen Weg. Körper und Geist müssen in Einklang stehen. Was im Umkehrschluss für alle Muskelpakete und Freizeit-Gebrselassies bedeutet: das Hirn

trainieren. Die Weichteile unter der Schädelplatte zum Kochen bringen. Jeden Tag Kopfrechnen, Vokabeln lernen und mindestens hundert Sudokus lösen. Was nutzt der geilste Bizeps, wenn die für's Urinproben abgeben verantwortliche Hirnzelle auf Durchzug steht.

Nadal gilt als nervenstark und besitzt ein außergewöhnlich ausgeprägtes Antizipationsvermögen. Auf Grund dieser Fähigkeiten werden die Gegner des Spaniers zu sehr aktivem und risikoreichem Spiel gezwungen.

Antizipation heißt nix anderes, als vorausschauen, vorhersehen, erahnen. Diese Fähigkeit würde vor allem uns Männern eine Menge Ärger ersparen. Zum Beispiel bei Fragen wie: „Schatz, ist es okay, wenn ich mit meinen Kumpels für zwei Wochen zum Oktoberfest fahre, obwohl ich gestern erst vom Kegelausflug aus Miami zurückgekommen bin?" Wenn man hingegen über ein ausgeprägtes Antizipationsvermögen verfügt, würde man eher sagen: „Schatz, jetzt haben die Idioten mich auch noch für die Oktoberfestfahrt mitgebucht. Ohne Reiserücktrittsversicherung. Das kann nicht wahr sein. Ich hab mich nach dem beschissenen Kegelausflug in dieses Drecks-Miami so auf dich gefreut. Wenn ich wiederkomme, trete ich da aus."

Oft wurde Rafael Nadal in der Vergangenheit für sein Verhalten beim Aufschlag kritisiert, vor dem er eine ritualisierte Bewegungsfolge ausführt: Er putzt zuerst die Linie, schlägt seine Schuhe ab, richtet seine Strümpfe, streicht sein Haar hinter die Ohren und zum Schluss zupft er sich noch die Hose aus dem Hinterteil. Dies führt nicht selten zur Verärgerung bei seinen Gegnern, die sich in ihrem Spielrhythmus gestört fühlen.

Merke: Rituale sind gut, geben Sicherheit, verschaffen ein Korsett, helfen einem vor allem in kritischen Situationen. Also: Bevor

Sie als Beamter Ihre tägliche Portion Büroschlaf zu sich nehmen, sollten Sie jedes Mal erst die Rückenlehne hochstellen, die Tür zweimal verriegeln, Ihre Schuhe ausziehen, sich wie Nadal die Hose aus dem Hinterteil zupfen und erst dann Ihre müde Tomate seelenruhig auf der Schreibtischunterlage abmatten. Das beruhigt. Gibt Sicherheit. Selbst dann, wenn im Bauamt mal eine superstressige 15-Stunden-Woche ansteht und Sie zwei Vorgänge statt einem abheften sollen.

Zusammenfassung:

- Kommen Sie in New York, Rio, Tokio zur Welt oder helfen Sie zumindest Ihrem Nachwuchs dabei.
- Pflegen Sie die tägliche Autosuggestion durch positiv anmutende Namen.
- Arbeiten Sie stets eng mit Verwandten zusammen.
- Schaffen Sie sich ein Umfeld, das Ihren Fähigkeiten und Talenten dienlich ist.
- Bringen Sie Körper und Geist in shape.
- Schulen Sie Ihr Antizipationsvermögen.
- Setzen Sie hartnäckig auf Rituale (stehen Sie immer mit dem linken Bein zuerst auf, tragen jeden Tag Ihre Glücksunterhose, trinken Sie Ihren Kaffee grundsätzlich mit Pfeffer und Salz, irgendwie so was).

Der teuerste Fußballer der Welt. Angeblich festgeschriebene Ablösesumme 1 Milliarde Euro. (Gut, das pulverisiert so mancher Hedge Fond an einem Wochenende, aber immerhin.)

Cristiano Ronaldo
Der Freistoß-Cowboy mit Hühnerbrust

Cristiano Ronaldo dos Santos Aveiro (* 5. Februar 1985 in Funchal, Madeira, Portugal) ist ein portugiesischer Fußballspieler. Er steht nach dem teuersten Transfer der bisherigen Fußballgeschichte seit Sommer 2009 bei Real Madrid unter Vertrag. Cristiano Ronaldo wurde sowohl zu Europas Fußballer des Jahres als auch zum Weltfußballer des Jahres 2008 gewählt.

Cristiano Ronaldo ist die portugiesische Antwort auf Lothar Matthäus. Aber eine, die sich gewaschen hat. Und nicht nur gewaschen. Offenbar auch rasiert. Denn der Cristiano ist ja auch als Model schwer gefragt, und da konnte „mann" und „frau" wunderschön sehen: Nix! Nur Haut – alles rasiert. Die Beine, die Brust. Und auch sonst wahrscheinlich nirgendwo nix. Außer auf'm Kopp natürlich, damit das Gel irgendwo Halt findet. Aber der sogenannte Ganzkörper-Kahlschlag ist natürlich topmodern. Vor allem, dass die Brust aussieht wie der Genitalbereich von Chewbacca kurz vor der Not-OP ist durchaus zu verstehen. Sonst sieht man bei Südländern das Goldkettchen ja kaum. Auch rasierte Achseln sind aus Hygienegründen durchaus angeraten. Aber die männliche Bikinizone? Leute, das muss doch nicht sein. Eine gute Bekannte von mir ist alleinerziehende Mutter. Die sagt: „Wenn ich so ein junges, komplett rasiertes Bürschchen mal mit nach Hause nehmen würde und es käme zum Äußersten... also... nein danke! So was lag bis zum Sommer fünfmal täglich vor mir auf'm Wickeltisch. Da schießt mir doch direkt die Milch wieder ein! Ehe er es sich versieht, schieb ich so einem frisch geschorenen Jüngling bei zu lautstarkem Sex den Beruhigungssauger in den Rachen! Und zwar aus Latex!" Das sagt sie, nicht ich. Damit das klar ist.

Natürlich hat auch meiner einer hinterm Reißverschluss schon mal den Rasierer angesetzt, aber man muss den männlichen Regenwald ja nicht gleich komplett abholzen. Wenn ein bis zwei Halme in der Nähe des Mammutbaums stehen bleiben, üben diese, im Falle der Spontanentblößung, eine Art Windbrecherfunktion aus. Außerdem schäumt das Shampoo besser auf, wenn wieder Samstag ist und der deutsche Durchschnittsmann, außer an Sportschau, auch ans Duschen denkt. (Natürlich nur, damit der Duschkopf nicht verkalkt. Nicht etwa wegen der Hygiene.)

Sehr auffallend – und eine ganz andere Thematik – ist die Freistoßtechnik von C.R. Nicht der Schuss als solcher – der ist eher was für Liebhaber, für Leute, die sich statt mit Draft Beer oder Jägermeister lieber mit einer edlen Karaffe Remy Martin ins Delirium saufen – nein, das Drumherum macht's aus. Das Tamtam unmittelbar vor dem eigentlichen Schuss. Wenn C.R. seinen persönlichen Befruch-

„Derart ausgelassen jubelt CR7 normal nur mit freiem Oberkörper."

tungstanz aufführt, seine Beine dabei breitbeinig in den Boden haut, wie Billy the Kid kurz vorm Wasserlassen, und die Arme Ballerina-like seitlich vom Körper nach unten streckt, wie Bodenturn-Olympiasieger Nikolai Andrianow 1976 in Montreal kurz nach einer Rolle vorwärts. Das fällt auf. Das eckt an. Das steigert die Beliebtheit des Protagonisten im gegnerischen Fanblock derart, dass man künftig besser im Kettenhemd zum Brötchenholen geht, aus Angst davor, dass einen sogar Obdachlose wutschnaubend mit Euro-Münzen bewerfen. (Die wissen auch, dass das Zeug bald nix mehr wert ist. Die ersten Better sind bereits auf Krügerrad und America Eagle umgestiegen.)

Aber wer auffällt und polarisiert, hat nicht nur viele treue Feinde, sondern auch jede Menge falsche Freunde, die einem oftmals bis zum medialen Exitus und darüber hinaus erhalten bleiben. Diese Furcht einflößende Ansammlung grölender Bewunderer ist es jedoch auch, die etwa bei einem Fußballspieler dafür Sorge trägt, dass er sich in der Mittagspause außer einem Hot Dog Spezial mit Trockenzwiebeln und Krautsalat auch noch eben schnell den achten Lamborghini Gallardo einpacken lässt. Denn eines muss man wissen: Echte Freude hat man im Leben eh nur vier oder fünf. Egal ob Tankwart oder Thronfolger, ob Penner oder Popstar. Allerdings gibt es vereinzelt auch Berufsgruppen, die mit noch weniger auskommen müssen:

Weniger als vier Freunde haben ziemlich sicher:
Politessen
Steuerfahnder
Hundefänger
Streber
Eremiten
Kanalarbeiter
Serienkiller
Herpesviren

Halten wir fest: Wer auffallen will und zur schillerndsten Galli-
onsfigur seit Rudolph Moshammer und Lorielle London avancieren
möchte, muss nicht nur Lob, sondern vor allem auch herbe Kritik
aushalten können. Natürlich hat die grenzdebile Blondine mit dem
„Coco" Austin-Gedächnis-Arsch aus der Buchhaltung jede Menge
männliche Verehrer, dafür aber auch die komplette weibliche Hyänen-
schaft im Großraumbüro gegen sich. Da hilft ihr auch der Einser-Ab-
schluss im Synchron-Dolmetschen (Beim Text-Übersetzen gleichzeitig
dem Chef einen Blasen) herzlich wenig. Aus diesem Grund freue ich
mich inzwischen genauso über jede negative Zuschrift wie über Lobes-
hymnen zu meiner Person.

Denn:
1. hat sich die betreffende Person mit mir auseinandergesetzt – gut!
2. hat sie mindestens fünf Minuten ihrer kostbaren Zeit damit verbracht, mir zu schreiben – besser!
3. kommen auf jede negative Kritik erfahrungsgemäß zwei positive. Es sei denn, Sie sind Flugzeugentführer. Dann stimmt die Formel zwar auch, aber nur für den arabischen Raum.

Aber was das Allerbeste ist: Wenn sich jemand über Sie so
RICHTIG ärgert, sich aufregt, Sie diskreditieren, verwünschen,
verhexen, teeren und federn möchte, haben Sie was??? Ja! Sie haben MACHT über ihn. Heißt: Sie können sich Harvard, Princeton,
Yale und die ganzen anderen Elite-Tempel sparen, müssen auch
nicht den beschwerlichen Umweg als Gouverneur von Gladbeck
nehmen (oder schlimmer noch, als Bürgermeister von Duisburg),
geschweige denn, dass sie sich mit dem Austüfteln falscher Wahl-
versprechen das Eiersuchen am Ostersonntag versauen. Nein!
Schießen Sie einfach beim nächsten Spiel Ihrer Thekenmann-
schaft extrem arrogant anmutende Freistöße oder tätowieren Sie
sich als Mauerblümchen einfach mal ein Arschgeweih direkt auf

„So nah wie hier, wird der Portugiese dem WM-Pokal wohl nie wieder kommen."

die Hupen und schon fliegt Ihnen die Macht in Form von Blicken, E-Mails, obszönen Anrufen und Morddrohungen buchstäblich entgegen. Jetzt müssen Sie den emotionalen Feuersturm um Ihre Person nur noch genießen können. Sollte Ihnen das schwerfallen, hier ein paar Hilfestellungen.

Wie reagiere ich auf beleidigende Kritik?
1. Am besten gar nicht.
2. Auf keinen Fall eingeschnappt oder beleidigend – dann hat der andere Macht über Sie gewonnen.
3. Sie können sich bei ihm für sein objektives Feedback bedanken und ihm Blumen schicken. Einen Strauß Brennnesseln zum Beispiel.
4. Sie drucken sein Statement samt Namen, Adresse und Schufa-Eintrag als Großanzeige in der BILD ab.
5. Bei geschäftlicher Absender-Adresse leiten Sie die E-Mail kommentarlos an seinen Vorgesetzten weiter.
6. Benutzen Sie seine E-Mail-Adresse künftig als Login-Namen für Sexseiten.

7. Schicken Sie ihm eine E-Mail komplett in Arabisch. Nur sein Name und die Wörter Bombe, Dschihad und Terror müssen für ihn leserlich bleiben. Kann sein, dass zehn Minuten später BND, FBI und CIA vor Ihrer Haustür stehen und ein Tarnkappenbomber in Ihrem Garten landet. Aber wenn Sie Cola, Automatenkaffee „free refill" und frische Donuts im Haus haben, sind die Jungs auch schnell wieder besänftigt. Außerdem kann Ihnen so ne Woche in U-Haft die Kohle für die Weight Watchers sparen. Fragen Sie mal den Kachelmann?!

Ich selbst bekomme auch gelegentlich Pöbel-Post. Da stehen dann Sätze wie: „Du Penner, geh nach Hause" oder „Es wird Zeit, dass Dir mal einer sagt, wie behämmert Du bist" oder auch „Du findest dich wohl lustig". Ääh ... ja, natürlich ... danke der Nachfrage. Das Schöne an diesen Mails ist, sie ersetzen den Psychocoach, den Mentalguru, den Motivationspapagei zum Preis von zwei Doppelhaushälften pro Woche. Man spart Kohle und Zeit. Einfach drei bis vier Beleidigungen einsammeln, und man ist topmotiviert für die kommenden Aufgaben. So nach dem Motto: „Ich, behämmert? Na, das wollen wir doch mal sehen!"

Hingegen sind Fan-Mails zwar super fürs Ego, führen aber zu einer gefährlichen Zufriedenheit und daraus resultierender Lethargie und Faulheit. Werde ich ständig gelobt, strahle ich zwar wie ein Honigkuchenpferd im Zwischenlager Gorleben, nehme mir aber auch gleich einen kompletten Sonntag frei im Monat oder mache schon vor dem abendlichen Zähneputzen gedanklich Feierabend. Jawoll. Richtig gehört. Sonntag ist normal Arbeitstag. Denn nur wer es schafft, in 365 Tagen mindestens 427 Tage zu schuften, kann zum Cristiano Ronaldo – sagen wir – der Versicherungsbranche werden. Nur ein Haufen Fitnessraum-Sonderschichten und Endlos-Freistoß-Training am Heiligen Abend, Silvester und Muttertag haben diesen Teufelskerl CR7: zum bestbezahlten Fußballer der Welt werden lassen. (Der Top-Transfer von Udo Kremer von der zweiten Mannschaft Borussia Brömmelbaumer zu den Alten Herren vom TuS Harsewinkel bleibt an dieser Stelle aus steuerlichen Gründen unerwähnt.)

Doch noch mal zurück zu den Anfängen des C.R.

Nach seinem Wechsel von der Blumeninsel Madeira in die Kaderschmiede von Sporting Lissabon trainierte er fortan in Alcochete mit anderen Jugendspielern des Vereins unter professioneller Führung. Dennoch sollte Ronaldo später der erste Jugendliche in der Vereinsgeschichte von Sporting Lissabon sein, der binnen einer Saison für die U-16-, U-17-, U-18-, die Reserveauswahl und für das Profiteam zum Einsatz kam.

Körperliche Defizite – das habe auch ich erfahren müssen – können einem vorübergehend immer wieder im Wege stehen bei dem Versuch, Erfolgsträume zu verwirklichen. So war es im zarten Jugendalter von vierzehn Jahren vor allem meine zum damaligen Zeitpunkt übergroße Nase, die so manches Rendezvous schon im Keim ersticken ließ. Eigentlich war die Nase normal groß, nur sie passte in den Proportionen einfach überhaupt nicht zum Rest meines Gesichts. Hinzu kam eine Zahnklammer Marke „Eisenfresser", mit der mein Kiefer jeden Abend vor dem Schlafengehen mit Hilfe dicker Stahlseile am Bettende festgezurrt wurde. Da half es auch nix, dass mein Onkel später aus dieser Klammer im Garten eine Vogelvoliere für meinen Nymphensittich schrauben sollte. Dass auch die Körpergröße nicht ganz unwichtig ist, wenn es darum geht, sich seinen Platz im Leben zu sichern, zeigen viele prominente Beispiele. Während Dirk Nowitzki mit seinen 2 Meter 13 eine nahezu perfekte Basketballfigur aufweisen kann, wäre eine derartige Länge für einen Berufs-Jockey oder einen Deutschrocker mit auffälliger Warze eher hinderlich. Umgekehrt ist Philipp Lahm aufgrund seiner wendigen 1 Meter 70 einer der besten Außenverteidiger der Welt, während „the beast from the east" Nikolai Walujew auf der gleichen Position zwar jeder Flügelzange á la Ribéry gehörig das Esszimmer polieren würde, aber seine Wendigkeit wäre kaum besser als die eines altersschwachen Bananentransporters.

CR-Styling-Tipps: Rasierte Augenbrauen

Auch sprachliche Defizite, wie im Falle des jungen CR7, sind ebenfalls frühzeitig auszuräumen, aber keinesfalls unüberwindbar auf dem Weg zum Sieg. In manchen Fällen können sie sogar hilfreich sein, wie das Beispiel Verona Pooth ehemals Feldbusch eindrucksvoll unter Beweis stellt. Spätestens nach der ersten Staffel „Peep" war Verona-Manager Alain Midzic klar: mit Stammeldeutsch à la Bolivien lässt sich Knete machen. Einfach mal alle Verben, Zeiten, Formen ab in den Mixer und durch Veronas Mund wieder raus. Bingo! Da klang ein Feldbusch-Satz wie „Wir freuen uns auf diesem schönen Mann" schon fast beleidigend für das Ohr des Kauderwelschverwöhnten Zuschauers. Andere wiederum schöpften Hoffnung. Vereinfacht erklärt: Der Genitiv des sächlichen Demonstrativpronomens „dieses" und der des männlichen Demonstrativpronomens „dieser" lautet in beiden Fällen „dieses". Dasselbe gilt für „jenes" und „jener". Es heißt „im Winter jenes Jahres" und „im Verlauf jenes Vormittags". „Dieses" und „jenes" sind Pronomen, genau wie „mein", „dein" und „sein". Und da es auch nicht heißt „Sie ist die Mutter seinen Kindes" oder „Ich liebe dich bis ans Ende meinen Lebens", heißt es eben auch nicht „im Sommer diesen Jahres", sondern „im Sommer dieses Jahres". Da habt ihr's, so einfach ist das. Nicht kapiert? Ist ehrlich gesagt auch scheißegal. Aber nur, wenn Sie Rechtsanwalt, Banker oder Chefarzt werden wollen. Haben Sie jedoch die Absicht Gina-Lisa Lohfink, Kader Loth oder Poldi zu beerben, sind derart detaillierte Kenntnisse der deutschen Grammatik meeeegawichtig. Denn nur wer den alpinen Parallelschwung, die Buckelpiste und den Helikoptersprung perfekt beherrscht, kann später auch in Willy Bogners „Fire and Ice"-Schmiede als Trickskiclown arbeiten.

Je Ohrläppchen mind. einen Brillie (Empfehlung: Magnet-Ohrringe)

Im August 2003 wechselte Ronaldo von Lissabon zu Manchester United. Der 17,5-Millionen-Euro-Kauf erhielt bei seiner Ankunft das renommierte Trikot mit der Rückennummer 7, das zuvor von Vereinslegenden wie George Best, Bryan Robson, Éric Cantona und Beckham getragen worden war. Obwohl Ronaldo selbst zunächst lieber die Nummer 28 getragen hätte, aus Angst der Druck auf seinen Schultern könnte durch die 7 zu groß werden. Wenn Sie die Chance bekommen, in große Fußstapfen zu treten, dann tun Sie es. Auch wenn Ihnen der Kackstift geht und Sie befürchten, dass

Sie im neuen Gewand untergehen wie ein rostiges Damenrad im Titikakasee mit zerkratzter Fahrgestellnummer und abgebrochener Klingel. Aber lassen Sie sich eins gesagt sein: Selbst wenn Sie sich anfangs fühlen wie eine Stöpselkopfameise, die eine blaue LKW-Plane als Minirock trägt: Ziehen Sie es durch. Ich selbst bin als Sohn

Austrainierte Brustmuskulatur (ca. 120 Liegestütze pro Tag)

eines erfolgreichen Jugend-Fußball-trainers zur Welt gekommen, der in jungen Jahren immerhin die beiden Rummenigge-Brüder trainiert hat. Ich kann Ihnen sagen, das waren riesige Fußstapfen für mich. Ein ellenlanger Schatten. Da baut sich Druck auf, das glaubt man gar nicht. Ungefähr so, als wenn man als Sohn von Uschi Glas auf die Welt kommt. Oder als Hausschwein von George Clooney. Da erwartet auch jeder von dir, dass du als erste Hängebauchsau der Welt Nespresso trinkst und dir graue Schläfen bis runter zu den Zitzen wachsen. Am 13. April 2007 unterzeichnete Ronaldo bei Manu einen neuen Fünf-Jahres-Vertrag. Mit diesem neuen Kontrakt, der Ronaldo mutmaßlich 120.000 Pfund pro Woche einbrachte, wurde der Portugiese zum bestbezahlten Spieler in der Geschichte von Manchester United. „Geld ist nicht alles", aber es hat einen Riesenvorsprung vor allem, was danach kommt. Deswegen, wenn Sie irgendwie die Möglichkeit haben, an Kohle, Patte, Pulver, Zaster, Flocken, Kröten, Mäuse, Mücken, Moos, Piepen, Pinke, Schleifen, Tacken oder Taler zu kommen ... sofort einsacken. Bloß nicht zögern, so nach dem Motto: „So viel bin ich doch gar nicht wert?!" Egal! Ab in den Brustbeutel damit. Keiner ist so viel und keiner ist so wenig wert, wie er bekommt. Aber jeder bekommt so viel, wie andere meinen, dass man wert ist. Verstehen Sie!?! Auch nicht? Macht nix. Ich auch nicht. Wirklich wichtig ist nur: 120.000 Pfund Sterling = 132.179,921 Euro. Und das für sieben Tage Fußball. Training nur vormittags. Spiele maximal zwei. Davon könnte man sich jede Woche 2937 Flaschen Davidoff Cool Water Eau de Toilette (75 ml) kaufen oder 801 Paar Gabor-Damenlederstiefel mit Reißverschluss und Engschaft oder 121 iPhones G4 32 GB ohne Vertragsbindung. Wer da überlegt, hat offensichtlich einen Sprung im Löffelbiskuit. Ronaldo wurde zu Englands Fußballer des Jahres 2008 gewählt und sicherte sich mit 31 Treffern in der Premier League nicht nur den Titel des Torschützenkönigs, sondern auch den Goldenen Schuh der UEFA als bester Torschütze Europas. Die endgültige Krönung folgte am 12. Januar 2009 in Zürich, als Ronaldo

Gezupfte Nasenhaare (Nasen- und Ohrentrimmer ab 14 Euro)

von der FIFA zum Weltfußballer des Jahres gekürt wurde.

Außer Geld sollten Sie auch ein paar Ehrungen hier und da nicht einfach liegen lassen. Der Mensch denkt bekanntlich in Schubladen. Heißt: Ehrung = muss gut sein. Keine Ehrung = taugt nix. Deswegen hat sich ja auch jeder Friseur mindestens acht Meisterbriefe und fünf Urkunden von gewonnenen Fönwettbewerben an die Wand genagelt. Damit jeder Kunde denkt: „Ich hab da zwar diese Riesenmacke im Pony und mein Ohr sieht aus wie das von Niki Lauda, aber das muss meine Schuld sein. Mein Friseur ist 1987 immerhin Dritter beim „Augen-Zu-Und-Durch"-Coiffeur-Duell auf Norderney geworden."

Also, Auszeichnungen gehören zu einer erfolgreichen Karriere dazu. Und wenn Sie keine kriegen, einfach selbst welche erfinden:

Die goldene Bohrfutter-Plakette, den Bundesverdienst-Esel oder die stinkende Plexiglas-Medaille am Band fürs Selbstrecyceln von Gorgonzola-Verpackungen. Irgendwie so etwas. Einfach behaupten und mit Hilfe einer selbst entworfenen Urkunde beglaubigen lassen. Photoshop hat echt geile Tools dafür.

Am 11. Juni 2009 gab Manchester United bekannt, dass ein Angebot von Real Madrid für Cristiano Ronaldo über 80 Millionen Pfund Sterling (93 Millionen Euro) angenommen wurde. Diese Transfersumme übertraf den bis dahin geltenden Rekorderlös für Zinédine Zidane deutlich. Am 6. Juli 2009 wurde Ronaldo vor über 80.000 Zuschauern offiziell im Santiago-Bernabéu-Stadion vorgestellt. Damit übertraf der Portugiese die bisherige Bestmarke von knapp 75.000 Fans, welche 1984 anlässlich der Vorstellung von Diego Maradona das Stadion des SSC Neapel aufgesucht hatten.

Rekorde, Rekorde, Rekorde. Das muss Ihr Ziel sein. Seien Sie der Schnellste, der Lauteste, der Faulste, der von allen am meisten Gehasste oder die Maria Magdalena der Klasse 7b. Hauptsache kein Mittelmaß. Kein Mitläufer. Suchen Sie sich eine Nische, und werden Sie darin die Nummer 1. Können Sie in der Schule am allerbesten mit Kreide werfen? Bitte schön. Geil. Trainieren Sie das. Sie können so laut mit der Zunge schnalzen, dass sich die Bauarbeiter in Ihrer Straße wegen Ruhestörung beim Ordnungsamt beschweren? Wunderbar. Ausbauen. Sie sind Hausfrau und lassen so oft das Essen anbrennen, dass Sie nur noch Eintagstöpfe kaufen? Hervorragend. Das müssen Sie publik machen.

Aber noch etwas ist mir bei C.R. aufgefallen. Trotz einer extrem gut ausgebildeten Technik, einer unglaublichen Physis und seiner egozentrischen Ader ist Ronaldo ein Teamplayer. Jemand, der nicht alles alleine macht, sondern das Auge für den Mitspieler und die Situation besitzt. Und genau das macht ihn so wertvoll. Als Fußballer und als Medienikone.

Zusammenfassung:
- Rasieren Sie Ihre Brust dreimal täglich (auch als Frau).
- Werden Sie zum Show-Man bzw. zum Show-Girl (nur bitte nicht auf der Reeperbahn).
- Sammeln Sie Pöbel-Post.
- Trainieren Sie wie ein Geisteskranker.
- Immer locker aus der Hose atmen.
- Lernen Sie, sich richtig zur artikulieren (oder wie das heißt).
- Sammeln Sie Geld statt Briefmarken.
- Verleihen Sie sich Urkunden (wenn's sonst keiner macht).
- Bleiben Sie ein Teamplayer.

Paris Hilton
Weltbekanntes Paparazzi-Futter

Paris Whitney Hilton (* 17. Februar 1981 in New York City) ist eine US-amerikanische Hotelerbin, die unter anderem als Designerin, Fotomodell, Schauspielerin, Sängerin und Unternehmerin arbeitet. Paris Hilton ist die Urenkelin des Hotelgründers Conrad Hilton. Ihr Vermögen wurde 2005 auf 360 Millionen US-Dollar geschätzt, von denen sie 224 Millionen geerbt hat.

360 − 224 = 136 Millionen selbstverdiente Kohle!

Wenn also auch Sie die Möglichkeit haben, innerhalb kürzester Zeit einen Vater, Onkel, Tante oder einen Rauhaardackel aus dem Hut zu zaubern, der ein etwas größeres Sümmchen loswerden möchte – und sei es auch nur ein Paket Telekom-Aktien oder den schäbigen Rest einer Argentinien-Anleihe –, stehen die Chancen auf eine Karriere im Rampenlicht gar nicht so schlecht. Sie benötigen diese Kohle unter anderem für eine eigene Internet-Seite, einen Friseurbesuch bei Udo Waltz und für ein Einstiegsoutfit von DCMA (Modelabel der Madden-Brüder).

Aufgrund ihres schillernden Lebensstils und ihrer provozierenden Auftritte zieht Paris Hilton bewusst das Medieninteresse auf sich und nutzt diesen Umstand zur erfolgreichen Selbstvermarktung. 2005 wurde sie vom Musiksender VH1 mit dem Titel „It-Girl des Jahres" ausgezeichnet.

Für die, die gerade keinen Peil haben: It-Girl heißt in etwa Mädchen mit dem gewissen Etwas. Mit diesem „gewissen Etwas" sind Sexappeal, Ausstrahlung und Charisma gemeint. Soweit alles klar?

Ebenfalls förderlich, aber – wie im Fall Paris zu beobachten – nicht zwingend erforderlich, ist eine Körbchengröße jenseits von A. Operative Veränderungen sollten allerdings maximal C bewirken. In Ausnahmefällen D. Größen wie Doppel D, E, F oder eine JJJ-Größe sollten nur im äußersten Notfall gewählt werden, da der Grad zwischen It-Girl und Igitt-Girl – besser bekannt als Boxenluder – schmal ist. Sollten Sie von Natur etwas schwerer beladen sein, ist es wichtig, die Brust nicht zu platt zur Schau zu stellen. Sonst landen Sie nach anfänglichen, kurzfristigen Erfolgen maximal im Schaufenster der Dr. Müllers Sexworld, im Bielefelder Knusperhäuschen oder in Bochum auf dem Eierberg.

Den Durchbruch schaffte Paris im Jahr 2000: Ein Paparazzo fotografierte „die Millionenerbin Paris", die im Minirock aus einer Limousine stieg – und offensichtlich nichts darunter trug. Diese Bilder gingen um die Welt und prägten das Bild des „reichen und schamlosen Society-Girls". Anschließend hatte Paris einen ersten „echten" Erfolg, als sie für die Zeitschriften GQ und FHM fotografiert wurde.

Vielleicht reicht es für den Anfang, wenn Sie für die Bäckerblume, die Apothekenrundschau oder ein Stadtteil-Anzeigenblättchen die Hüllen fallen lassen. Auch als Werbeikone auf dem Flyer des ortsansässigen Münz-Mallorca können sie den Einstieg suchen. Wichtig ist nur, Sie müssen Haut zeigen.

Nix bringt:
- Frisuren-Modell beim Volksbank-Sommerfest
- Hochzeitsbilder im Schaufenster von Foto Fratze
- Poesiealbum-Einträge
- Freiwillige beim Gang Bang Contest
- Bilder vom Caritas-Sonntagskaffee im Lokalteil
- Hostess bei der Wirtschaftsschau (es sei denn, Sie kriegen an-

schließend Karl-Theodor zu Guttenberg in die Kiste)

- Modell für Arktis-Ausrüstung

- Job als Kellnerin in der Dorfdisco (außer Nicolas Cage oder Olli Kahn sind grade Gast)

Im Jahr 2003 spielte Paris etwa in der vom US-Fernsehsender FOX produzierten Serie *The Simple Life* mit, in der sie an der Seite ihrer Freundin Nicole Richie (der adoptierte Hungerhaken von „Hello-ich-hab-dickere-Lippen-als-Angelina"-Lionel) das ländliche Leben auf einer Farm in Altus (Arkansas) kennenlernte.

Die anfangs schlechten Einschaltquoten verbesserten sich, nachdem – natürlich rein zufällig – ein privates Sexvideo von Paris in der Öffentlichkeit auftauchte.

Deswegen ganz wichtig: Drehen Sie unbedingt ein privates Schmuddelvideo von sich, welches Sie am besten in einem leicht zugänglichen Schrank zur freien Mitnahme bereithalten. Im Gegensatz zu Papas Sportwaffenschrank sollte dieser nicht abzuschließen sein. Um den Karrierestart zu beschleunigen, können Sie das Video natürlich sofort bei MySpace, Facebook oder auf www.my-boobs.com online stellen. Offiziell natürlich alles komplett gegen Ihren Willen.

Der Ex-Freund von Paris, Rick Salomon, hatte den Hilton-Film nämlich unter dem Titel *1 Night in Paris* als VHS-Video und DVD veröffentlicht. Paris Hilton verklagte Salomon und ihr wurde nachträglich eine Beteiligung am Gewinn zugesprochen.

Das Video sollte in zwei Versionen vorliegen:
Format 4:3 fürs Internet
Format 16:9 für den Flatscreen-Fernseher

Für's Handy in den Größen:

176 x 144

480 x 360

Nach der fünften Staffel (*Goes to Camp*) von *The Simple Life* wurde die Serie abgesetzt. Zu diesem Zeitpunkt war Paris Hilton aber schon auf der ganzen Welt bekannt.

Affären und Beziehungen zu den verschiedensten Prominenten wie Leonardo DiCaprio, Nick Carter oder Mark Philippoussis stehen und standen oft im Mittelpunkt.

Wenn Sie keinen Zugriff auf solche Leute haben, reicht es für den Anfang aus, wenn Sie eine Affäre mit dem amtierenden Bürgermeister oder zumindest seinem Sohn beginnen. Weiter bringt Sie auch eine Beziehung mit dem Schützenkönig, dem Leadsänger der besten Coverband im Ort, dem Pfarrer, dem Chefredakteur der größten Tageszeitung (die Quelle) oder der Ortsvorsteherin vom Kneipp-Verein (insofern sie eine Frau und eigentlich hetero sind).

Dass dies funktioniert, zeigen prominente Beispiele wie Liliana Matthäus, Verona Pooth oder auch Silvie van der Vaart. Wenn man noch keine 18 ist, sollte man unbedingt versuchen, den Bio-Lehrer um den Finger zu wickeln. Oder den Sportlehrer, da die bekanntermaßen etwas lockerer sind. Und zwar so, dass zumindest die ärgste Feindin in der Klasse Wind davon bekommt. Eine überraschend gute Note in diesem Selbstvermarktungs-Zeitraum verleiht der ganzen Geschichte die nötige Glaubwürdigkeit. In diesem Fall lernt man dann wirklich nicht für die Schule, sondern fürs Leben. Sollte der Lehrer ihretwegen später seinen Job verlieren, umso besser. Zu einem echten Skandal gehören schließlich auch Opfer. Die man am besten aber nicht selber bringt. Deswegen die Domspatzen vielleicht eher meiden.

Das Phänomen Paris Hilton geht mittlerweile so weit, dass in Artikeln und Fernsehberichten ausführlich über die banalsten Dinge berichtet wird: Wenn sie auf einer Filmpremiere stolpert, auf einer Privatparty zu viel trinkt oder ihr Chihuahua Tinkerbell zu dick ist, ist das exklusive Meldungen wert.

Das muss auch Ihr Ziel sein. Wo auch immer Sie auftauchen, muss jeder Ihrer Schritte schon am nächsten Morgen Kioskgespräch sein. Dafür sollten Sie im Falle schlechter Tagesform immer eine gut geplante Peinlichkeit auf der Hinterhand haben. Dies kann ein pflaumengroßer Knutschfleck auf Ihrer Wange, ein spontaner Weinkrampf auf dem Damenklo oder ein Lachanfall bei einer Beerdigung sein. Bei einer Hochzeit ist es sehr wirksam, ebenfalls im weißen Kleid zu erscheinen oder mit einem positiven Schwangerschaftstest kreischend aus dem Badezimmer zu stürmen und den Namen des Bräutigams mehrmals zu verfluchen.

Vielleicht brauchen Sie aber gar nicht so weit zu gehen und es reicht schon ein Handy-Foto von Ihrem letzten Selbstmordversuch.

Fazit:
1. Sparen Sie ein kleines Vermögen an oder lassen Sie sich in eine reiche Familie hineingebären.
2. Zeigen Sie Haut. Aber gezielt und medienwirksam.
3. Drehen Sie ein Sexvideo von sich.
4. Angeln Sie sich einen „dicken Fisch" oder zumindest einen „seltenen".
5. Liefern Sie Gesprächsstoff.
6. Wenn Kritiker meckern, sind Sie auf dem goldrichtigen Weg.

J.K., keiner jubelt so
schön wie der gelernte
Bäckereifachverkäufer.

Jürgen Klinsmann
Sprachgenie mit Erdmännchenqualitäten

Jürgen Klinsmann (* 30. Juli 1964 in Göppingen) ist ein deutscher Fuß-balltrainer und ehemaliger Fußballspieler. Er spielte von 1987 bis 1998 in der Deutschen Fußballnationalmannschaft, mit der er 1990 Weltmeister und 1996 Europameister wurde. Er wurde zweimal zu Deutschlands Fußballer des Jahres gewählt und gewann zweimal den UEFA-Pokal und eine deutsche Meisterschaft.

Klinsi ist geborener Schwabe und gelernter Bäcker und neben seinen sportlichen Qualitäten auch bekannt für seinen ausgeprägten Geschäftssinn.

Wenn Klinsi früher ein Tor erzielte, jubelte er ausgelassener und fröhlicher als eine Horde Erdmännchen während der Brunft-zeit. Er war stets hoch motiviert und ackerte meist mehr als eine polnische Landpomeranze während der Runkelrübenernte. Sein bestes Spiel absolvierte „Grinsi" wohl bei der WM 1990 in Ita-lien, als er im Achtelfinale den Erzrivalen Holland quasi im Al-leingang zur Wasserpfeife degradierte. Die Süddeutsche Zeitung schrieb nach dem Spiel: „Im letzten Jahrzehnt hat kein Angreifer einer DFB-Auswahl eine derart brillante, ja fast perfekte Vorstel-lung geboten."

Merke: Es nutzt das größte Talent nix, wenn man es nicht ver-steht, es so vielen wie möglich vorzuführen und Kapital daraus zu schlagen. (Diesen Satz werden Sie im Laufe des Buches übrigens noch öfter lesen.) Wenn Sie also schon immer der beste Taucher (komisch, wie komme ich nur ausgerechnet auf diese Sportart?) in Ihrer Klasse waren und ohne Probleme fünf Ringe mit einem Atemzug hoch holen können (plus zwei alte Pflaster und einen

„Die Spülmaschine muss ausgeräumt werden ... BEWEGUNG, Männer !"

„Was ist denn mit der Palme in der Ecke. Die muss gegossen werden ..."

„Einer räumt den Keller auf und der andere den Dachboden."

Klumpen Kaugummi), dann sollten Sie dafür sorgen, dass das jeder Parkwächter erfährt. Außerdem sollten Sie schnellstens einen Business-Plan ausarbeiten und überlegen, wie Sie diese Fähigkeit zu Geld machen. Heuern Sie im örtlichen Freibad etwa als schwimmende Reinigungskraft an oder werden Sie Unterwasserfotograf in der Sole Therme Bad Sassendorf. Werden Sie Chef-Ent-Alger auf dem Aida-Clubschiff oder Wracktaucher in der Kläranlage Bottrop Süd. Hauptsache Sie kriegen Kohle dafür.

Ganz wichtig: Wenn Sie einen Vertrag unterschreiben, sollte die Mindestlaufzeit drei Jahre nicht unterschreiten, und eine satte Abfindung sollten Sie auch immer mit reinhandeln. Dafür müssen Sie entweder ihr eigener Jubel-Perser sein oder Sie warten auf eine günstige Gelegenheit.

Heißt: die Börsenkurse der Firma sind grade auf ein neues Jahreshoch geklettert oder der Chef hat Geburtstag oder er vögelt im Moment Ihres Eintretens grade seine Sekretärin auf dem Schreibtisch. Irgendetwas, das Ihre Verhandlungsposition emotional unterfüttert.

Einen etwas anderen Klinsi erlebten wir Ende der Neunziger-

„Auch wenn die Hausarbeit schwer fällt ... BRUSCHT RAUS !"

„Im Kühlschrank kommt die Butter immer ins oberste Fach."

„Und jetzt kratzt bitte noch einer das MOUSSE AU CHO-COLAT aus der Sofaritze."

jahre, als er während seines Engagements beim FC Bayern nach seiner Auswechslung durch Trainer Trapattoni aus Frust in eine Werbetrommel trat. Zum Glück war die Trommel innen hohl wie das Hirnzellenvolumen einer mittelgroßen Hühnerfarm, sonst hätte sich der „Jürgäään" wahrscheinlich seinen eigenen Oberschenkel rückwärts durch die Magenwand gerammt. Wahrscheinlich aber wusste Klinsi um die materielle Beschaffenheit der Trommel, und der werbetreibende Batteriehersteller hat ihm vorher womöglich ein kleines Sümmchen für diesen Tritt überwiesen.

(Diese Aussage ist reine Spekulation des Autors und auch vor Gericht völlig haltlos, weswegen sich eine Klage überhaupt nicht lohnen würde. Ich sage hier und jetzt ganz deutlich: Ich hab´s erfunden!!!)

1989 unterschrieb Klinsmann einen Dreijahresvertrag bei Inter Mailand. Dort erzielte er in 95 Ligaspielen 34 Treffer und war einer der beliebtesten Ausländer, nicht zuletzt weil er Italienisch lernte und sich so den Respekt der Fans erwarb.

Halten wir fest: Wer sich in die Herzen der Menschen spielen, singen oder tanzen möchte, sollte ihre Sprache sprechen. Es bringt also nix, ein Lied in lettischer Sprache aufzunehmen, wenn man im Straßenkarneval von Rio Fuß fassen möchte. Auch der perfekte Zungenkuss wird eine Eskimo-Dame garantiert nicht zum Bund der Ehe bewegen, da die Eisplatten-Einwohner ja bekanntlich mit der Nase knutschen. Und es bringt auch überhaupt nix, in einer Blindenschule die Taubstummensprache einführen zu wollen. Fakt ist, wenn Sie wollen, dass Italiener Sie lieben, lernen Sie Italienisch. Wenn Sie wollen, dass die Bayern Sie lieben, lernen Sie Bayerisch. Und wenn Sie wollen, dass die Mallorquiner Sie lieben, dann ... bauen Sie auf keinen Fall eine Finca bei Artá oder grölen am Ballermann „Ich hab ne Zwiebel aufm Kopf, ich bin ein Döner". Nein, in dem Fall sollten Sie eine Seniorenresidenz in Deià beziehen, Mitglied im Golfclub Camp de Mar werden und gegen englische Urlauber demonstrieren. Dann stehen die Chancen ganz gut, dass die Policia Local nicht jeden zweiten Tag vor Ihrer Tür steht, weil der Kopfhörer Ihres iPods nach 22 Uhr schon wieder lauter als 0,0001 Dezibel war.

Es gibt aber auch Ausnahmen. Wir Deutschen. Ja, richtig gehört. Wir Deutschen finden es besonders sexy, wenn einer nicht unsere Sprache spricht.

Das Jogi-Jürgen Business-Outfit: Strenesse Hemd, akurat hochgekrempelt, ein Knopf offen. Schwarze Anzughose. Gürtel. Armbanduhr.

Dann darf er sofort bei VIVA moderieren oder die Co-Moderation von *Wetten, dass ...?* übernehmen. In Berlin gibt es inzwischen Taxifahrer, die nicht ein einziges Wort Deutsch sprechen.

> *„Zum Brandenburger Tor, bitte!" – „Brandetooor, was der?" – „Nein, Brandenburger Tor." – „Aah, Brandestrasse. Welsch Numma?" – „Nicht Brandestraße. BRANDENBURGER TOR!" – „Tor? Du Fußball?" – „ZUM LETZTEN MAL, ICH WILL ZUM BRANDENBURGER TOR. STRASSE DES 17. JUNI. KAPIERT?" – „Verstehe, einmal Kapiertstraße Numma 17." – „LECK MICH DOCH. ICH STEIG WIEDER AUS." – „Macht Viernzwantsch Öro Dreisch."*

Und genau das ist der Grund. Der Chef der Taxizentrale stellt diese Jungs bewusst ein. Weil die Taxiuhr schon auf 50 Euro steht, bevor der Kollege die Mühle überhaupt vom Randstein fortbewegt. Außerdem haben die Jungs null Ortskenntnis. Sodass selbst die „schnellste Abkürzung" noch mehr Umweg ist, als würde man gleich von München über Mauritius nach Hamburg fahren.

„Oda meinte Sie Brandeburger? Kostet bei Mack Donald nur ein Öro mit Doppel Käääß." Alles klar, ich nehme die S-Bahn. Da sprechen zwar auch alle kein Deutsch. Aber zumindest lenken die die Karre nicht selbst. In allen anderen Ländern gilt: Wer die Landessprache spricht, spricht den Menschen aus der Seele und holt sie da ab, wo sie sind.

Deswegen lernte Klinsi auch fleißig Englisch, als er 1994 zur WM in die USA fuhr und im Anschluss nach England zu den Tottenham Hotspurs wechselte. Obwohl er dort von den Fans und den Medien sehr kritisch begrüßt wurde, da ihm ein Ruf als Schwalbenkönig („Diver", was so viel heißt wie Taucher) vorauseilte. Als Klinsmann aber schon bei seinem ersten Spiel gegen Sheffield Wednesday ein Tor gelang, feierte er dieses mit einem „Diver". Innerhalb kürzester Zeit wurde Klinsmann zu einem der populärs-

wenn's Ihnen schlecht geht (egal Masern, Mumps oder Selbstzweifel) ...

einfach grinsen ...

... so lange und doll, bis alles wieder gut ist. Funktioniert !!!

ten Spieler Englands. Sein Trikot verkaufte sich über 150.000 Mal. Und er wurde zu Englands Fußballer des Jahres gewählt.

Stichwort Humor: Nehmen Sie nicht alles bierernst, sondern bleiben Sie gelassen, und reagieren Sie stets mit einer Prise Humor. Das macht Sie sympathisch und schont Ihr Herz-Kreislauf-System.

Es gibt allerdings auch Ausnahmen:

- Wenn der Gärtner statt des Rasens ausschließlich Ihre Blumen gemäht hat, bieten Sie ihm statt Wasser ein kühles Glas Brennspiritus an. Natürlich mit Eis und Zitrone, Sie sind ja kein Unmensch.
- Wenn Ihr Gatte mal wieder seine stinkenden Socken im Vanille-Pudding zwischengeparkt hat, tauschen Sie sein After-Shave-Balsam heimlich gegen Chili-Sauce aus.
- Wenn Ihr ungezogener Sohnemann Ihr iPhone auf den Marmor hat fallen lassen und sowohl die Glasscheibe als auch der Touchscreen in tausend Teile zerborsten sind, schmieren Sie ihm nachts Butter auf die Pickel.

2004 übernahm Klinsmann den Trainerposten bei der Deutschen Fußball-Nationalmannschaft. Zusammen mit Co-Trainer Jogi Löw erreichte Klinsmann bei der WM 2006 im eigenen Land den dritten Platz und entfachte im ganzen Land eine noch nie da gewesene Euphorie. Jeder zweite Deutsche hatte damals eine Fahne am Auto, jeder dritte hatte eine am Steuer. Insbesondere die Motivationskünste von Klinsmann waren damals wohl legendär. Wir alle erinnern uns noch an den Sommermärchen- Satz: „Die (Punkte) lassen wir uns nicht nehmen, schon gar nicht von Polen."

Er hätte im Turnierverlauf auch sagen können:

- Wir lassen uns nicht zur Mohnblume degradieren, schon gar nicht von Ecuador.
- Wir lassen uns auf keinen Fall auseinanderschrauben, schon gar nicht von Schweden.
- Wir lassen uns nicht zu Rinderfilet verarbeiten, schon gar nicht von Argentinien.

Erfolge muss man feiern ...

... je größer, je ausgelassener ...

... aber danach, muss es sofort weitergehen.

Und vorm Halbfinale natürlich:

- Das Spiel um Platz 3 lassen wir uns nicht nehmen, schon gar nicht von Italien.

Klinsi hat bei der WM 2006 aber wunderbar demonstriert, was es bedeutet, wenn man auf den Punkt topfit ist und seine beste Form abrufen kann.

Was lernen wir daraus: Es nutzt überhaupt nix, wenn man vor der nächsten Mathearbeit wild draufloslernt. Im schlimmsten Fall erreicht man eine ungewollte Frühform und kann eine Woche vor der Klassenarbeit sämtliche Aufgaben im Schlaf lösen. Aber wenn es drauf ankommt, hat man plötzlich ein Blackout. Dann schreibt man eine 5 oder 6 und fährt mit dem Fahrrad erstmal freiwillig zum Nordpol, bevor man sich nach Hause traut.

Auch sinnloses Hanteltraining, Sit-ups und Liegestütze kann man sich sparen. Erst wenn der Strandurlaub gebucht ist, sollten Sie mit dem Work-out wirklich starten. Sonst sehen Sie nachher aus wie Benjamin Blümchen im Stringtanga oder eine Palette Hefeweizen mit Krampfadern. Lediglich Last-Minute-Bucher sollten prophylaktisch trainieren.

Ein weiteres typisches Merkmal für Klinsi ist sein Grinsen. Daher auch sein Boulevard-Spitzname Grinsi. So sagte Klinsmann laut Focus Online nach der 0:4 Champions League-Niederlage gegen FC Barcelona: „Das war meine größte Pleite. Der Stachel sitzt tief. Ich bin gefrustet, das ist ganz klar. Das Ergebnis und unsere Vorstellung waren sehr enttäuschend." Und selbst bei dieser Aussage hatte man damals das Gefühl, der Klinsi würde ein klein wenig grinsen. Vielleicht lag das auch an der total positiven Ausstrahlung der ganzen Buddha-Figuren. Aber egal, ob es nun so war oder er einfach nur eine leichte Wangenmuskelverhärtung hatte ...

„Poldi reinkommen,
Miraculi ist fertig !"

... es gilt: Wenn Sie lachen, sollte auch Ihr Gesicht dazu passen. Wenn Sie weinen, sollten Tränen fließen, und wenn Sie richtig wütend sind, muss mindestens ein Fernseher durchs geschlossene Fenster fliegen. Oder ein Wattebausch auf den Plüschteppich (wenn Sie gerne rosa tragen und mit zweitem Vornamen Detlef heißen). Stichwort: Autenzit ... äh ... Auzentiti ... ne, warte mal ... ich meinte: Echtheit. Genau, Echtheit ist das Stichwort. Nur wer echt ist, wird Erfolg haben.

Deswegen war der Klinsi ja auch ein „echt" guter Goalgetter. Weil er sich „echt" reingehängt hat und weil er „echt" einen Torriecher hatte. „Ha genau, ich, der Jürgän, der wo ousch nix ´n Dor geschossen hat."

Zusammenfassung:

- Schlagen Sie aus Ihrem Talent unbedingt auch Kapital (im Zweifel ist also das Berufsbild der Prostituierten durchaus eine ehrenwerte Angelegenheit).
- Schaffen Sie sich eine gute Verhandlungsposition (von Erpressung sollten Sie allerdings nur Gebrauch machen, wenn sich keine andere Möglichkeit ergibt).
- Sprechen Sie die Sprache der anderen („Ein Löwe sollte zwitschern können, wenn er eine Amsel verspeisen will").
- Nehmen Sie es mit Humor! Auch wenn Ihre BP-Aktie buchstäblich im Golf von Mexiko versunken ist. Sie haben ja als Reserve noch die äußerst lukrative Telekom- und Infineon-Aktie.
- Schulen Sie Ihre Motivationskünste oder suchen Sie sich einen externen Motivator, der Ihnen Ihren inneren Schweinehund austreibt.
- Trainieren und üben Sie auf Punktgenauigkeit. Grade als Mann kann die sogenannte Frühform äußerst unangenehm werden. Deswegen immer schön den Musculus pubococcygeus trainieren oder rechtzeitig den „Millionen-Dollar-Punkt" drü-

cken (Einzelheiten entnehmen Sie bitte dem Buch von Mike Kleist „Geheimwissen männlicher Multi-Orgasmus").

- Seien Sie authentisch. Wenn Sie also im Grunde Ihres Herzens ein Weichei sind, dann bekennen Sie sich dazu und versuchen Sie nicht den WM-Titel im Schwergewicht zu erboxen. Es sei denn, Ihr Gegner heißt Axel Schulz oder Mola Adebisi. Dann bestehen zumindest Außenseiter-Chancen.

Richie Carelli - der
König der Coolheit.
Der Mann mit den
dicksten Cojones seit
Giacomo Casanova

Supa Richie
Immer schön große Klappe

Richie Carelli – besser bekannt als Supa Richie – ist ein echter Straßenjunge. Einer, den man aus der Straßenbahn kennt oder aus dem Alleecenter in Hamm/Westfalen. Ein junger Deutscher mit Migrationshintergrund, der sich zu später Stunde noch mit seinen Kumpels auf dem Allkauf-Parkplatz trifft. Und irgendwann ruft einer aus der Horde ohne Vorwarnung: „Und jetzt alle nach Münster!" Und dann hoppeln zwanzig Männeken in ihrem Nissan Micra, dem tiefergelegten Toyota Supra und im Golf AOK als bunte Smartieskette über die Autobahn nach Iserlohn, weil der vorne „MÜNSTA" im Navi nicht gefunden hat. Und dabei unterhalten sich die Jungs nicht auf Deutsch, sondern auf „Autoscooter-Deutsch". Man könnte auch sagen „Parkplatz-Dialekt" oder „Pommesbuden-Slang".

Hier ein paar (fett-krasse) Beispiele:

„Isch mach disch Messer ...!"

Heißt auf Hochdeutsch:
„Lass bitte von deinem Vorhaben ab, oder ich prüfe mit einem scharfen Gegenstand die Festigkeit deiner Epidermis."

„Ey, Alter ich mach disch Krankenhaus, ich schwör!"

Heißt auf Hochdeutsch:
„Du kannst fest davon ausgehen, dass ich dir in Kürze derartige körperliche Schädigungen zufüge, dass du dich im Krankenhaus einer Behandlung unterziehen musst."

„Du Arschenloch, scheiß mir egal, treu sein iss krass schwul, isch schwör, Alter."

Heißt auf Hochdeutsch:

„Du unsympathischer Mensch, deine Meinung ist mir nicht wichtig, Treue zählt nicht zu meinen stärksten Tugenden, das garantiere ich dir."

„Ey, Stink! Wo ist dein Achselmoped, du Knödelfee?"

Heißt auf Hochdeutsch:

„Entschuldigung? Sie transpirieren heute sehr stark. Haben Sie vielleicht einen Deoroller dabei, verehrtes übergewichtiges Fräulein?"

Auszug Wörterbuch Deutsch–Autoscooterdeutsch:	
Apothekenrundschau	*Rentnerbravo*
Zigarette	*Lungenbräuner*
Flugbegleiterin	*Saftschubse*
fettige Haare	*Ramadeckel*
Katze	*Dachhase*
Hund	*Teppichporsche*
Mittagsschlaf	*Fressnarkose*
Gummistiefel	*Gewitter-Kondome*

Wenn Ihnen diese ganzen Begriffe überhaupt nix sagen und Sie auch die Wörter „Perückenschaf", „Schissperücke", „Schräubokopter", „Drischmäher" oder „Nahbesprechung" für dümmliche Tussi, Hosenscheißer, Hubschrauber, Mähdrescher und Rumknutschen noch nie gehört haben, dann sind Sie für dieses Kapitel vielleicht auch einfach zu alt.

Woran Sie erkennen, dass Sie nicht mehr zur „jungen" Generation zählen:

- Der Schritt Ihrer Hose hängt nicht auf der Höhe Ihrer Schnürsenkel.

- Wenn Sie das Haus verlassen, greifen Sie sich irgendeine Baseball-Kappe und machen sich keine Gedanken darüber, was genau vorne draufsteht. Sie finden auch das Sparkassen-Logo gar nicht schlimm.

- Sie tragen diese Kappe auch wirklich nur, um die Sonne abzuhalten und nicht mit dem Schirm nach hinten oder zur Seite, und Sie setzen sie auch nicht nur auf den Oberkopf ...

- Sie treffen Ihre Freunde in geschlossenen Räumen und nicht mehr nur auf dem Parkplatz oder nachts auf dem Spielplatz und rotzen beim Abhängen auch nicht dauernd auf den Boden.

- Ihre Schuhe haben keine ausfahrbaren Rollen an der Hacke, blinken nicht bei jedem Schritt, und von außen ist nicht mal die Marke erkennbar.

- Sie überlegen beim Anziehen nur, was Ihnen steht und zusammen gut aussehen könnte, und denken nicht über spezielle Botschaften, Bandenzugehörigkeiten, ethnische Bekenntnisse oder politische Aussagen wie „Isch bin dem Volk" nach.

Trotzdem sind Grundkenntnisse vor allem im Bereich Mode in der heutigen Zeit enorm wichtig. Vor allem, wenn Sie in Zukunft als erfolgreicher Geschäftsmann – sagen wir – Sand in die Sahara verkaufen wollen. Dann sollten Sie die Gepflogenheiten der einzelnen Stämme und Volksgruppen kennen.

Welche Kleidung man wo tragen sollte:

- In Los Angeles zum Beispiel gibt es Stadtteile, in denen man keinesfalls ein rotes T-Shirt tragen sollte. Dieses gilt als klares Signal der Provokation für bestimmte Banden und Gangs. (Fragen Sie mich nicht welche, ich hatte immer ein grünes T-Shirt an und wurde lediglich von Japanern gebeten, Fotos von Ihnen zu schießen.)

- Dagegen ist man im Vatikan froh, wenn die Touristen überhaupt ein T-Shirt anhaben, die Farbe ist denen total egal.

- Im Megapark auf Mallorca sollten Sie als Frau möglichst wenig anhaben und als Mann am besten alle Lampen.

- Wenn Sie sich bei den Hells Angels als Undercoveragent einschleusen wollen, sollten Sie auf Ihrer Lederjacke immer einen Totenkopf mit Flügeln tragen. Vorsicht: Ein Totenkopf mit rosa Schleife ist lediglich ein Girlie-Accessoire von Crazy Pumpkins!

Doch zurück zu Supa Richie und seiner Gang. Typen wie Richie sind der beste Beweis dafür, dass man durchaus auch ohne jegliche Form der logischen Intelligenz durchs Leben kommt und das durchaus sehr erfolgreich. Hier ein paar Beispiele:

- Richie hat in seinem Kühlschrank grundsätzlich Getränke gelagert. Cola-Flaschen, Fanta-Flaschen, Bierflaschen und leere Flaschen. Falls mal einer kommt, der nix zu trinken will. Autsch!!!

- Richie fährt mit seinem 3er BMW grundsätzlich 100 Stundenkilometer. Auch im Ort. „Weil, wenn du 50 fahren tust, bist du viel länger unterwegs und pumpst mehr Dreck ins Ozon. Und nachts fahr ich ohne Licht (so wie die Radfahrer), das spart Benzin. Oder hast du schon mal einen Drahtesel tanken sehen?" Autsch!!!

- „Und neue Reifen käuf ich auch nur alle zwanzig Jahre. Natürlich bein Schrotthändler. Die poliere ich dann mit Rizinusöl auf und schmiere für mehr Bodenhaftung Kukident aufe Reifen." Autsch!!!

- „Isch hab meinen Aufsatz von die Elektrozahnbürste auf ne Schlagbohrmaschine geschräubt, seitdem hab ich zwar Zähne wie Pergamentpapier, brauche zum Putzen aber nur noch fünf Sekunden."

Sie merken schon, wie weh das tut. Aber: Wer eine derartige Logik an den Tag legt, wird von der Masse nur belächelt, ja so-gar schwer bemitleidet und niemals – ich betone NIEMALS – als ernst zu nehmende Konkurrenz empfunden. Und genau das will ich Ihnen mitteilen. Stellen Sie sich doof. Tun Sie so, als wenn Sie nix raffen. Dieser Auffassung ist übrigens auch Deutschlands heimliche First Lady Daniela Katzenberger (quasi der „weibliche Richie" oder bes-ser „der Supa Richie ohne Höhenruder mit Doppelfront-Airback und Metallic Lackierung").

Also wenn man Sie fragt: „Wie heißt unser aktueller Bundes-präsident?", sagen Sie: „Beckenbauer" oder „Christian Merkel"

oder „Waschmaschine". Eigentlich egal. Hauptsache Sie liegen komplett daneben, und jeder hält Sie für einen Volldepp. Inklusive Ihrer eigenen Mutter. Denn dann haben Sie den Mitleidsfaktor auf Ihrer Seite. Dann bekommen Sie auch die Spritkosten für Ihre letzte Discotour nach Paris erstattet. Ihr Vater kauft Ihnen ungesehen auch das neue Audi Cabriolet oder den PIONEER BDP-LX52 Blu-Ray Disc-Player mit Dolby True HD und eingebauter Tiefkühltruhe. So nach dem Motto: „Das ist das Mindeste, was ich für meine Tochter tun kann, das arme Ding."

Wie Sie sich doofstellen, ist eigentlich egal. Unfreiwillig ist natürlich besser, das ist nicht so anstrengend. Aber dafür müssen Sie natürlich das Glück haben, in eine Familie wie die Osbornes geboren zu werden oder die Flodders, oder Sie kommen als Küchenschabe auf die Welt, wobei die gar nicht so dumm sein sollen. Schließlich gibt es das hartnäckige Gerücht, dass Kakerlaken einen Atomkrieg überleben würden.

Aufgeschnappt:

Kakerlaken und auch Ameisen haben durch ihre genetische Struktur und die Reparaturmechanismen in ihren Zellen sowie durch ihre extreme Fruchtbarkeit die Fähigkeit, einen Atomkrieg zu überleben. (Wenn es danach geht, würden wir Männer einen solchen Krieg natürlich alle überleben ... aber zurück zur Wahrheit). Kakerlaken gelten als sehr strahlenresistent. Außerdem sind sie, was ihre Nahrung angeht, recht genügsam. Eine eingesperrte Schabe kann sich noch dreißig Tage lang von ihren eigenen Exkrementen ernähren. (Das würde ich ansonsten nur David Hasselhoff nach einer Zechtour zutrauen.) Noch überlebensfähiger ist die Mikrobe Deinococcus Radiodurans, die im Guinness Buch der Rekorde als widerstandsfähigstes Lebewesen geführt wird. Das Bakterium, das eine rosa Farbe hat und nach verfaultem Kohl riecht, überlebt auch ein Strahlenbombardement von 15 000 Gray – also eine 150-mal höhere Dosis als der Mensch.

Noch etwas können Sie von Supa Richie & friends lernen. Auch wenn sich das Hirn nicht immer auf dem neusten, evolutionsbiologischen Stand befindet: Klamottentechnisch sind die Jungs immer ganz, ganz weit vorne! Sie wissen, was trendy ist, und sie

haben auch schnellstmöglichen Zugriff. Egal ob Kugelschreiber-messer, mp3-Fußbälle oder iPhone G6 (gibt's noch gar nicht, wird aber von den Jungs schon verkauft), Richie & Co. sind schon da. Und genau das ist nachahmenswert. Sie müssen up-to-date sein. Deswegen ganz wichtig für alle Ladies vom Land: Tupper-Party war gestern, heute geht man zur Dildo-Party. Da kommt einmal im Monat die Dildo-Fachverkäuferin ins Haus. Intern auch gern als Dildorette bezeichnet oder Dildo-Fee („Hokus Pokus Fidibus, dreimal schwarzer Pimmel").

Das Ganze funktioniert folgendermaßen. Die Dildo-Fee packt gleich nach der Ankunft tonnenweise ihre Rappelgeräte auf den Wohnzimmertisch. Der vibriert nach zehn Minuten derart, dass er von alleine in die Küche wandert. Blödsinn! Alles ganz anders. Die Dildorette packt ganz andere Sachen aus. Zum Beispiel: Körperfar-be! Und zwar mit Vanille- oder Erdbeergeschmack. Die kann man sich als Frau dann auf den Körper reiben, und wir Männer sollen das abschlecken, von der Brust, dem Knie, der Lederpeitsche.

Kleiner Zwischenruf: „Liebe Dildo-Fee, liebe Frauen, wenn wir nach einem Zehn-Stunden-Tag von der Arbeit nach Hause kommen, dann hätten wir ganz gerne ein blutiges Steak mit Pommes. Und zwar auf unserem Teller!"

Und noch ein Tipp: Ich weiß, ihr Mädels steht auf Duftkerzen und auf alles, was nach Vanille stinkt. Aber ... jetzt bitte gut zuhören ... wir Män-ner finden Vanille nicht mal in Cola gut. Und auch nicht als Duschgel, Duftkerze, Körpercreme, Badeöl,

Körperpuder oder in Marmelade. Und schon gar nicht – das ist Höchststrafe – als abschleckbare Körperfarbe!

Igitt! Bitte nicht!

Ich gebe zwar zu, wir Männer würden ja erst mal grundsätzlich ALLES tun, was hinterher mit Sex endet. Was aber nicht heißt, dass wir „Vanille-Körperfarbe von Brüsten schlecken" besonders toll finden.

Und überhaupt: Warum gibt's diese Sachen nicht auch in Geschmacksrichtungen, die Männer wirklich gut finden? Pommes, Bier, Leberwurststulle oder Chips? Welcher Mann hat in eurer Gegenwart schon mal nach Bergamotte-Lavendel-Pfefferminz verlangt? Wir Männer wollen so was weder als Getränk noch als Speise! Im Ernst: Bergamotte Pfefferminz-Lavendel? Das würde mein Hund noch nicht mal zusammen mit einer Tafel Vollmilchschokolade runterwürgen!

Entschuldigung, dass ich hier ins Du gerutscht bin, aber die Sache ist doch sehr persönlich und sehr ernst!

Und noch etwas gibt es, das mir als Mann echt Angst macht: Muschi-Hanteln. Ja, Sie haben richtig gehört. Muschi-Hanteln. Das sind nicht etwa die Sportgeräte im Keller von Frau Stoiber, nein, das sind drei bis vier mittelschwere, kleine Kugeln an einer Kette. Und die soll sich „Frau" ... also ... äh ... Sie wissen schon. Muschi-Hanteln sollen Frauen beim Einkaufen oder Joggen in sich tragen, um die Beckenbodenmuskulatur zu stärken. An sich ja nichts Schlimmes. Außer du verlierst so ein Teil mal aus Versehen, wenn du grade am Seniorenstift vorbeijoggst: „Schuldigung, junge Frau, Ihnen ist da grade ein Ei aus der Hose gefallen ... ich meine natürlich, junger Mann."

Und wenn man mit der Muschi-Hantel gut und regelmäßig trainiert, kann die Frau – so der Wortlaut der Dildo-Fee – den Mann bei Bedarf einfach „festhalten". Wo bleibt denn da die Romantik? Wo bleibt die echte Liebe, mit Am-Fenster-Sitzen, In-die-Sterne-

Gucken und Vanille-vom-großen-Zeh-der-Angebeteten-Lutschen. Also, ehrlich, so was macht sogar uns Männern Angst!

Apropos Angst. Die hat Supa Richie natürlich nicht. Zumindest würde er es niemals zugeben. Immer schön große Klappe und dann irgendwelche Ausreden erfinden. Von wegen im Freibad vom Zehn-Meter-Brett springen. „Das ist doch Kindergeburtstag. Ich hab mich auf Helikopter-Sprünge spezialisiert. Hat einer grad einen da, einen Heli? Nicht?! Na, dann bleib isch auf mein Handtuch liegen ...!"

Zusammenfassung:

- Lernen Sie Autoscooter-Deutsch. Schließlich ist die Jugend unsere Zukunft. Also beide. Die Richie-Jugend und die, die zur Schule geht und einen Abschluss macht.
- Werden Sie keinesfalls zu Ihren eigenen Eltern. Mit Sprüchen wie „Früher war alles besser" oder „IPod brauch ich nicht, wir haben ein ganz normales Klo".
- Beachten Sie stets den Dresscode. Kein weißes Kleid auf Hochzeiten tragen. Außer Sie sind die Braut oder suchen Streit.
- Stellen Sie sich doof.
- Seien Sie immer up-to-date. Egal was es ist. Ob der neueste Klatsch aus dem englischen Königshaus, welches Bauteil grade in die ISS eingebaut wird oder ob Sie einfach nur wissen, dass der Nachbar-Dackel ein sexuelles Verhältnis mit Ihrer Mülltonne hat.
- Versuchen Sie niemals, einen Mann mit Vanille rumzukriegen. Wenn es trotzdem klappt, ist er schwul oder ein Heiratsschwindler.

Michael Ballack
Alpha-Männchen mit Rückennummer

Michael Ballack (26. September 1976 in Görlitz) ist ein deutscher Fuß-
ballspieler, der seit dem 1. Juli 2010 bei Bayer 04 Leverkusen unter Vertrag
steht und bis zur Weltmeisterschaft 2010 Mannschaftskapitän der deutschen
Nationalmannschaft war. Davor spielte er seit der Saison 2006/07 in der englischen Premier League für den FC Chelsea London. Michael Ballack begann
mit dem Fußballspielen bei der BSG Motor „Fritz Heckert" Karl-Marx-Stadt.
Seine Eltern schickten ihn im Alter von sieben Jahren zum Training mit der dor-
tigen Mannschaft, wo er dem Trainer Steffen Hänisch, der selbst in der zweiten
Liga der DDR gespielt hatte, sofort auffiel.*

Was sagt uns das? Auch als in Ostdeutschland geborenes Al-
pha-Männchen hat man durchaus die Chance, in Westdeutschland
und darüber hinaus eine beeindruckende Karriere zu machen.
Auch wenn es eventuell nicht zum ganz großen Wurf reicht und
Sie den entscheidenden Machtkampf um den Chefsessel beim Ka-
ninchenzüchterverein „Fröhliche Rammler" knapp verlieren und
Sie auch den Job des Chefredakteurs der Obdachlosen-Zeitschrift
BISS nicht bekommen, haben Sie dennoch die Möglichkeit, den
ein oder anderen Taler auf Ihr Jeanssparbuch zu schaufeln. Unserem Capitano (übrigens nicht zu verwechseln mit dem Capitän-
chen = Phillip Lahm) ist das jedenfalls hervorragend gelungen.

Was Sie brauchen, sind lediglich Eltern, die Ihnen den ersten
Schubs verpassen, wobei auch eine alleinerziehende, karrieregei-
le Eislaufmutti völlig ausreicht. Wenn Sie also als Dreijähriger im
Nordseeurlaub auf Baltrum von der Mama ohne Vorwarnung einfach vom Wellenbrecher in die Nordsee gestoßen werden, muss das
nicht zwangsläufig ein Mordversuch sein. Ihre Mutter will Ihnen
vielleicht einfach nur behilflich sein, Ihre übertriebene Scheu vor

fünf Grad kaltem Wasser zu nehmen. Schließlich könnte Ihnen eine Riesen-Karriere als Eistaucher im Schlittschuhstadion von Calgary bevorstehen. Sogar wenn Ihr Vater Sie bei Ihrem letzten Geburtstag vor der gesamten Familie als „Nichtsnutz", „Versager" und „Schande-der-Familie" tituliert, will er Ihnen eventuell einfach nur gut zureden, doch etwas mehr aus Ihren nicht vorhandenen Talenten zu machen. Sie sollten deswegen nicht trotzig reagieren und mit 32 überstürzt zu Hause ausziehen. Einfach mal noch zehn bis zwölf Jahre da wohnen bleiben und dem Alten aus Dankbarkeit für seinen väterlichen Ratschlag schön auf der Tasche liegen.

Besonders beeindruckend war schon zu Jugendzeiten Ballacks außergewöhnlich weit entwickelte Technik und seine Fähigkeit, beidfüßig zu schießen. Im Jahre 1995 erhielt Ballack aufgrund der beeindruckenden Leistungen als zentraler Mittelfeldspieler seinen ersten Profivertrag. In Anlehnung an Franz Beckenbauer erhielt er während dieser Zeit den Spitznamen „kleiner Kaiser".

Machen Sie sich eine besondere Fähigkeit zu Eigen und fangen Sie früh an, diese zu schulen. Sollten Sie also ein mit Talent beschlagener Jo-Jo-Spucker sein, versuchen Sie zum Bungee-Spucker aufzusteigen. Suchen Sie sich jeden Tag eine Autobahnbrücke und versuchen Sie den Spuckefaden bis knapp über die vorbeifahrenden Autodächer abzuseilen. Wenn Sie es dann schaffen, Ihre Rotze in einem Rutsch wieder hochzuziehen, ohne dass diese auf eine Temperatur von unter minus fünf Grad runterkühlt, weil sich Ihr Mundwasserfaden in der Blitzanlage unten am Brückenpfeiler verheddert hat, können Sie schon mal ein Tetrapack Prosecco kaltstellen. Um sich allerdings in der WM-Qualifikation für die Internationale Sabber-Trophy 2014 in Bangkok, Thailand, gegen etwaige Mitbewerber durchzusetzen, wäre es von Vorteil, wenn Sie in verschiedenen Farben spucken. Weiß, gelb, grün, braun – was nach dem Verzehr von Nutella oder mit einer schönen Nasennebenhöhlen-Vereiterung durchaus möglich ist.

Anschließend suchen Sie sich einen Mentor oder besser noch einen Jubelperser, der Ihre Fähigkeiten beim nächsten Kirchenfest mit dem Megaphon von der Kanzel lobschreit. Oder Sie rufen einfach direkt beim Gottschalk an. Dann sind Sie für die nächsten vier Wochen in aller Munde und ziehen sich am Bahnhof schon mal den ersten Stapel Autogrammkarten aus´m Automaten.

> **Warnhinweis: In Norfolk im US-Bundesstaat Virginia ist das Bespucken von Seemöwen unter Strafe gestellt worden.**

Im Sommer 1997 folgte Michael Ballacks weiterer persönlicher Aufstieg, als Otto Rehhagel ihn für den soeben in die Bundesliga aufgestiegenen 1. FC Kaiserslautern verpflichtete. Ballack war am sensationellen Meisterschaftsgewinn des 1. FC Kaiserslautern beteiligt, dem dieser Erfolg als erster Aufsteiger in der Geschichte der Bundesliga gelang. Knapp drei Monate nach seinem Einstand in der deutschen A-Nationalmannschaft wechselte Ballack am 16. Juli 1999 für eine Ablöse von acht Millionen DM zu Bayer 04 Leverkusen.

Suchen Sie sich gute Lehrmeister. Wenn Sie beispielsweise einmal den Friseursalon von Udo Walz in Berlin übernehmen möchten, lernen Sie von den Besten der Besten. Natürlich können Sie auch in der Frisurenbackstube „Haar wie Heike" auf Ihre Entdeckung warten. Besser aber wäre es, Sie kaufen sich über www.opodo.de bei Delta-Airlines für 655 Euro ein Ticket nach Los Angeles und kippen an der Kasse vom 7Eleven ganz zufällig Flo Coffman einen Kaffee über den Rock. Sie ist in Marco Peluci's Hair Studio auf dem North Robertson Boulevard 635 ne ganz große Nummer und hat auch schon Brad Pitt die Bartflocken weggeschröggelt. Sie müssen dann nur noch Flos Vertrauen gewinnen, vielleicht drei bis vier Monate als „Roommate" bei ihr einziehen und immer schön aufmerken, wenn mal George Clooney vorbeikommt, um sich seine grauen Strähnchen, Marke „Friedhofsblond", auffrischen zu lassen. Anschließend haben Sie wahrscheinlich so viel gelernt, dass Sie jede Woche Ihre Handynummer wechseln müssen, weil Ihnen Heidi Klum mit Ihren ständigen Abwerbungs-Anrufen für die neue Staffel von *Germany's Next Topmodel* auf den Sack geht. Oder Sie sind zumindest bei „Haar wie Heike" die erste Option, wenn die Pudeldame der Schützenkönigin vom Gesellschaftsverein „Am Mondenschein" für den Winterball einen neuen Bob braucht.

Nach einer weiteren erfolgreichen Saison mit Leverkusen, als der Verein in der Spielzeit 2001/02 neben der Vizemeisterschaft erst in den Endspielen der Champions League und des DFB-Pokals verlor, verließ Ballack Leverkusen.

Gemeinsam mit seinen Mannschaftskameraden Bernd Schneider, Carsten Ramelow und Oliver Neuville zog er vorher noch in das Finale der Fußball-Weltmeisterschaft 2002 in Japan und Südkorea ein, wo er jedoch aufgrund zweier gelber Karten gesperrt war. Deutschland wurde Vize-Weltmeister.

Sie müssen lernen, Niederlagen und Rückschläge wegzustecken. Natürlich treten wir an, um zu gewinnen. Aber wer versucht zu siegen, kann auch immer verlieren. Und darauf müssen Sie vorbereitet sein. Wenn also Ihre Postkarte beim Luftballon-Wettbewerb Köln-Weidenpesch nicht wie vorgesehen den Weg über die niederländischen Antillen, Panama, Hawaii quer über den Indischen Ozean bis hin zu den Komoren wählt, sondern bereits im Postamt Porz abgestempelt wird, dürfen Sie trotzdem den Glauben an Ihren Sieg nicht verlieren. Schicken Sie einfach bei der nächsten Rewe-Markt-Eröffnung statt zehn Luftballons 99 Stück ins Rennen. Dann schickt zwar möglicherweise irgendein General ne Fliegerstaffel hinterher oder man hält sie für Ufos aus dem All, aber ein Ballon überlebt vielleicht und landet samt Karte in Cala Ratjada direkt vor dem Bolero oder als Boje im Eismeer vor Island oder in Afghanistan zehn Zentimeter neben einer Landmine oder in einem englischen Fußballstadion im Fünfmeterraum des FC Liverpool. Oder eben auch nicht. Und Sie gehen wieder leer aus. Weil der einzige Ballon der Drillinge Kevin, Justin und Dustin im Sog einer fünfstrahligen Ariane-Trägerrakete bis zum Mars geflogen ist und dort von einem Klonkrieger-Weibchen gefunden und der Postkartenfund via Skype an die Weltraumbehörde NASA gemeldet wurde. Ja, ja, Sie denken jetzt, was fantasiert sich der Knop da wieder zusammen. Aber man muss immer mit dem Verrücktesten rechnen. Christoph Daum hätte auch nicht damit gerechnet, dass er das Herzschlag-Finale am letzten Spieltag der Bundesligasaison 1999/2000 bei der Spvgg. Unterhaching unter anderem durch ein Eigentor von Michael Ballack verliert, die Bayern zeitgleich gewinnen und die sicher geglaubte Meisterschaft damit futsch war. Also, Niederlagen abhaken. Oder wie Oliver Kahn sagen würde: „Haa, es muss immer weida gehen. Eier. Wir brauchen Eier."

Also noch mal: Wenn Sie auf der Geseker Gösselkirmes beim Pferderennen die rote Kugel bei zwölf Versuchen nur ein einziges Mal in der Gelben 1 versenken und Ihr Pferd langsamer vom Fleck kommt als Floyd Landis und Levi Leipheimer ohne die „moralische" Unterstützung von Dr. Fuentes: nicht verzagen. Mund abwischen. Weiter. Nicht die Talentiertesten kommen zu Erfolg, sondern die Penetrantesten. Und so'n Pferderennenspiel kostet ja auch nur 1 Euro. Und den Sandwichtoaster oben rechts im Regal kriegt man schon für 5 Punkte. Und der grauhaarige Mann mit dem roten Schal und dem Mikro guckt zwar etwas grimmig, ist aber eigentlich echt nett und kann die Kohle gut gebrauchen.

Trotz eines gleichzeitigen Angebots des spanischen Spitzenvereins Real Madrid entschied sich Ballack im Jahr 2002 für einen Wechsel zum FC Bayern München gegen eine Ablösesumme von rund sechs Millionen Euro. In insgesamt vier Spielzeiten für den Rekordmeister gewann Ballack drei „Doubles" aus deutscher Meisterschaft und DFB-Pokalsieg und schoss in 135 Spielen 47 Tore. In der obersten deutschen Spielklasse hat Ballack somit zwischen 1998 und 2006 75 Treffer erzielt.

Bitteschön, das ist der Beweis! Der so genannte Vize-Ballack mag international ein Vize-Ballack sein. National ist er ein Titel-Ballack. Aber es ist halt wie in der Schule. Mein Physiklehrer hatte mich am ersten Schultag als Dreier-Kandidat wahrgenommen, der meist zu spät kommt, bei den Hausaufgaben schludert und eigentlich die Brüste des weiblichen Körpers im Biologie-Unterricht viel spannender findet als irgendwelche 1 N/m = 1 kg/s2. Und deswegen blieb ich auch immer ein Dreier-Kandidat. Auch wenn ich die drei Einser-Kandidaten neben mir später oft in die Tasche stecken sollte, weil ich der Einzige war, der die Formeln KRAFT = MASSE x BESCHLEUNIGUNG sowie ARBEIT = KRAFT x WEG und die Formel GUTE NOTE = GLÜCK x VITAMIN B völlig verinnerlicht hatte. Auch gute Test-Noten konnten mich nicht von meinem Image des Dreier-Kandidaten befreien. Ich war quasi der physikalische Vize-Ballack. Eigentlich sogar eher noch ein naturwissenschaftlicher Achtelfinal-Aus-Ballack. Oder in den Augen meines Lehrer wahrscheinlich auch einfach nur der Schwachmat außen links mit der Platthaar-Frisur von Schwester Marta Hunková-Penkavová aus bei der deutschtschechischen Vorabendserie „Das Krankenhaus am Rande der Stadt". Deswegen sei allen Schülern an dieser Stelle noch mal gesagt: Der erste Eindruck zählt! Einfach die ersten zwei bis drei Stunden nach den Sommerferien Vollgas geben, dann könnt ihr danach das ganze Jahr in Ruhe Käsekästchen spielen oder Flirt-SMS schreiben oder die Nintendo Wii rausholen und in der letzten Reihe Tennis spielen.

Trotz seiner Erfolge wurde Michael Ballack regelmäßig kritisiert, in entscheidenden Spielen der Champions League schwächere Leistungen erbracht und stets mit dem Wechsel zu einem bedeutenden internationalen Verein geliebäugelt zu haben, anstatt seine Loyalität zu den Bayern zu erklären. Ballack reagierte verärgert über die zunehmenden Unmutsäußerungen und betonte, dass er seinen Vertrag pflichtbewusst erfüllt und sich stets professionell sowohl auf dem Platz als auch außerhalb als Bayern-Spieler verhalten habe.

Sie werden feststellen: Sobald sich bei Ihnen der Erfolg einstellt – ob nun als Ladenleiter bei Lidl oder auch nur als Stellvertreter vom Beate-Uhse-Shop am Kölner Flughafen –, werden andere versuchen, Sie zu manipulieren, um ihre eigenen Interessen durchzusetzen. Deswegen ganz wichtig: Steuern Sie rechtzeitig dagegen, und zeigen Sie, wo der Hammer hängt. Wenn Ihr Chef beim größten BMW-Autohaus der Stadt der Meinung ist, Sie würden zwar insgesamt die meisten Limousinen verticken, aber beim X6 ließe Ihre Motivation anscheinend zu wünschen übrig und auch von der neuen Bart-Simpson-Sonnenblende hätten Sie bisher erst zwei Paar verkauft, dann ziehen Sie die Konsequenz und hauen Sie in den Sack. Wechseln Sie zu Mercedes oder zu Porsche, aber auf gar keinen Fall zu Opel oder schlimmer noch zur indischen Automarke Tata Motors (der Name ist Programm). Michael Ballack ist ja auch nicht von Bayern zu Lokomotive Leipzig abgehauen, sondern nach London zu Chelsea, wo der russische Oligarch Roman Abramowitsch mit seinem Kakao-Geld regiert. Sein Vater – also der vom Roman – wurde übrigens, als Roman vier Jahre alt war, vom Baukran erschlagen. Die Mutter starb zweieinhalb Jahre früher. Inzwischen besitzt der fünffache Vater R.A. irgendwas zwischen 2,5 und 3,3 Milliarden Dollar und hat drei Luxusjachten. Eine ist 115 Meter lang, eine 108 Meter und die dritte immerhin noch 86 Meter. So viel zum Thema Rückschläge wegstecken.

Sein Debüt für Chelsea gab Ballack am 31. Juli 2006 bei einem Freundschaftsspiel in den Vereinigten Staaten an der UCLA. Am folgenden Tag wurde er offiziell den Medienvertretern vorgestellt, wo er sich mit dem Trikot mit der Nummer 13 zeigte, wie bereits bei allen anderen Vereinen zuvor. Ballack war in der Vergangenheit wiederholt für verschiedene Unternehmen als Testimonial bzw. Werbeträger tätig, unter anderen Adidas, McDonald's, Samsung und Sony. Die Trikotnummer 13 wurde hierbei in mehreren Kampagnen als verbindendes Element verwendet.

Die Wiedererkennung ist von ganz entscheidender Bedeutung. Nur wenn man Ihr Gesicht, Ihr Outfit oder Ihr Auftreten behält, haben Sie eine Chance, langfristig erfolgreich zu sein. Suchen Sie sich ein Markenzeichen! Dies kann – wie im Falle Ballack – eine Rückennummer sein oder auch einfach pinkfarbenes Achselhaar. Wenn Sie Geschäftsmann sind, wählen Sie vielleicht eine rotgestreifte Krawatte, zu einem blau karierten Anzug mit einem grün gekringelten Hemd und passend dazu lila Skischuhe und eine goldene Taucherbrille. Oder Sie tragen stets eine Ratte auf Ihrer Schulter und machen durch einen unverwechselbaren Mundgeruch auf sich aufmerksam. Dann sind Sie als Testimonial für Knoblauchprodukte vielleicht genau der richtige Mann.

Zu meiner Jugend gab es in unserer Stadt zwei komplett schwarz gekleidete junge Herren mit spitzen Schuhen, stacheligen Haaren und kajalummalten Augen, wenn man so will zwei Bill Kaulitze. Sie hatten immer ne ziemlich düstere Ausstrahlung, haben mit Sicherheit nachts auf dem Hauptfriedhof gepennt und konnten bestimmt auch wie Huckleberry Finn mit einer toten Katze Warzen wegzaubern. Wir haben sie immer „die Läufer" genannt, weil sie jeden Tag die Fußgängerzone rauf und runter liefen. Jeder fand sie irgendwie doof. Aber! Jeder kannte sie!!! Sie hätten unter dem Bandnamen „Die Läufer" zumindest in Südwestfalen das Potenzial zu einem Nummer-1-Hit gehabt. Denn es kann mir keiner erzählen, dass der Marilyn Manson schon damals in seiner Klasse beliebt war, das alte Persilgesicht.

Zum Abschluss als kleine Hilfe für Ihre Neuorientierung:

Noch freie Markenzeichen-Ideen:
Schwimm-WM im Astronautenanzug bestreiten
Rechtsdrehender Ohrenschmalz
Knieglatze
Augenbrauenzöpfe in Silbermetallic
Körbchengröße 140 Doppel Z (Norma Stitz hat 140 Z)
Klumpfuß am linken Arm

Wieder frei gewordene Markenzeichen:
Ein blaues Auge (wie damals Lisa „Left Eye" Lopez von TLC)
Verschiedene Aufsteck-Nasen
Holländischer Akzent, obwohl man perfekt deutsch kann

Zusammenfassung:

- Fordern Sie Ihre Eltern dazu auf, Sie ordentlich „zu triezen".
- Eignen Sie sich besondere Fähigkeiten an (z.B. Honig mit den Füßen essen, mit der Zunge telefonieren, Lesen ohne hingucken usw.).
- Suchen Sie sich gute Lehrmeister (den Dalai Lama, Jedi-Meister Yoda oder Otto Walkes, wenn Sie z.b. in Emden ein Museum eröffnen wollen).
- Stecken Sie Rückschläge und Niederlagen weg (wenn Sie also am Geldautomaten schon 15.000 Euro verloren haben diesen Monat, auf jeden Fall weitermachen. Irgendwann kommt die Glückssträhne. Und wenn nicht, sind Sie spätestens in einem Jahr pleite. Dafür aber geheilt von dem Scheiß.)
- Der erste Eindruck zählt (deswegen unbedingt rülpsen beim ersten Date, wenn die Perle sie nicht weiter belästigen soll).
- Zeigen Sie anderen wo der Hammer hängt.
- Schaffen Sie Wiedererkennung. (Deswegen ist es auch extrem blöd, wenn man zwischen der letzten Englisch-Klausur und dem 10-jährigen Abitreffen 120 Kilo zugenommen hat und einem vom Kiffen alle Frontzähne fehlen.)

Lady Gaga – der Inbegriff von Pracht und Pomp. Die amtierende Miss Schulterpolster. The fame monster of the twenty first century.

Lady Gaga
Prima inkognito unter der Klobürste

Lady Gaga (* 28. März 1986 in New York City; eigentlich Stefani Joanne Angelina Germanotta) ist eine US-amerikanische Popsängerin und Songwriterin. Ihren Namen hat sie dem von Roger Taylor geschriebenen Lied, „Radio Ga Ga", entliehen.

Keine Frage, diese Frau lässt jeden festlich geschmückten Weihnachtsbaum vor Neid erblassen: Lady Gaga. Meistens anzutreffen mit Turmfrisur, die kaum durch die Tür geht. Wenn es regnet, passen da weder Schirm noch Mütze drüber. Das muss man schon mit 'nem Sperrmüllsack abdichten. Obwohl: Raus in den Regen darf Gaga eigentlich eher nicht. Schließlich hat sie meist reichlich Bauernmalerei inklusive Strasssteinchen im Gesicht und Brillen, die das Wort „Nasenfahrrad" wirklich verdient haben. Wenn es der mal mit der Journalistenmeute zu blöd wird, setzt sie sich einfach drauf und radelt davon. Das nenn ich perfekt vorbereitet!

Aber jetzt stellen Sie sich die Frau mal in Klamotten von KiK und ohne Schminke und Pailletten im Gesicht vor. Ich hab neulich in der Gala mal genau solche Paparazzi-Fotos von ihr gesehen. Mein erster Gedanke war: Mensch, der Hansi Hinterseher hat sich aber auch gut gehalten! Auffallen um jeden Preis ist also unglaublich wichtig, wenn man Erfolg haben will. Gut, jetzt hat nicht jeder die Kohle für Designermarken wie zum Beispiel welche von „Bordelle" – Ja, das ist tatsächlich ein Mode-Label! Bordelle! Und schweineteuer noch dazu! Wie Bordelle halt eben nun mal so sind. Aber hey, ich bezahle doch nicht dafür, um mich von denen ANZIEHEN zu lassen. Das wäre doch irgendwie verkehrt, oder?

Also muss man beim Nach-eifern halt ein bisschen impro-visieren. Mit ein paar schnellen Handgriffen kann man sich etwa einen prima auffälligen BH aus zwei Teelichtern und einem Flie-genvorhang basteln. Gibt's alles bei Schlecker! Bei entsprechender Körbchengröße nimmt man dann wahlweise Hundefutter-Aluschalen oder Linsensuppendosen (natürlich leer). Für das Kleid sollte man es stoffmäßig eher untertreiben. Also weniger ist mehr. Ein grobmaschiges Netz reicht da eigentlich schon. Einfach mal am dritten Advent durch so einen Tannenbaum-trichter fürs Weihnachtsbäumeverpacken springen! Das Netz liegt garantiert hauteng an und schnell geht's auch! Aber am wichtig-sten, wenn Sie das Erfolgsmodel Gaga optisch kopieren möchten: die Frisur. Hier sollten Sie möglichst eine unnatürliche Farbe wäh-len, wie zum Beispiel ein hornhautvernichtendes Lila oder auch mal ein gleißendes Kanariengoldgelb.

Dazu kann man entweder die Bar-biepuppensammlung der Tochter zweckentfremden, sprich: runter mit den Haaren und rauf auf die eigene Matte. („... Heul nicht, Celine – die Mama macht den Barbies nachher ganz tolle Extensions.") Und dann möglichst hoch auftoupieren das Ganze. Und vielleicht irgendwas einarbeiten in das Haarkonstrukt. Einen Toaster, eine Klobürste oder einen Regenschirmständer. Übrigens ein schöner Nebeneffekt Ihrer neuen Turmfrisur: Beim Gang durch die Wohnung entfernt diese restlos alle Spinnenweben an der Decke. Sogar in den Ecken, wo sonst nur Schwiegermutter putzt. Wenn Sie so anschließend noch durch die Fußgängerzone von Lüdenscheid schlendern, fallen Sie garantiert nicht nur auf – es erkennt Sie auch keiner, und Sie können in Ruhe Ihr erfolgreiches Privatleben führen.

Stefani Germanotta begann im Kindesalter mit dem Klavierspielen und schrieb schon als Teenager eigene Songs. Sie wurde im Bundesstaat New York als Kind italo-amerikanischer Eltern geboren.

Merke: Sollte Ihr Stammbaum einen philippinischen Urgroßonkel oder einen sibirischen Vetter mütterlicherseits aufweisen, dann nix wie her damit und rein in den Lebenslauf fürs nächste Vorstellungsgespräch als Empfangsdame einer Briefkastenfirma am Rodeo Drive. Alles was irgendwie ungewöhnlich, ja sogar einen Hauch abartig klingt, verschafft Ihnen große Vorteile im Vergleich zur profillosen Horde der Vollnormalos. Sogar wenn Ihr Rauhaar-Wellensittich mal irgendwann besoffen von der Anrichte gefallen ist oder Ihr kleiner Bruder beim Versteckspiel auf der Müllkippe von einer venezuelanischen Tarantula gebissen wurde, sollten Sie irgendwie versuchen, dies in

Ihrer Bio aufzugreifen. Vor allem wenn Sie eine Karriere als Eishockey-Spieler in der DEL anstreben, kann Ihnen die Nationalität „Castrop-Rauxel-Kanadier" von großer Hilfe sein. Auch für eine Laufbahn im Popbiz ist eine exotische Abstammung nahezu unerlässlich. So setzte der Musiksender Viva in den vergangenen Jahren etwa auf Namen wie Mola Adebisi, Nela Panghy-Lee, Minh-Khai Phan-Thi, Ill Young Kim, Daisy Dee und Liza Li. Auch wenn dies eher nach der Besetzungsliste aus dem Bruce-Lee-Klassiker „Meng long guo jiang" klingt als nach einer Riege hochbegabter Chartplatzierungsableser, so zeigt es doch, wie wichtig es sein kann, wenn Opa Otto auf seiner Hongkong-Reise 1977 im Chinarestaurant aus Versehen die Ente Süß-Sauer gevögelt hat.

Mit 14 Jahren hatte Lady Gaga erste Auftritte in New Yorker Clubs. Mit 18 Jahren arbeitete sie als burleskes Go-Go-Girl, weil ihre Eltern sie nach dem Auszug aus der elterlichen Wohnung finanziell nicht unterstützen wollten.

Heißt: Wem die Möglichkeit geboten wird, sich frühzeitig auf eigene Beine zu stellen, der sollte diese Chance nutzen. Denn nur wer sich rechtzeitig von Dritten abnabelt, Verantwortung übernimmt und sich täglich suggeriert, dass die eigenen Talente locker ausreichen würden, um die Welt in nur drei Tagen statt in langsamen sieben zu erschaffen, wird wie Frodo Beutlin den Schicksalsberg samt Ring auch erreichen und anschließend den Schotter mit der Schubkarre zur Kreissparkasse Ludwigsburg fahren. Und wenn nicht, reicht es aber vielleicht immer noch zum Michael Jackson-affinen DSDS-Dauer-Casting-Kandidaten mit einem Baumarkt-Auftrittshonorar von bis zu 2000 Euro und einer Titelstory in der „Glück". Natürlich ist es legitim, Oma Kunigunde wegen der aktuell hohen Spritpreislage bereits Jahrzehnte vor ihrem Ableben große Erbanteile abzuschwatzen. Es ist auch vollkommen okay, weiterhin auf dem elterlichen Taschengeld von 7 Euro 50 pro Woche zu beharren, obwohl Sie mittlerweile schon 53 sind und stellvertretender Bürgermeister von Cala Ratjada. Aber gut für Ihre persönliche Entwicklung ist das nicht. Das haben mir zumindest meine Eltern gesagt, als ich letztes Jahr am Heiligen Abend wieder mal mit drei Körben Bügelwäsche in der Tür stand. Natürlich spielen für die persönliche Entwicklung auch andere Faktoren eine wichtige Rolle, wie etwa die genetische Veranlagung, die Herkunft, der Glaube oder auch traumatische Erlebnisse, wie etwa der Verlust Ihres ersten Playmobil-Piratenschiffs in der großen Schlacht auf Tante Ellis Dachboden (1985). Nicht zu verwechseln mit dem Massaker von Magdeburg (1631) und der Türken-Belagerung von Wien (1529). „Aber ein Schuss Selbstständigkeit hat bekanntlich noch keinem geschadet", sagte der siamesische Zwilling kurz vor seiner Trennung.

Lady Gaga schrieb zuerst Songs für andere, zum Beispiel die Pussycat Dolls, bevor sie 2008 ihre erste eigene Veröffentlichung herausbrachte. Mit ihrer Debütsingle „Just Dance", bei der sie von Akon und Colby O'Donis unterstützt wurde, stieg sie gleich international in die Charts ein.

Um herauszufinden, ob die Ihnen bescheinigten Talente und Gaben ausreichend sind, um später davon leben zu können, müssen Sie diese eingehend prüfen. Aber bitte mit größter Vorsicht und am besten nicht an sich selbst. Was ich damit sagen möchte: Wenn Sie dem Stammbaum der Sarrasanis entsprungen sind und als bester Messerwerfer der Familie gehandelt werden, ist es trotzdem ratsam, dieses Talent vielleicht nicht unbedingt an Ihrer ersten großen Liebe auszuprobieren. Fragen Sie stattdessen lieber den cholerischen Nachbarn von nebenan oder den Finanzbeamten Ihres Vertrauens oder die nervige Tusse von der Vodafone-Hotline (die Sie grade zum 5. Mal im Urlaub angerufen hat) oder meinetwegen auch Ihre zukünftige Schwiegermutter, ob Sie Ihr kleines Kunststück mal vorführen dürfen. Um in den Fokus der Öffentlich-

keit zu gelangen, sollten Sie Ihr Betätigungsfeld anschließend jedoch schnell in den Dunstkreis von sogenannten Erfolgsmenschen legen. Wenn Sie also eine junge Modedesignerin sind und tolle T-Shirts mit Affenarsch-Aufdruck oder „Wurst und Gut"-Schriftzug entworfen haben, bringt es nix, wenn die Teile ausschließlich von Ihrem Freund als Schlaf-T-Shirt entwürdigt werden. Sollten Sie es aber schaffen, dass sogar der Bademeister vom Naturfreibad Suderwich in Recklinghausen jeden Sommer im Affenarsch-T-Shirt um den Beckenrand stolziert, ist das bereits die halbe Miete für eine erfolgreiche Designer-Karriere. Natürlich wäre es toll, wenn irgendwann auch mal Brad Pitt mit einem Ihrer „Wurst und Gut"-Shirts in der GALA abgebildet wäre, aber die Wahrscheinlichkeit, dass Brad sein neues Lieblings-T-Shirt ausgerechnet dann trägt, wenn ein GALA-Fotograf auf den Auslöser drückt, ist zugegebenermaßen eher gering. Jetzt wird sicher der eine oder andere Essener Kiosk-Besitzer sagen: „Hömma, so'n Quatsch, als wenn der Brad Pitt jemals mit einem „Wurst und Gut"-Shirt durch den Central Park joggen würde täten. Der trägt doch bestimmt nur Servace oder wie dat schnieke Zeugs nochma heißen tut." Dem kann ich nur entgegnen, dass sogar Paris Michael Katherine Jackson, die Tochter des verstorbenen King of Pop, jüngst mit einer Fan-Kappe des Hamburger Sportvereins abgelichtet wurde. Und auch ich habe beim Training mit meinem Fußballteam oftmals ein T-Shirt mit dem Aufdruck „Top-Getränke" getragen. Nur um mal hier zwei absolute Weltstars zu nennen.

Aber zurück zum Ausgangspunkt. Was ich Ihnen eigentlich klarmachen wollte: Suchen Sie sich ein erfolgreiches Umfeld, um Ihre eigenen Ideen zu platzieren und an Dritten zu prüfen. Wenn Sie dann das Gefühl haben „Mensch, mein Chef hat mit seiner Idee – die eigentlich mal meine war, woran er sich aber jetzt plötzlich nicht mehr erinnern will – so richtig Erfolg", dann machen Sie sich selbstständig und probieren es auf eigene Faust. Denn eines kann ich Ihnen versichern: Es gibt nix Geileres, als keinen Chef zu haben, außer sich selbst. Man ist frei, yeah, so frei!

... Okay, man hat selten Urlaub, eigentlich nie Feierabend, geschweige denn Wochenende, wenig Freunde, viel Stress, Rürup statt Riester, jede Menge Existenzängste, man muss Verantwortung für jeden Pups übernehmen, kann Krankheiten nicht auskurieren und Privates kaum noch von Beruflichem trennen, aber hey .... genauso haben die großen Piraten doch damals auch alle gelebt: Captain Hook, Captain Blood, Sandokan – Der Tiger von Malaysia, Der rote Korsar, Jack Holborns Captain Sharingham und natürlich Captain Jack Sparrow. Allesamt echte Kerle, zumeist ledig, mit je mindestens zwölf Kisten Gold im Keller und beschissener Sozialprognose. Da sag jetzt mal keiner, das wäre nicht erstrebenswert. Das fanden zumindest wir Männer schon als Sechsjährige obercool und war, wenn überhaupt, nur durch Colt Sievers, Alf Gordon Shumway, Tsubasa Ozora oder Flip den Grashüpfer zu toppen.

Die Darstellungsform von Lady Gagas Auftritten wurde von Künstlern wie David Bowie und Queen inspiriert, die sie als ihre persönlichen Kunstikonen angibt. Die Sängerin entwirft ihre ausgefallenen Bühnenkostüme selbst. Nicht umsonst gibt es den berühmten Satz „Bekannt wie ein bunter Hund". Dies sollten auch Sie sich auf die Fahne schreiben. Gerade im heutigen Medienzeitalter mit teilweise über vierzig Fernsehkanälen, zehn Internetzugängen und drei Herzschrittmachern pro Haushalt ist es ungemein wichtig aufzufallen. Gehörte man in den Achtzigern als Grufti mit Tellerminenfrisur und Ratte auf der Schulter noch zu den optischen Exoten, muss man heutzutage mindestens einen ausgewachsenen Brontosaurus im rosa Strickkleidchen mit sich führen, um in der Fußgängerzone überhaupt registriert zu werden. Die Älteren werden jetzt sagen: „Bisschen übertrieben, Herr Knop.

Oder?!" Die Jüngeren unter 18 werden sagen: „Fußgängerzone? Hä? Keine Ahnung wie das heißt, wo ich durchlaufe, während ich auf mein Handy starre!" Und genauso ist es. Die Aufmerksamkeit und Konzentrationsfähigkeit der Menschen – und sogar die der Frauen – hat in den vergangenen Jahren rapide abgenommen. Während ich mich zu Schulzeiten im Mathematikunterricht problemlos auf zehn Partien Käsekästchen und gleichzeitig auf die geilen, langen Beine von Sabine konzentrieren konnte, finden viele Schüler heutzutage ohne TomTom-Navigator nicht mal mehr den Weg zum Nasebohren. Und selbst dann wird der Zeigefinger wahrscheinlich auf halber Strecke Richtung Kleinhirn vom neuen iPhone Facebook-App dermaßen abgelenkt, dass der Schüler letztlich, statt in der Nase zu bohren, doch wieder nur Nägel kaut. Deswegen muss im 21. Jahrhundert alles eine Spur heftiger ausfallen. Während es früher – um noch mal auf unsere Gruftis zurückzukommen –

schon gereicht hat, wenn Jugendliche sich auf x-beliebigen Friedhöfen getroffen haben, muss es heutzutage mindestens das Grab von Saddam Hussein sein oder die Familiengruft von SchniSchna-Schnappi, um beim Durchschnittsbürger anzuecken. Und auch die ursprünglich eher düster anmutende Musik von The Cure, Bauhaus oder Anne Clark dürfte in Zeiten von Marilyn Manson, Rammstein und Florian Silbereisen niemanden mehr ernsthaft erschrecken. Also, noch mal der eindringliche Hinweis: Macht es wie Lady Gaga. Zieht euch Klamotten an, die es eigentlich gar nicht gibt. Setzt euch einen Sack Holzkohle auf den Kopf, schneidet ein Loch in den Boden eines grünen Wäschekorbs und tragt ihn als Sporthose. Bindet euch eine Gitarre als Holz-Flip-Flop unter die Füße oder schnallt euch eine Mikrowelle auf den Rücken. Hauptsache es sieht irgendwie stylish aus und die Leute reden drüber. Die größte Schwierigkeit bei dieser Aufgabe: M U T! Ohne den geht es nicht. Sonst sind Sie schon bald der Paolo Guerrero im Viertel, der sich aufgrund unüberwindbarer Flugangst noch nicht einmal

Gegen die modischen Querschläger von Lady Gaga wirken sogar die schrägen Kreationen von Vivien Westwood und Harald Glööckler so harmlos wie ein schwangeres Kaninchen. Ob Fleischkostüm, Telefon am Kopf oder – wie hier – Fuchsschwanz im Gesicht, Gaga gibt den Trend vor. Also, liebe Eltern, bringt schon mal euren Haushalt in Sicherheit.

traut, eine Papierschwalbe zu bauen. Zugegeben: Die Aviophobie ist eine ernst zu nehmende Angststörung, über die sich auch ein drittklassiger Hobbypsychologe wie ich nicht lustig machen sollte. Aber hilfreich ist sie deswegen trotzdem nicht.

Nachdem Lady Gagas erste Single „Just Dance" in Australien und Kanada zum Nummer-1-Hit geworden war, gelang ihr in den US-Charts nach 18 Wochen der Sprung in die Top Ten und in Woche 22 auf Platz 1. Anfang 2009 wurde die Single dann auch im Vereinigten Königreich ein Nummer-1-Hit. Mit 13 Wochen an der Spitze hat sie in Deutschland die zweitmeisten Nummer 1-Wochen seit dem Jahr 2000. Außerdem stellte der Song einen neuen Rekord für die meisten Downloadverkäufe in Deutschland auf.

Es ist ohne Frage äußerst hilfreich für den Verlauf Ihrer weiteren Karriere, wenn sich Erfolge möglichst schnell einstellen. Wenn Sie also ein erfolgreiches Versicherungsbüro unter dem Dach der Barmer Ersatzkasse betreiben wollen, Sie es aber nicht gebacken kriegen, innerhalb der ersten fünf Jahre auch nur eine mickrige Haftpflichtversicherung zu verticken, könnte Sie das – vorsichtig ausgedrückt – Ihren Kopf kosten. (Gute Versicherungsverkäufer drehen nämlich sogar Radfahrern eine Hausratsversicherung für ihren Gepäckträger an.) Haben Sie es umgekehrt jedoch geschafft, bei Ihrer allerersten Drogenkurierfahrt von Bogotá, Kolumbien, über Miami, Florida, und London bis hin zum Frankfurter Hauptbahnhof zwanzig Cellophan-Beutelchen Schlafmohn in Ihrer rechten Herzkammer durch den Zoll zu schmuggeln, steht Ihnen eine 1A-Dealer-Karriere bevor. Und mit ein bisschen Glück werden Sie sogar älter als 25 und können sich vom Verkaufserlös ein schönes Zimmer in der Betty Ford Klinik in Rancho Mirage, Kalifornien, leisten, um auf den Spuren von Jonny Cash, Ozzy Osbourne und David „Ich-halt-die-Luft-am-Strand-an" Hasselhoff zu wandern.

Aber auch wenn es nicht gleich zu Beginn mit dem ganz großen Wurf klappt und Sie bei der Wahl zur Miss Oberbayern erstmal nur auf dem dritten Platz gelandet sind, weil die dralle Blonde mit dem Cellulitis-Kofferraum im Gegensatz zu Ihnen den Sangria-Eimer auf ex geleert hat und die dicke Dunkelhaarige dem DJ backstage kurz vor der Entscheidungsverkündung noch die Flötentöne beigebracht hat, müssen Sie Ihr angestrebtes Karriereziel als Dorfnutte ja nicht gleich an den Nagel hängen. Auch ich bin mal in der DomRep bei der Wahl zum Mister Merengue nicht über den vierten Platz hinausgekommen und bin heute bei mittelamerikanischen Balztänzen in jeder Dorfdisco mit meinen hektischen Tanzbewegungen immer noch der Held. Zumindest wenn ich nötig auf Toilette muss.

Am 01.02.2010 erhielt Gaga den Grammy in der Rubrik Best Electronic/Dance Album für ihr Album „The Fame" und den Grammy in der Rubrik Best Dance Recording für die Single „Poker Face". Und am 19. Februar 2009 saß sie zusammen mit mir bei VIVA auf einem Sofa. Glückwunsch zu diesen drei tollen Erfolgen!

Zusammenfassung:
- Laufen Sie rum wie ein Teller bunte Knete.
- Verheizen Sie Ihren Lebenslauf.
- Adoptieren Sie eine Oma von den Osterinseln.
- Durchtrennen Sie schon Ihre Nabelschnur selbst.
- Überprüfen Sie Ihre Talente aus sicherer Entfernung.
- Machen Sie Bill Gates zu Ihrem Freund und die Klum zu Ihrer Frau (dann laufen Ihre Songs nämlich bei Pro7 immer als Hintergrundmukke.
- Werden Sie zum Job-Pirat.
- Machen Sie Erfolge zu Ihrer Charaktereigenschaft.

Reiner Calmund
Genussmensch und Sympathieträger

Reiner „Calli" Calmund (eigentl. Reinhold Calmund) ist ein deutscher Fußballfunktionär. Ab 1976 war er bei Bayer 04 Leverkusen tätig, zuerst als Jugendleiter und Stadionsprecher. Bis 1988 war er Vorstandsmitglied. Im Anschluss übernahm er den Posten des Managers der Profi-Abteilung und wurde 1999 schließlich Geschäftsführer des Vereins.

Notiere: Um in die Öffentlichkeit zu gelangen, müssen Sie also nicht zwangsläufig den klassischen Weg des Popstars oder Supermodels gehen. Sie können auch einfach Funktionär werden, was so viel heißt wie „Beauftragter", abgeleitet vom lateinischen *fungi* (verrichten, besorgen, ein Amt verwalten). Nicht zu verwechseln mit den Pilzen, die auf der Pizza drauf sind. Die schreiben sich *funghi* und schmecken am besten mit Schinken oder Zwiebeln und etwas Origami (oder wie das Gewürz heißt ...).

Am wichtigsten bei einer Funktionärslaufbahn, ob nun beim Taubenzüchterverein „Flattermann" oder bei den olympischen Rülpsmeisterschaften von Bad Lauterberg, ist die Einhaltung der korrekten Reihenfolge der einzelnen Karriereschritte. Man darf erst Präsident der Moped-Mäuse Mannheim werden, wenn man vorher schon Beisitzer, Kassenprüfer oder Bockwürstchenwart gewesen ist. Denn nur wer am Kiosk vom Kreisliga-Club TuS Warstein die zwei Hanuta und das Knoppers auch richtig abrechnen kann, hat später das Zeug zum Ersten Vorsitzenden. Oder zumindest zum Zweiten Vorsitzenden. Falls man sich dem immensen Druck der Lokalpresse nicht gewachsen fühlt.

Aber zurück zu Calli.

Der größte Erfolg der Leverkusener während seines Engagements war der Gewinn des UEFA-Cups 1988 und des DFB-Pokals 1993. Daneben erreichte Bayer 04 unter Calmund vier Vizemeisterschaften und das Champions-League-Finale. Zu seinen Verdiensten für Bayer 04 gehören die Verpflichtungen von Bernd Schuster, Ulf Kirsten, Michael Ballack und Rudi Völler. Daneben konnte er die Brasilianer Paulo Sérgio, Jorginho, Emerson, Zé Roberto, Lúcio und Juan sowie den Bulgaren Dimitar Berbatow für den Verein gewinnen.

Merke: Wer selber Gefahr läuft, sich beim Tritt gegen das runde Leder (die Pille, die Kirsche, die Pocke, die Murmel, die Flunder, die Wuchtel, den Ball, das Spielgerät) die Kniescheibe zu pürieren oder die Achillessehne zu Konfetti zu verarbeiten, der sollte davon ablassen und sich qualifiziertes Personal besorgen. Dies gilt nicht nur für Fußball, sondern auch für andere Berufe, in denen Gefahren lauern. Fensterputzer, Eisbärenpfleger oder Kosmetikerin. Ja genau, Kosmetikerin ist ein sehr gefährlicher Beruf. Allein schon wegen der Dämpfe. Also ich mein jetzt nicht den Nagellack. Aber das ganze Nuttendiesel, was täglich durch die Tür kommt. Das kann einem nach zehn Berufsjahren gern schon mal die Lunge verkleben. Oder die Hirnpanade. Deswegen am besten billiges Personal einkaufen. In Usbekistan, in Litauen oder eben in Brasilien. Da ist zwar jede Kundin anschließend angemalt wie beim Karneval in Rio, dafür müssen sie nicht den ganzen Tag Lokalradio hören, sondern kriegen auch mal ne schöne Samba-de-Janeiro-Platte vors Trommelfell geblasen.

Calli hat früher übrigens selbst mal gekickt. Er kann noch heute ein Spiel besser „lesen" als die meisten von uns eine Aufbauanleitung von IKEA oder eine Medikamenten-Packungsbeilage von Bayer. Vom 26. Oktober 2004 bis zum 4. Januar 2005 moderierte Calli die Sendung *Big Boss* bei RTL. Die Sendung ist eine Adaption der US-Sendung *The Apprentice* mit Donald Trump als Mentor. Seit

November 2007 ist er als Jury-Mitglied in der Kochshow *Die Kocharena* auf VOX aktiv.

Ach ja, was wäre die deutsche Fernsehlandschaft nur ohne unsern Calli? Wir lieben ihn, wir wollen ihn und dank seiner macht die Anschaffung des 700-Zoll-Fernsehers mit Breitband-Bildschirm auch endlich einen Sinn! Früher haben wir von Calli ja immer nur das halbe Zifferblatt seiner Uhr gesehen. Aber jetzt steht er da, in seiner ganzen Pracht. Noch dazu in HD-Qualität. Was allerdings das TV-Programm grundsätzlich auch nicht besser macht. Im Gegenteil. Beim hochauflösenden Fernsehen sieht man jetzt auch garantiert jede Faser des Grauens. Ich sag nur: *Big Brother* oder noch schlimmer *X-Diaries*. Da wünscht man sich doch einen *Kessel Buntes* zurück. Oder den *Heißen Stuhl* mit Olaf Kracht. Oder *Tutti Frutti*. Oder eben unseren Calli, wenn er auf Sky oder bei Calli.tv im Internet, in einer kurzen, knappen 30-Minuten-Antwort darüber philosophiert, warum Rot grade gewonnen hat und wo das Auto vom Schiri steht.

Und sogar Hosenträger und Schulterpolster sind wegen ihm schon fast wieder in Mode. Denn: Er ist eindeutig ein Sympathieträger. Von jeglichen Idealmaßen mehr als weit entfernt, aber trotzdem ein Highlight. Und mal ganz im Ernst: Wer will denn unseren Calli überhaupt in schlank sehen? In dünn sähe er doch aus wie Heiner Lauterbach oder Billy Zane. Nein, wir brauchen unsere Quoten-Dickerchen. Alle. Den Calli, die Tine, den Otti, weil sie einem das schlechte Gewissen erleichtern, wenn man mal wieder nachts am Kühlschrank schnell ne halbe Haxe mit Speckbohnenfüllung in sich reinschiebt, obwohl man zwei Stunden vorher noch Wildschwein auf Leberkäse zum Abendbrot genascht hat.

Und übrigens: Bei einer IQ-Show im Jahre 2003 erreichte Calmund einen überdurchschnittlichen Intelligenzquotienten von über 140. Was lernen wir daraus? Man muss nicht schlank sein, um klug zu sein. Im Gegenteil. In einem voluminösen Körper haben

Gehirnzellen möglicherweise viel mehr Platz sich auszubreiten als in einem Ilja-Richter-Gedächtnis-Body. Außerdem wird das Hirn bei fülligen Menschen aufgrund der reichhaltigen Ernährung mit viel mehr Vitaminen und Mineralstoffen versorgt. Deswegen hat der Kohl auch die Deutsche Einheit geschafft und der Schmidt nicht. Der war zu dünn. Und geraucht hat er auch immer schon, wie so´n Toaster in den Wechseljahren.

Da stellt sich also die berechtigte Frage: Ist dick sein eine Möglichkeit, um erfolgreich oder prominent zu werden? Kann man es als eine Art Talent ansehen? So wie „Ich kann tanzen" oder „Ich kann kopfrechnen"? Einfach sagen: „Ich bin dick!" Und schon kommt: „Echt? Cool, zeig mal was!!!"

Ich denke ja – wenn noch ein weiterer Aspekt hinzukommt.

Meatlof etwa ist dick und kann gut singen. Otti Fischer ist dick und kann gut schauspielern. Beth Ditto ist dick und kann sich prima bemalen und anziehen und dabei auch noch singen. Würde sie abnehmen, sich sozusagen einer Radikaldiät unterziehen, bliebe am Ende Keira Kneightley oder Victoria Beckham über. Und die hat ne Figur wie ne Parkuhr und ist auch so beliebt wie eine. (Wobei man von ihr viel lernen kann !)

Und da haben wir dann schon den Beweis! Als „gewichtige Person" hast du zwar mit dem einen oder anderen Problemen zu kämpfen (Wie krieg ich meine Schuhe zu? Wieso stehe ich immer alleine im Aufzug? Hab ich den Schlüpfer jetzt schon an oder nicht?), aber man mag dich. Man will dich knuddeln und dich als Wintervorrat bei sich haben. Davon kann unsereins nur träumen.

Seit Sommer 2008 berichtet stern TV von der Aktion Iron Calli. Dabei will (oder wollte) Calmund von 163 Kilogramm innerhalb eines Jahres dreißig Kilogramm abnehmen. Im Rahmen dieser Aktion absolvierte Calmund am 17. Mai 2009 seinen ersten Halbmarathon in 3:56:07 Stunden. Dafür hatte er bereits knapp dreißig Kilo abgenommen.

Junge, was hab ich Angst bekommen, als mir das zu Ohren kam. „Iron Calli" will abnehmen!? Bitte nicht! Der Calli muss der Calli bleiben! Aber dann hab ich gesehen, dass ihm Joey Kelly dabei helfen soll. Und da war ich wieder beruhigt. Kelly und Calli ... das kann nicht gut gehen. Zumal der Joey schon vergeblich versucht hat, seiner Schwester Maite die Schokotorte auszutreiben. Vollschlank bleiben ist also die Devise. Und wer dünn ist, der kann ja zunehmen. Ich hab schon mal angefangen und mir einen Tröpfler mit gehäckselter Sahnetorte neben mein Bett gestellt. Aber ob das reicht?

Ich habe mir mal ein paar Gedanken in meiner unterschätzten Rolle als Ernährungsberater gemacht: Wie schaffen Sie es, Ihre Konfektionsgröße innerhalb von vier Wochen zu verdoppeln?

Hier eine kleine Anregung:

MENUEPLAN XXL (Der Kalorien-Explodierer)

Morgens:
Buttermilchshake
(Man nehme zwei, drei Pfund Butter und statt Milch einfach Sahne)

Zwischenmahlzeit:
Mousse au Chocolat
mit Mascarponehäubchen im Schlagsahnenest

Mittags:
Lammhaxen im Fleischwurstmantel
an Pommes-Mozzarella-Sticks,
dazu Cannelloni gefüllt mit Mayonnaisecreme
und Kräuterbutter

zum Nachtisch:

Negerkuss-Buttercreme-Carpaccio
an Speckbirnen

Abends:
Spanferkel gefüllt mit Windbeuteln
an Rotwein-Nutellasoße

Als kleine Knabberei vorm Fernseher:
Kartoffelchips-Käse-Fondue
mit Ham & Bacon

Und dazu:
Der Schokoladenbrunnen sollte natürlich rund
um die Uhr in Betrieb sein. Vor dem Überziehen mit Schokolade einfach Mäusespeck auf Gardinenstangen aufspießen.
Im Notfall gehen auch ganze Wassermelonen oder

Doch es wäre zu profan, Calli nur auf Fußball und Leibesfülle zu reduzieren. Er ist vor allem eins. Ein Kümmerer. Nicht zu verwechseln mit einem Küster. Das ist derjenige, der in der Sakristei dem Pfarrer die Kutte knotet und das Esspapier rund schneidet. Ein Kümmerer ist einer, der sich um andere kümmert. Der sie unterstützt, ihnen hilft und stets die „Win-Win-Situation" im Hinterkopf hat. Und das sollten Sie auch tun. Heißt: Wenn Sie im Garten grillen, dann kümmern Sie sich auch um Ihren Nachbarn. Bieten Sie ihm ein Würstchen oder ein fettiges Bauchfleisch an. Dann toleriert er es evtl., dass bei der Explosion ihrer Flasche „Grilly Willy" seine komplette Bügelwäsche und die Hälfte seiner Buchsbaumhecke abgefackelt wurde. Oder wenn Sie mit Ihrem Mann schlafen, nehmen Sie einfach den Kopf etwas runter, damit Ihr Gatte freien Blick zum Fernseher hat. Win-Win-Situation!

Am 25. April 2005 wurde Calmund mit großer Mehrheit in den Aufsichtsrat von Fortuna Düsseldorf gewählt. Seit Februar 2008 sitzt er im Beirat des österreichischen Fußballclubs Austria Kärnten. Er ist seit September 2003 zum dritten Mal verheiratet.

Zusammenfassung:

- Können Sie weder singen, noch tanzen, noch schauspielern oder Sie konnten es mal und haben vergessen, wie es geht ... (als junges Girlie bleibt Ihnen dann noch die Möglichkeit, sich hochzuschlafen), dann schlagen Sie die Funktionärslaufbahn ein.
- Genießen Sie das Leben. Egal ob sie grade in der Sonne liegen oder auf der Massagebank. Wenn Sie Durst haben, trinken Sie, wenn Sie Hunger, haben essen Sie. Aber immer mit Genuss.
- Suchen Sie sich qualifiziertes Personal (am besten unterbezahlt).
- Futtern Sie sich Sympathie an.
- Befolgen Sie den knopschen Vier-Wochen-Kalorien-Explodierer. (Danach Sport nur unter Ausicht, ansonsten lösen Sie beim Joggen einen Schlammtsunami aus und trocknen womöglich den kompletten Pazifik aus.)
- Heiraten Sie so oft wie möglich (quasi als Fortbildungsmaßnahme).

Zsa Zsa Gabor, Elisabeth Taylor, Joschka Fischer und Gerhard Schröder waren bzw. sind zusammen übrigens 25 Mal verheiratet. Leider nicht auch untereinander.

Leben Sie den Calli-Style. Genießen Sie das Leben. Gehen Sie 3-mal am Tag ins Kino und 10-mal in die Wanne. Und wenn Sie

sich zwischen zwei Blusen nicht entscheiden können, kaufen Sie einfach beide.

Weitere Infos und der wöchentliche Bundesliga-Check von Calli bei: www.reinercalmund.de

Thomas Gottschalk
Attacke zur großen Charmeoffensive

Thomas Johannes Gottschalk (* 18. Mai 1950 in Bamberg) ist ein deutscher Rundfunk- und Fernsehmoderator, Entertainer und Schauspieler, der besonders als Moderator der Fernsehsendung Wetten, dass..? *bekannt ist.*

Merke: Thomas Gottschalk ist einer der letzten großen Entertainer im deutschen Fernsehen. Egal ob *Na sowas!*, *Zwei Nasen tanken super* oder *Wetten, dass..?*, ich hab mir alles reingepfiffen. Begeistert. Gut, die Handlungsstränge der frühen Filme waren oft dünner als die Oberarme von Kate Moss, aber ich fand´s geil. Bis heute. Denn nur ganz wenige haben seine Qualität. Diese Qualität, witzig zu sein und trotzdem eine große Portion Charme zu versprühen. Immer unterstützt von diesem wunderbaren Knopfdrucklächeln Marke Roberto Blanco. Was übrigens auch sonntagmorgens beim Bäcker gut kommt, wenn man in der Schlange mal wieder ganz hinten steht und die Bäckereifachverkäuferin (kurz Bäfaver) fragt: „Wer bekam als Nächstes?" Dann drücken Sie umgehend Ihren inneren Grinseknopf und rufen selbstbewusst „ICH!" ... „ICH HATTE VORBESTELLT!". Dann sucht die Bäfaver die vorbestellten Brötchen, die natürlich nicht da sind, und Sie sagen gönnerhaft „nicht schlimm" und grinsen wieder so breit wie eine sechsspurige Autobahn. Und dann geben Sie die Bestellung auf. Und sollte die Bäfaver aus unerfindlichen Gründen doch mal eine Tüte für Sie finden, sagen Sie einfach ganz Tommy-like: „Reschpekt, mei Liaba".

Apropos Charme: Sollten Sie zu der Sorte Mensch gehören, die über ein reichhaltiges Portfolio an schlechten Eigenschaften verfügt, überspielen Sie den Gesamteindruck mit Dauergrinsen und Bonus-komplimenten. Statt als GEZ-Eintreiber bei der Wohnungskontrolle mit dem Ausweis zu wedeln, halten Sie einfach die „Schöner Wohnen"-Zeitschrift hoch und geben vor, Sie würden noch Anregungen für die nächste Ausgabe suchen. Auch als Gerichtsvollzieher kann man an der Haustür durchaus seinen Charme spielen lassen und sagen: „Oh, die schreckgeweiteten Augen stehen Ihnen aber gut!" Und beim Aufkleben vom Kuckuck rufen Sie laut: „Huuuuhu, hier kommt das Vögelchen!"

Sogar als Pfarrer entlocken Sie bei einer Beerdigung der trau-ernden Gattin mit tödlicher Sicherheit ein Lächeln, wenn Sie char-mant fragen: „Was ist eine Frau, die immer weiß, wo ihr Mann ist? – Antwort: eine Witwe!" HUA HUA HUA ... Die Trauergemeinde wird Sie für so viel Charme und Einfühlungsvermögen lieben und blind die Beisetzungs-10er-Karte kaufen.

Zur Unterstützung Ihrer neuen Charmeoffensive brauchen Sie natürlich die passende Garderobe. Eine Schützen-Uniform etwa. Wer im Sauerland aufgewachsen ist, weiß: Sobald ein uniformierter Schüt-zenbruder zu vorgerückter Stunde charmant um einen Polka bittet (oder eine „Tanz-up-de-deel"), ist der weibliche Widerstand bei Null.

Sind Sie aber überzeugter Pazifist oder befindet sich Ihre Leber bereits mit Gunter von Hagens „Körperwelten" auf Europatour-nee, dann machen Sie es wie Thomas Gottschalk, die Lady Gaga der öffentlich-rechtlichen Anstalten. Tragen Sie ...

... eine Esszimmer-Gardine als Glitzerjacket.
... einen barocken Bettvorleger als Brokat-Spitzen-Smoking mit Edelstein-Applikation. (Da ist Ihnen die Gunst von Aschenbrödel und Prinzessin

Wichtig ist, dass Sie zu Ihren Outfits stehen und sie mit Würde tragen. Denn spätestens seit dem Outing von Ricky Martin wissen wir: Es ist niemals zu spät, etwas zuzugeben, was sowieso keinen interessiert: „Hu, ich bin schwul!" Naja, die Einzige, die das bei Ricky Martin noch nicht wusste, war wahrscheinlich seine Mama. Und da hätte ein kurzer Anruf genügt: „Un, dos, tres, living la vida homo, Maria!"

Mal ehrlich, so was haut doch heutzutage keinen Kachelmann mehr von der U-Haft-Pritsche. Wir wollen ja auch nicht so'n Kram hören, wie dass der Papst schwul ist und demnächst Jeanette Biedermann heiratet, die eigentlich ein Mann ist. Oder dass Thomas Gottschalk die uneheliche Tochter von (Gott hab sie seelig) Heidi Kabel ist.

Aber Spaß beiseite. Mein Besuch in der *Wetten, dass..?* -Sendung vom 21.03.2009 in München war für mich – als bekennenden Gottschalk-Fan – eine ganz besondere Ehre. Einmal live neben Tante Lotti stehen – wie ein Kumpel von mir immer sagt, weil er der Meinung ist, „dass der Gottschalk genau so viel und schnell redet", wie seine Tante Lotti.

Merke: Wenn auch Sie – wie Thomas Gottschalk oder Karl Lagerfeld oder auch „Me Myself and I" – gerne, viel und schnell quasseln, dann sollen Sie folgende Berufe bitte nicht ergreifen:

- Seelsorger
- Telefonist in der Notruf-Einsatzzentrale
- Pornostar
- Boxer
- Einbrecher
- Palastwache von Queen Elisabeth

Wenn Thomas Gottschalk das Publikum begrüßt, ist sein Grinsen meist breiter als der Kofferraum von J.Lo. Und wenn sein Finger hochgeht, wettet als nächstes „Enricö aus Dräsden", dass er eine Kreissäge mit der Zunge stoppen kann.

Thomas Gottschalk wurde als Sohn des Rechtsanwalts Hans Gottschalk in Bamberg geboren. Die Familie war aus Oberschlesien geflüchtet und wurde im fränkischen Kulmbach sesshaft. Gottschalk war Ministrant in der Kulmbacher Stadtpfarrkirche „Unserer Lieben Frau".

Achtung: Ein bisschen ehrenamtliche Arbeit hat noch keinem geschadet. Auch ich war Ministrant und habe jeden Sonntag dem Pfarrer mit seinem eigenen Messwein (Dornfelder halbtrocken) die Kutte versaut. Aber der Becher war auch immer randvoll, sonst wäre der gute Mann gar nicht über die vollen neunzig Minuten gegangen. Der hätte schon beim zweiten Orgeleinsatz die Tüte mit den gesegneten Oblaten rausgeholt und „Gehet hin in Frieden" gelallt. Und dann wäre er, in guter, alter Amy-Winehouse-Manier hinterm Altar im Stehen eingepennt. Ratzepuh.

So aber hat er meist den Becher auf ex leergezogen und mir ein verächtliches „Idiot" zugehaucht. Aber er war der Chef. Und hatte den engen Draht nach oben, zum „Geschäftsführer". Von daher wird's wohl okay gewesen sein. Aber genug der Sentimentalitäten. Messdiener ist deswegen gut, weil man in frühen Jahren lernt, nicht nur der

Kohle nachzujagen. Sondern man tut es, weil man an etwas glaubt.

Einzig und allein deswegen. Und darum geht's. Machen Sie im Leben etwas, an das Sie tief und fest glauben. Dann lässt einer für Sie den Klingelbeutel rumgehen. Und wenn Sie Glück haben, sind nicht nur alte 10-Pfennig-Stücke oder ein gebrauchter Q-Tipp drin.

Der Tommy ist groß gewachsen und hat lange Arme – im Gegensatz zu Wetten dass..? – Kollege Lippert. Der kriegt eher lange Finger, wenn er im Baumarkt vor einer Kombizange steht. Aber: Auch als Gutverdiener kann man nicht sparsam genug sein. Sogar Bill Gates kauft seine Computer inzwischen bei Aldi.

Um seinen beiden Kindern zu ermöglichen, ungestört von Medientrubel aufzuwachsen, zog Gottschalk zu Beginn der 1990er Jahre nach Malibu in Kalifornien. Dies ist heute sein Zweitwohnsitz, wohin er sich vor allem in den Sommerpausen zurückzieht. Aufgrund des Heimwehs von Thea Gottschalk bewohnt Gottschalk seit 2006 das Schloss Marienfels bei Remagen am Rhein.

Thomas Gottschalk wohnt also in Malibu. Zumindest im Sommer. Und das ist sehr zu empfehlen, denn als Nachbar von Bruce Willis, Charlie Sheen und Leonardo das Cabrio wird man in den USA als Deutscher von Autogrammjägern eher weniger belästigt. Die fragen höchstens mal, ob sie von Tommys Apfelbaum aus ein Fanfoto von Tom Hanks' Komposthaufen schießen dürfen. Und die Heiligen Drei Könige malen ihre Rechenaufgabe auch nicht an Ihre neue Biffa-Haustür. Die schicken, wenn überhaupt, Kreide und Schablone per Post, weil ihnen der Weg über die drei Meilen lange Kiesauffahrt zu beschwerlich ist. Schließlich sind die Heiligen Drei Könige von heute nicht mehr mit Kamelen unterwegs, sondern zu Fuß oder mit kaputten BMX-Rädern. Aber vielleicht hab ich auch ein falsches Bild von Tommys Anwesen in Surf City. Vielleicht ist auch alles ne Nummer kleiner. So ne Art Miniatur-Neverland ohne Eisenbahn und Kettenkarussell, dafür mit Mäusezirkus und Gummibärchen-Gehege. Vielleicht teilt er sich aber auch ne Doppelhaushälfte mit Sly Stallone und ist alle zwei Wochen mit Mähen dran. Wer weiß das schon. Aber gut ist die Idee dennoch, Privates und Berufliches zu trennen. Deswegen wohnte Luke Skywalker ja damals auch nicht auf dem Todesstern, sondern hat da nur gekämpft. Und das obwohl die halbe Familie da rumgesprungen ist.

Machen wir es kurz: Es hat Vorteile, wenn man nicht in dem Land lebt, in dem man arbeitet. Nein, ich meine jetzt nicht nur die Margarethe-Schreinemakers-Vorteile. Und ich meine auch nicht die nächste DSDS-Staffel: Abends auf der Bühne arbeiten und morgens dann alle schön zurück in den Bau. Nein! Ich meine die bereits angesprochenen Anonymitäts-Vorteile. Dem Giga-Gottschalk versuchen die Straßenverkäufer noch heute Promitouren durch sein eigenes Villenviertel aufzuschwatzen, eben weil ihn dort kaum einer kennt. Also zumindest die ganzen Mexikaner ohne Aufenthaltsgenehmigung nicht.

Also, meine Empfehlung: Ziehen Sie nach Malibu oder nach Maui. Oder zumindest in einen Plattenbau nach St. Tropez, wenn die Kohle etwas knapper ist. Aber'n bisschen nobel sollte es schon sein. Damit die Leute auch glauben, es läuft gut. Deswegen haben ja auch alle Hollywoodstars mindestens eine Wohnung in New York und eine in Los Angeles, obwohl sie eigentlich das ganze Jahr im Bürstner-Wohnwagen am Filmset hocken, diese Berufsholländer. Aber fürs Image ist das Bombe.

Stellen Sie sich vor, Sie arbeiten als freiberuflicher Baggerfahrer in Gießen. Und können sagen: „Ich bin morgen erst ab 12 Uhr 30 auf der Baustelle, weil ich in meiner Münchener Bude penne." Da können Sie erstmal locker acht Stunden für An- und Abfahrt berechnen und brauchen keine albernen „Materialfahrten" erfinden, um den Preis zu treiben. Dass Ihre Zweitbude in der Parallelstraße zur Baustelle liegt, sagen Sie natürlich nicht, zumal Gießen jetzt auch nicht grade nach „vocationally successful" klingt. Aber Baggerfahrer aus good old Minga gehört natürlich zur absoluten Elite, zur ersten Baggergarde. Ein Stundenlohn von mindestens 12.000 Öcken wäre da nur plausibel.

Tolle, abgelegene Wohngegenden sind:
- **Andorra**
- **Atlantis**
- **der Zentralfriedhof von Nowosibirsk**
- **die Sonne**
- **Entenhausen**
- **Hawaii**
- **Schmallenberg im Sauerland**
- **Takka Tukka Land**
- **der Arsch der Welt**

Ab 1982 drehte Thomas Gottschalk gemeinsam mit Mike Krüger die ebenfalls erfolgreichen Unterhaltungsfilme *Piratensender Powerplay*, *Die Supernasen*, *Zwei Nasen tanken Super* (eine Anspielung auf die langen Nasen der beiden Darsteller) und *Die Einsteiger*.

Wie bereits eingangs erwähnt, zeichneten sich diese Filme nicht unbedingt durch ein Übermaß an Spannungsbögen und Spezialeffekten aus. Auch die schauspielerischen Leistungen der beiden Protagonisten kamen nicht ganz an die Darstellungskunst von Robert de Niro heran (der de Niro war damals bei Weitem noch nicht so gut wie die zwei). Und trotzdem waren die Filme sehenswert. Weil sie zur damaligen Zeit einfach passend waren. Und mit Mike und Tommy zwei absolute Sympathieträger verpflichtet wurden. Die Videokassette mit *Piratensender Powerplay* hab ich bis heute nicht überspielt. Sogar Steven Spielberg soll dieses Meisterwerk der hohen Filmkunst gerne als Vorlage für seine Blockbuster nutzen.

Merke: Es nutzt die beste Idee nix, wenn die Zeit nicht dafür reif ist. Umgekehrt können Sie bei richtigem Timing aus Scheiße Gold machen.

Zur falschen Zeit am falschen Ort waren:
- Kapitän Max Pruss, als er am 6. Mai 1937 den Zeppelin LZ 129 „Hindenburg" landen wollte.
- Jack Dawson, als er 1912 Rose DeWitt Bukater kennenlernte, kurz bevor sie die Titanic betrat.
- Michael Ballack, als ihm im Jahr 2000 gegen die SpVgg Unterhaching am letzten Spieltag ein Eigentor unterlief und Leverkusen kein Meister wurde.
- Matze Knop bei seiner damals zweiten Englisch-Arbeit in der Klasse 7b.
- Dr. Gloria Polo Ortiz, die am 5. Mai 1995 in Bogota, Kolumbien, um 16 Uhr 30 vom Blitz getroffen wurde (aber – dem Herrn sei's getrommelt – überlebte).
- Bill Clinton, der irgendwann zwischen 1995 und 1998 im Oval Office zum wiederholten Male auf Monica Lewinsky traf.
- Eva Braun, als sie nach dem Schulabschluss bei Heinrich Hoffmann (dem Leibfotografen Hitlers) als Fotolaborantin eingestellt wurde.
- Günther Oettinger, als er im Dezember 2009 seine Rede auf Spätzle-Englisch hielt.

Zur richtigen Zeit am richtigen Ort waren:

- Synchronsprecher Eberhard Storeck, als ihm die Stimme der Biene Willi angeboten wurde.
- Ein unbekannter Italiener, der im August 2009 in Bagnone, Toskana, die Zahlen 10, 11, 27, 45, 79 und 88 auf einen SuperEnalotto-Schein geschrieben hat (Gewinn: 148 Millionen Euro).
- Andy Brehme, bei seinem Elfmetertor im WM-Finale 1990 gegen Argentinien.
- Monica Lewinsky, die irgendwann zwischen 1995 und 1998 im Oval Office zum wiederholten Male auf Bill Clinton traf (sie verkauft heute selbst entworfene Handtaschen).
- Prinz Eisenherz, als er 1234 Jahre nach Christus zusammen mit seiner Friseuse den Pottschnitt erfand.
- Norma Jeane, als sie 1945 von Armeefotografem David Conover an ihrem Arbeitsplatz in einer Rüstungsfabrik als Fotomodell entdeckt wurde (später nannte sie sich Marilyn Monroe).
- Kader Loth, als sie 2004 bei Pro7 zur Almkönigin gewählt wurde.
- Thomas Gottschalk, als ihm Frank Elstner 1987 die Moderation von *Wetten, dass..?* überließ.

Zusammenfassung:

- Arbeiten Sie an Ihrem Charme.
- Drücken Sie den Grinseknopf.
- Entwickeln Sie Ihren eigenen Stil (Sprache, Kleidung, Blondlocken etc.).
- Unterstützen Sie die anonymen Schokoholiker oder werden Sie Messdiener bei den Domspatzen (irgendwas Unentgeltliches).
- Trennen Sie Wohn- und Arbeitsort.
- Ziehen Sie an den Arsch der Welt.
- Denken Sie an das richtige Timing.

Michael Wendler
Zum Erfolg mit „Kurti"

Michael Wendler (* 22. Juni 1972 in Dinslaken als Michael Skowronek) ist ein deutscher Schlagersänger und -komponist.

Merke: Wenn Sie einen Namen haben, der eher nach einer russischen Provinz am Fuße des 4750 Meter hohen Klyuchevskaya Sopka klingt als nach einem musikalischen Blockbuster, überlegen Sie sich eine Alternative. Das kann ein Kosename aus Ihren Kindheitstagen sein – Prinzessin, Django, Fotziman – oder auch der Name Ihres Nachbarn. Es sei denn, Sie haben zu den Wendlers von oben drüber eher ein bescheidenes Verhältnis, weil die immer den Klodeckel knallen, beim Sex klingen wie ein kaputter Flipperautomat bei der kardiopulmonalen Reanimation und ihre schönsten Streits grundsätzlich auf Heiligabend legen. Dann adaptieren Sie einfach den Namen der Nachbarn von unten drunter. Den Drews.

Gut sind auch immer Namen, bei denen Vor- und Zunamen den gleichen Anfangsbuchstaben haben, wie etwa Bernhard Brink oder Doris Day oder Peter Pimmel. Gut, Letzterer ist vielleicht nicht für eine Karriere als ernst zu nehmender Schlagersänger zu gebrauchen – soweit es so was überhaupt gibt –, aber merken werden Sie sich diesen Namen allemal. Zwei- bis dreimal gelesen und man vergisst ihn nie wieder. Peter Pimmel.

Der gelernte Speditionskaufmann Wendler bezeichnet seine Musikrichtung als „Pop-Schlager" und sich selbst als „König des Discofox". Schon Michael Jackson nannte sich selbst den King of Pop und fuhr damit den ein oder anderen kleinen Verkaufserfolg ein. Man muss eben nur eine Nische finden, die noch unbesetzt ist. Und dann kreiert man sich einen netten Slogan, mit dem man fortan um Zuneigung buhlt. Ich denke da an was Nettes wie etwa Earl of Being Late oder Queen of Quarktaschen oder so.

1998 verhalf Wendler sein Entdecker Jürgen Renfordt (WDR 4) zu seinem ersten Plattenvertrag. Bislang veröffentlichte Wendler 29 Singles, 12 Alben und 4 DVDs. Erfolgreiche Titel sind u. a. „Suche treuen Löwen", „Sie liebt den DJ", „180 Grad" und „Wenn alle Stricke reißen".

Wenn Sie nicht alle dieser vier Tophits kennen, kein Problem.

Ich kannte auch nur zwei.

Wendler schreibt seine Lieder und Texte unter dem Pseudonym „Mic Skowy" selbst.

Bedeutet: Sie brauchen Freunde und Förderer, und wenn sich niemand findet, dann erschaffen Sie Freunde einfach selbst. Dann holen Sie Ihren alten Lieblingsteddy vom Dachboden und machen „Kurti" zu Ihrem Musikproduzenten oder Projektleiter. Das Einzige, was Sie perfekt beherrschen müssen: „Kurti" muss lebendig sein! Für Sie und für alle anderen. So wie der Volleyball „Wilson" in dem Tom-Hanks-Film *Cast Away – Verschollen*. Im Gegensatz zu „Wilson" braucht „Kurti" aber noch einen Nachnamen, denn er soll in wichtigen Vertragsverhandlungen natürlich imaginär mit am Tisch sitzen können. Also wird aus „Kurti" eventuell Kurt Jackson aus New York City. Oder wenn er keinen Namen hat, Ihr Teddy, dann heißt er eben Teddy ... Teddy Mark. Obwohl den gibt´s schon. Das ist ein 42-jähriger schwuler Bodybuilder mit Vollbart aus Las Vegas, Nevada – wie meine Recherchen ergeben haben. Aber schnuppe, das weiß der ja nicht.

Also Kurt Jackson und Teddy Mark schreiben für Sie zukünftige Nummer-1-Hits oder vielleicht waren auch Ihre beiden Casting-Direktoren bei der Pilot Season in Los Angeles. Zum Namedropping reichen die zwei allemal. Und wenn Sie den beiden noch Leben einhauchen, wunderbar!

> **Beispiel:**
> „Den Kurt kenne ich schon sehr lange. Ein alter Jugendfreund, der über ein Netzwerk auf höchster Ebene (dem Dachboden) verfügt. Wir haben in den Achtzigern und Anfang der Neunziger sehr lange und intensiv zusammengearbeitet (er lag im Bett auf Ihrem Kopfkissen). Ich vertraue ihm blind. Er würde mich nie übers Ohr hauen (klar, er kann sich nicht mal bewegen). Und jetzt noch was – das erzähle ich auch nur Ihnen – ich habe ihm damals das Leben gerettet. (Ihre Mutter hat Kurtis rechten Arm wieder angenäht.) Naja, und heute leiten wir eben dieses 50-Millionen-Dollar-Projekt zusammen. Was ist? Steigen Sie finanziell mit ein?"

Sie können sich fast sicher sein, Ihr Gegenüber wird nicht lange zögern und sagen: „Natürlich, Franjo, das wäre der Sparkasse Düsseldorf eine große Ehre. Sie kriegen die Kohle. Und grüßen Sie den Kurti unbekannterweise."

Nach einem langjährigen Vertrag mit der kleineren Plattenfirma CNI Records wechselte Michael Wendler zum Major-Label Sony BMG. Seine Titel werden seitdem von dem deutschen Musikproduzenten Hermann Niesig produziert.

Sie dürfen den passenden Moment in Ihrer Karriere bzw. in Ihrem Leben nicht verpassen. Wenn sich Ihnen eine einmalige Gelegenheit bietet, zögern Sie nicht, sondern greifen Sie zu. Soll heißen, wenn Ihnen Ihr Chef beim Finanzamt Erkelenz die Leitung der

Abteilung „Steuerfahndung" ans Herz legt, greifen Sie erst mal zu. Auch wenn Sie sich in der Abteilung „Füßehoch" eigentlich ganz wohlfühlen, weil Sie dort als selbsternannter König des Filter-Kaffees großes Ansehen genießen. Natürlich wird Ihnen die Umstellung als Beamter von einem Zwei-Stunden-Tag auf eine 600-Minuten-Woche schwer fallen, aber es lohnt sich. Zugreifen. Gleiches gilt, wenn Sie nach einem gewonnen Basketball-Match als Letzter Ihrer Mannschaft in die Umkleide kommen und es rekelt sich eine vollbusige Blondine völlig nackt auf dem Holzbänkchen vor dem Haken, an dem Ihre Jacke hängt. Sollte sie dann noch so was hauchen wie: „Wie du den letzten Korb versenkt hast, huiiiiiii. Hart und fest hast du den dicken, großen Ball in das runde Loch gesteckt." Spätestens dann sollten Sie – insofern Sie nicht für Wowi schwärmen oder Ihre Tante ausgerechnet Alice Schwarzer heißt – einfach mal fünfe grade sein lassen und das Vögelchen hops nehmen.

Mir ist bewusst, dass derartige Aussagen bei der weiblichen Leserschaft nicht grade sonderlich gut ankommen. Und ich möchte mich auf diesem Wege für mein eindimensionales männliches Denken auch ausdrücklich entschuldigen. Da nun wiederum alle männlichen Leser denken: „Der Knop hat auch kein Rückgrat", lassen Sie mich dieses Thema abschließen mit den Worten: hops nehmen! – Es sei denn, Sie treffen die Dame nach Ihrem letzten Wimbledon-Match auf der Treppe eines Londoner Edelrestaurants bzw. in einer Besenkammer. Dann gehen Sie besser weiter oder benutzen zumindest ein Ritex Delay Forte, weil fünf Sekunden ist dann doch ein bisschen kurz.

Der Wendler – wie er sich selbst ja gerne nennt – veröffentlichte Ende April 2007 eine Neuauflage des Liedes „Sie liebt den DJ" und erreichte im Direkteinstieg Platz 27 in den Media-Control-Charts. Am 29. Juni 2007 erschien das Album „Best of Vol. 1".

Am 4. April 2008 wurde sein Album „Unbesiegt" veröffentlicht. Im September 2008 wurde Michael Wendler mit Gold für mehr als 100.000 verkaufte Einheiten des Albums „Best of Vol.1" ausgezeichnet.

Als kleinen Einwurf möchte ich an dieser Stelle kundtun, dass die Figur Supa Richie weit mehr als 500.000 Einheiten im Laufe seines Bestehens verkauft hat, was einen Namenszusatz wie „Supa Richie – the king of lustig" eigentlich unumgänglich macht. Gerne spreche ich in diesem Zusammenhang von mir selbst auch als „Der Schöpfer", „the brain" oder einfach nur „der Größte". Wobei ich natürlich an dieser Stelle dem Wendler keinesfalls in die Parade fahren möchte. Es bleiben ja immer noch die Attribute „der Allergrößte", „der Wichtigste" und „der erfolgreichste Comedian der Wäääält." Wobei, das ist ja schon Kollege Barth. Aber der Wendler ist ihm dicht auf den Fersen.

Am 26. April 2009 war er in der VOX-Sendung „Das perfekte Promi-Dinner" zusammen mit Kelly Trump, Theo West und Oliver Beerhenke zu sehen.

Sie müssen dahin gehen, wo es weh tut. Sie dürfen sich auch in der Stunde Ihres größten Erfolges nicht zu schade sein, dem Pöbel Ihre volle Aufmerksamkeit zu schenken. Auch ein Geschäftsessen mit dem ehemaligen chairman & CEO der Lehman Brothers, dem Cheftechniker der Challenger-Raumfähre und Judas Ischariot kann Sie durchaus weiterbringen.

Resümierend betrachtet und wenn ich so bedenke, was und wie viel der Wendler so alles rausgebracht hat, muss ich mir nun selbst widersprechen. Was mir als gestandener Opportunist natürlich leicht von der Hand geht. Habe ich im Kapitel Beckenbauer noch davon gesprochen, dass Qualität vor Quantität steht, muss ich meine Aussage nun relativieren. Ist in Ihrem Portfolio Qualität nur geringfügig vorhanden, setzen Sie natürlich auf die Quantität und zeigen bei Ihrer ersten Vernissage all Ihre Fensterbilder aus der Tigerentengruppe, auch wenn das grüne Schwein auf der Glasplatte zwölf dürre Arme hat und fliegen kann. Der Kunst sind ja bekanntlich eh keine Grenzen gesteckt. Und wenn alle Stricke reißen – um es mit des Wendlers Worten zu sagen – und Sie finden tatsächlich überhaupt nix Brauchbares unter Ihren kreativen Ergüssen, dann treten Sie in die zweite Reihe zurück und schicken Ihren „Kurti" auf die Bühne. Der singt dann Ti-Ta-Teddy und schon rennen alle Kids in den virtuellen Amazon-Store und laden den Müll runter. Oder Sie singen darüber, dass Sie „fliegen können", schmeißen sich einen homophoben Superman-Dress über und machen sich als Kunstfigur zum Affen. Immer dran denken: Man muss Opfer bringen!

Zusammenfassung:
- Geben Sie dem Kind einen brauchbaren Namen.
- Suchen Sie sich Freunde und Förderer oder erfinden Sie sie.
- Nutzen Sie einmalige Gelegenheiten (Stichwort: Killerinstinkt).
- Seien Sie sich für nix zu schade.
- Halten Sie den Kontakt zur Basis – Qualität statt Quantität. Aber besser Quantität als NIX.
- Bringen Sie Opfer.

Der Tulpengeneral
Der Käsekonsul
Der Grachten-Graf
oder auch einfach nur
King Louis

Louis van Gaal
Selbstzweifel sind was für die Kleinen

Aloysius Paulus Maria „Louis" van Gaal (* 8. August 1951 in Amsterdam) ist ein niederländischer Fußballtrainer und ehemaliger Fußballspieler. Er trainiert zurzeit die Bundesligamannschaft des FC Bayern München.

Heißen auch Sie mit Vornamen wie ein römisch-katholischer Organist mit Einsatzschwerpunkt Passionsmotetten, obwohl Sie eigentlich lieber als erfolgreicher Staatsanwalt des Bundesstaates New York Karriere machen möchten oder als Ersatzmann bei Toto & Harry im Gespräch sind, dann scheuen Sie sich nicht, einen Spitznamen aus Ihrer Sturm- und Drangzeit zu verwenden oder einfach einen Namen, der Ihrem eigentlichen Sein oder Nicht-Sein am nächsten kommt.

Beispiele:

Leiter einer Irrenanstalt
ursprünglicher Name: Herbert – neuer Name: König Ludwig

Einzelhandelskauffrau
ursprünglicher Name: Margarete – neuer Name: Margarine

Politiker
ursprünglicher Name: Hans-Dietrich – neuer Name: Baron Münchhausen

Avon-Beraterin
ursprünglicher Name: Ursula – neuer Name: Ursula

Ehegatte

ursprünglicher Name: Giuseppe – neuer Name:
Hasenfürzchen

Gott

ursprünglicher Name: Aloysius Paulus Maria – neuer Name:
Louis

Als Aktiver spielte Feierbiest van Gaal für RKSV de Meer, Ajax
Amsterdam, Royal Antwerp FC, Telstar, Sparta Rotterdam und
AZ Alkmaar. 1986 wurde er in Alkmaar Co-Trainer. Anschließend
holte ihn Leo Beenhakker zu Ajax Amsterdam, wo van Gaal ihm
assistierte.

Ein guter Freund und Förderer ist die halbe Miete. Das habe ich
bereits explizit betont. Dies fängt bestenfalls schon im Kindergarten an, wenn der fünfjährige Julius der Meinung ist, das der zwei-
einhalbjährige Henry aufgrund eines auffälligen ADHS-Syndroms
eventuell der geeignete Nachfolger für die freiwerdende Stelle als
Gruppen-Autist sein könnte und ihm – wenn auch nur mit gerin-
ger Aufmerksamkeit – unter die Arme greift. Je älter und erfahre-
ner der Ziehvater und je geringer die Gefahr der unmittelbaren
Konkurrenzsituation – vor allem in puncto Frauen – umso besser.
Heißt: Wenn Sie als Striptease-Tänzerin in Las Vegas arbeiten und
Sie sich einen 85-jährigen, gesundheitlich leicht angeschlagenen
Multi-Milliardär mit Schloss auf den Malediven, Antillen oder
Adiletten als Ziehvater an Land ziehen können (daher auch der
Name), dann sind Ihre Erfolgsaussichten gar nicht so schlecht. Vor-
sicht: Die Lebenserwartung bei wohlhabenden Männern in West-
europa und Nordamerika ist aufgrund drastisch gestiegener Pro-
duktqualität dessen, was einschlägige Pharmakonzerne so auf den
Markt karren, leider deutlich angestiegen. So kommt es vor, dass

100-jährige Vollgreise zu ihrer 35-jährigen Lebensgefährtin Sätze sagen wie: „Ach, Schatz, was mache ich nur ganz allein, wenn du nicht mehr bist?" Wenn sich Ihnen daher die Möglichkeit bietet, einen Milliardär aus Lesotho oder Botsuana zu ehelichen, wäre dies aus rein strategischen Gründen zu überdenken, insofern Sie kein Herz, kein Gewissen und keine Ahnung von Geografie haben. Schließlich kann es sein, dass Sie in Zukunft dort leben müssen.

Lassen Sie mich einen kurzen, aber ungemein erhellenden Blick in die Statistiken werfen:

Lebenserwartung Frauen (Europa): 80,9 Jahre
Lebenserwartung Frauen (USA): 79,8 Jahre
Lebenserwartung Frauen (Botsuana): 40,5 Jahre
Lebenserwartung Männer (Europa): 74,6 Jahre
Lebenserwartung Männer (USA): 74,4 Jahre
Lebenserwartung Männer (Botsuana): 38,9 Jahre

Achtung: Auf gar keinen Fall sollten Sie allerdings eine sexuelle Beziehung zu einer Galapagos-Riesenschildkröte eingehen, auch wenn deren zu erwartende Aussteuer noch so reizvoll erscheint. Die Lebenserwartung dieser Tierchen liegt derzeit bei circa 176 Jahren. Dringend abzuraten ist auch von einer Bindung mit einem Grönlandwal (211 Jahre) und einem Riesenmammutbaum (2560 Jahre - 3900 Jahre).

Haben Sie ein geeignetes Opfer gefunden, sollten Sie sich keineswegs ausschließlich auf der Kohle Ihres Ziehvaters ausruhen, sondern die hervorragende Basis nutzen, um eigene Geschäfte in Gang zu bringen. Dies kann eine eigene Schmuckkollektion sein, ein Eintrag ins Guinnessbuch der Rekorde für die weltweit meisten Friseurbesuche pro Tag, ein Job als Lipgloss-Testkäuferin bei Rossmann oder Sie werden zumindest Model. Zugegeben, das ist im Ranking der beliebtesten und exklusivsten Berufe mittlerweile hinter Pommesverkäuferin und Sanifair-Fachkraft zurückgefallen, aber es gibt immer noch genug Leute da draußen, die gutes Geld damit verdienen, noch nicht mal im neuen Fressnapf-Katalog als Rehpinscherbein-Double aufzutauchen. Aber allein die Tatsache dass man sich Model nennt, auch wenn man eigentlich ein Briefkastengesicht und den Körperbau einer schwangeren Elektrowaage besitzt, allein diese Tatsache führt scheinbar dazu, dass man zumindest immer wieder Männer findet, die sich eines erbarmen. Und mehr braucht man ja eigentlich auch nicht, solange die Uhr noch nicht tickt. Hauptsache der Typ hat Patte ohne Ende und schlägt nicht. Ans Familiegründen mit einem Durchschnittstypen aus Funk und Fernsehen, einem 9Live-Moderator oder der Cashcow von QVC kann man ja auch mit Ende dreißig noch denken. Ach was, mit Anfang vierzig. Einmal statt dem Pimpermann die Pinzette eingetaucht und zack hat man Drillinge und die zwanzig Jahre davor alles mitgenommen, was nicht bei drei auf'm Kondomautomaten war. Und das alles für Lutsche, ohne Schulausbildung und lästiges Nummernziehen beim Arbeitsamt. Einfach nur, weil man irgendwann mal in der Werbepause von *Sex and the City* gesagt hat: „So, ab heute bin ich Model!"

Van Gaal. Klingt recht chic. Klingt. Apropos Adelstitel: Volkssportähnliche Zustände nimmt inzwischen auch das Ehelichen von Adeligen an. Hierbei ist es scheinbar noch nicht mal mehr wichtig, ob der Adelstitel echt oder eventuell aus einem Souvenirshop an der Côte d´Azur stammt. Doch vor sogenanntem Blaublut-Schwindel möchte ich an dieser Stelle vor allem die Damen noch mal eindrücklich warnen. Sonst kann es passieren, dass eine 38-jährige Rezeptionistin vom Sunpoint in Gladbeck-Zweckel plötzlich den angeblichen „Grafen von Monte zu Zott" mit durchfüttern muss, statt umgekehrt.

Das Feier-
biest meint:
„Wenn ein
Holländer
seinen Füh-
rerschein
abgeben
muss, ist
er quasi
obdachlos."

Inoffizielle Schwarze Liste von Adels-Scharlatanen:

- Echter Adel: Prinz von Anhalt
- Falscher Adel: Prinz von Stehenbleiben, Prinz von Weiterfahrt, Prinz im Halteverbot
- Echter Adel: Prinzessin von Thurn und Taxis
- Falscher Adel: Prinzessin von Bus und Bahn, Prinzessin von Ski und Rodeln
- Echter Adel: Ernst August von Hannover
- Falscher Adel: Franz-Josef von Braunlage, Kai-Uwe von Nebenan, Hans-Werner aus dem Häuschen
- Echter Adel: Prinz von Faber-Castell
- Falscher Adel: Prinz von Söhnlein Brillant, Prinz von Hölzchen auf Stöckchen
- Echter Adel: Prinz zu Schaumburg-Lippe
- Falscher Adel: Prinz von Dicke Titte, Prinz Uterus von Hockenheim
- Echter Adel: Prinz Charles
- Falscher Adel: Prinz Poldi, Birgit Prinz, Prinz Ipiell, Prinz von und zu Asti Spumante
- Echter Adel: Prinz Ferfried von Hohenzollern
- Falscher Adel: Prinz Fairplay von Zollfrei, Prinz Peinlich von Schamlos
- Echter Adel: Graf Dracula
- Falscher Adel: Graf Zahl, Steffi Graf, Graf-Reisen Herne
- Echter Adel: Jonkheer Johan van der Aeck van Bommel
- Falscher Adel: Ruud van Nistelrooy, Marc van Bommel, Jan Verdammtnochmal, Louis van Gaal

Nach Leo Beenhakkers Abgang 1991 übernahm van Gaal das Amt des Cheftrainers. In dieser Position prägte er die Ajax-Ära: Ajax wurde mit ihm dreimal niederländischer Meister (1994, 1995 und 1996). Auf europäischer Ebene gewann Ajax 1992 den UEFA-Pokal und besiegte 1995 sensationell den AC Mailand im Finale der UEFA Champions League. 1995 gewann Ajax zudem gegen Grêmio im Elfmeterschießen den Weltpokal.

Merke: Wer in jungen Jahren bereits große Erfolge einfährt und möglicherweise sogar verantwortlich für eine sogenannte „Ära" zeichnet, genießt in den darauffolgenden Jahren so etwas wie Narrenfreiheit. Daher sollten Sie alles daran setzen, sich so früh wie möglich in den Vordergrund zu spielen. Eine tote Zeit wie im Zivildienst oder bei der Bundeswehr ist unbedingt zu vermeiden. Es sei denn, Sie wollen Berufssoldat werden, mit dem Ziel Osama Bin Laden persönlich im Höhlensystem von Bora Bora mit vorgehaltener Knoblauch-Zehe und Holzkreuz zur Strecke zu bringen. Dann sollten Sie schon in der Grundausbildung auf sich aufmerksam machen: einfach mal mit geladenem und entsichertem G3 zum Brötchenholen ins Mannschaftsheim stürmen oder als Stabsdienstsoldat vom Fernmeldebataillon telefonisch eine Fregatte bestellen. Als Frau sollten Sie vielleicht die Rohre sämtlicher Kampfpanzer Leopard 2A5 mit Duftbäumchen von der Tanke versehen und die komplette BW-Bulli-Flotte mit Janosch-Fensterbildern ausstatten. Es muss halt irgendwas Bahnbrechendes sein, was Ihnen eine fette Verwarnung, einen Kasernenverweis, zumindest aber einen unverwechselbaren Ruf beschert. Dann wird irgendwann Generaloberst Friedrich Fromm sagen: „Also, wenn einer das Schnauzbartmännchen um die Ecke bringen hätte können, dann der Stauffenberg, der Durchgeknallte." Aber wir wollen Louis den Großen hier natürlich keinesfalls mit solch popeligen Kriegsherren wie Napoleon, Churchill oder William Wallace vergleichen, das würde dem zermürbenden Medienkrieg, der beständig um einen Trainer des FC Bayern tobt, keinesfalls gerecht werden.

1997 kam van Gaal zum FC Barcelona und verhalf dem Team zu zwei Meisterschaften und 1997 zu einem Sieg gegen Borussia Dortmund im UEFA-Supercup. Trotz dieser Erfolge bei den Katalanen wurde er von den Fans stark kritisiert, da er zeitweise bis zu acht Niederländer zu Barça holte.

Kleiner Tipp: Auch wenn Sie am liebsten immer Ihre besten Kumpels oder Freundinnen um sich haben wollen, ist es nicht zwangsläufig eine gute Idee, auch Ihre Mutter, Ihren Vater, die Oma, den blauen Teddy aus Ihrer Kindheit und die Obstfliegen aus Ihrer Küchenzeile in den Vorstand eines Dax-Unternehmens zu holen. Selbst wenn Oma und Teddy in Sachen Unternehmenskommunikation und Sturheit bei Vertragsverhandlungen zwei absolute Koryphäen sein sollten, könnte eine derartige Personalentscheidung auf Unverständnis in Teilen des Aufsichtsrats stoßen. (Es sei denn der Teddy heißt Kurti und Sie reden bloß über ihn.) Deswegen: Selbst wenn Sie sich in Ihrem neu gegründeten Touri-Restaurant auf Ko Samui in Thailand etwas einsam fühlen und obwohl die VOX-Redaktion *Goodbye Deutschland* sogar die Kosten für den Transport Ihrer Lieblings-Mülltonne übernommen hat – nicht fünfzehn Freunde aus Deutschland anrufen und alle als Kellner einstellen. Das könnte unter Umständen in der Bevölkerung vor Ort als Affront verstanden werden und dazu führen, dass drei Ihrer besten Kumpels eines Tages auf einem Nachtmarkt in Bangkok als Spanferkel zum Verkauf angeboten werden. Verpflichten Sie unbedingt auch Einheimische zum Auskratzen der angebrannten Backform.

2000 wechselte van Gaal zurück in die Niederlande, wo er die Nationalmannschaft für die Qualifikation zur Fußball-Weltmeisterschaft 2002 übernahm. Die Niederländer scheiterten spektakulär in der Qualifikation, und van Gaal wurde durch Dick Advocaat ersetzt.

Kleiner persönlicher Einschub: Ohne Holland fahrn wir zur WM … ohne Holland fahrn wir zur WM … oleee, ole ole oleee …

Bzw.

Spanien über Xavi … Xavi auf Iniesta … immer noch Iniesta … schießt … und TOR TOR TOR für Spanien …

Van Gaal kehrte nach dieser bitteren Niederlage nach Barcelona zurück, wurde aber nach einem halben Jahr entlassen. Zum 1. November 2003 wurde Louis van Gaal technischer Direktor bei Ajax. Im Sommer 2005 wechselte er als Trainer zum AZ Alkmaar und gewann 2009 die holländische Meisterschaft. Ende 2009 wurde er zum Trainer des Jahres in den Niederlanden gewählt. Zum 1. Juli 2009 wechselte er zum FC Bayern München. Co-Trainer wurde Andries Jonker. Merke: Zu jeder großen Karriere gehören Niederlagen dazu. Das ist ganz natürlich. Dies kann die Insolvenz eines Teppichgeschäfts sein, die Niederlage im olympischen Damen-Abfahrtslauf von Whistler gegen die größte Konkurrentin oder auch nur das Verpassen der 4383. Folge von *GZSZ* auf Superduper-RTL.

Wichtig: Man darf niemals an sich zweifeln.

Deswegen:

1. Es muss immer weidagehen. (Oliver Kahn)
2. Nach dem Spiel ist vor dem Spiel. (Sepp Herberger)
3. Mund abwischen, weiter. (wahrscheinlich Reiner Calmund)
4. Steh auf, wenn du ein Schalker bist. (Stan Libuda und „Macke" aus der Nordkurve)
5. Nur die Harten kommen in'n Garten. (Ausspruch vom Kartoffelnpflanzen)
6. Bis dass der Tod Euch scheidet. (Pfarrer Fliege)
7. Das kann jedem passieren. (Tiger Woods, Boris Becker, Roberto Blanco)

Zusammenfassung:

- Nicht vergessen: Ihr Name ist Programm.
- Heiraten Sie einen mindestens 90-jährigen taubstummen Multi-Milliadär mit Herz- und Sehschwäche - Vorsicht vor Blaublut-Schwindel und Topmodel-Attrappen.
- Läuten Sie eine eigene Ära ein.
- Zuviel Kumpanei kann schädlich sein (zumindest für die Kumpels).
- Wo Sonne ist, ist auch Regen. Wer gewinnt, verliert auch mal!

Diego Maradona
Klein, rund, genial

Diego Armando Maradona (* 30. Oktober 1960 in Lanús, Argentinien) ist ein ehemaliger argentinischer Fußballspieler und seit dem 28. Oktober 2008 Trainer der argentinischen Fußballnationalmannschaft. Maradona gilt als einer der besten Fußballspieler der Geschichte und wurde gemeinsam mit dem Brasilianer Pelé Sieger bei der Wahl zum FIFA-Spieler des Jahrhunderts. Er spielte bei vier Weltmeisterschafts-Endrunden (1982, 86, 90, 94) und wurde mit Argentinien 1986 Weltmeister und 1990 Vize-Weltmeister.

Es gibt wohl keinen anderen Fußballer, bei dem Genie und Wahnsinn so eng beieinander liegen. Wir alle haben noch sein Tor im WM-Viertelfinale 1986 gegen England vor Augen, als Diego den Ball mit der Hand über die Linie köpfte. Aber auch der übergewichtige Maradona aus den Jahren 2004/2005, als er aussah wie eine Mischung aus überfressener Heißluftballon und schwangeres Michelinmännchen, ist uns noch genau im Gedächtnis. Manche sagen: „Ich kenne den Diego aus meinem Lieblings-Restaurant von der Speisekarte. Da läuft er unter Nummer 17, als Pflaume im Speckmantel." Aber dieser Vergleich wäre sicherlich zu böse. Denn Diego hat mittlerweile ein gefühltes Kampfgewicht von hundert Kilo. Gut, bei einer Körpergröße von 1 Meter 20 ist das immer noch etwas viel, aber zumindest tut er den Ersatzspielern dann nicht so weh, wenn er ihnen beim Jubeln gegen's Knie springt. Was können wir von Diego lernen? Ganz klar. Er ist ein absolutes Stehaufmännchen. Einer, den man niemals abschreiben darf. Einer, der immer wiederkommt. (Und genau darauf baut auch die italienische Steuerbehörde. Aber das ist ein anderes Thema.) Während der King of Pop mittlerweile im Mausoleum wohnt und Heath Ledger womöglich als „Brain in a Vat" auf dem Schreibtisch von Dr. Frankenstein thront, ist das argentinische Fußballwunder trotz Mehlmissbrauchs und heftiger Mampfattacken lebendiger denn je. Und selbst wenn morgen der Sensenmann persönlich bei Maradona an der Haustür klopft, wird ihn der kleine, runde, geniale Diego hundert pro mit einer Finte aufs Kreuz legen. Er wird ihn tunneln, überlupfen, in die falsche Richtung schicken und anschließend herzen, knutschen oder küssen. Oder alles auf einmal. Und dann reicht er dem „Tod" die Hand Gottes, sodass dieser zu Staub zerfällt oder von einem gleißenden Lichtstrahl getroffen zur Salzsäule erstarrt.

So ist Diego Armando Maradona. Und so sollten auch Sie sein. Egal was passiert. Egal ob Ihre Mutter in die nächste Siemens-Aufsichtsratssitzung platzt und jedem erzählt, dass Sie als Vorsitzender immer noch nur mit Pu dem Bären einschlafen können und im Übrigen immer noch Bettnässer sind, oder ob grade ein Bestattungsunternehmer versucht, zwölf Nägel in Ihren Eiche-Rustikal-Sarg zu hämmern. Sie dürfen nicht aufgeben. Sie müssen weitermachen. Augen auf und schnell den Fuß in die Tür. Und dann nix wie raus aus der modrigen Kiste, ne Palette Red Bull runterkippen, ne schöne starke Tasse Deutsche-Bahn-Kaffee ohne Milch, und Sie werden sehen, Sie fühlen sich wie ein neuer Mensch. Oder sagen wir: Sie würgen, aber Sie leben. Was ich damit meine: Tot ist nur, wer aufgibt. Verloren hat nur, wer einschläft. Es muss immer weitergehen! (Da ist er wieder, der Oliver-Kahn-Satz, den Sie sich am besten auf beide Arme tätowieren. Oder meinetwegen auf die Füße, falls Sie schon wieder den Kopf hängen lassen.)

Diego, der Göttliche: Er kann über Wasser laufen, hat Gott die Hand geklaut und trägt 2 Armbanduhren.

Von seinen Fans wird Maradona wie ein Heiliger, zuweilen sogar als Gott verehrt. So wurde in Rosario (Argentinien) die Iglesia Maradoniana (Kirche des Maradona) gegründet. Ihre „Gläubigen" bezeichnen Maradona als Gott, als „D10S" (Dios ist das spanische Wort für Gott, die 10 steht für die Rückennummer, die Maradona jahrelang trug).

Wenn Sie erstmal so weit sind, kann eigentlich nix mehr schiefgehen. Es sei denn, Tom Cruise gehört zu Ihrem Predigerstab und hat sich grade frisch verliebt. Dann springt er bei Leno oder Letterman übermotiviert auf dem Sofa rum und ruiniert zuerst das Wildleder und dann Ihre ganze Pressearbeit. Ansonsten ist es immer eine gute Idee, Menschen um sich zu scharen. Denn wo viele Menschen sind, kommen weitere hinzu. Beispiel Public Viewing. Wenn vor der Vierzig-Meter-LCD-Wand auf der Berliner Fanmeile nur ein einziges Männeken steht, gehen auch Sie seelenruhig weiter. Stehen dort aber fünfhundert Deutschland-Fans im Poldi-Trikot und mit Kriegsbemalung, bleiben Sie hundertprozentig stehen und gucken, auch wenn auf der Vidiwall grade ein Standbild von Camilla Parker Bowles in roter Reizwäsche gezeigt wird.

So stehen auch Sie garantiert im Mittelpunkt:
- Werden Sie Schützenkönig
- Werfen Sie jeden morgen um sieben Geld aus dem Fenster
- Lassen Sie Ihre Brüste auf 95 KK vergrößern
- Reiben Sie sich mit Honig ein und legen Sie sich neben einen Ameisenhaufen
- Betreten Sie mit Sprengstoff-Gürtel-Attrappe ein NPD-Wahlkampf-Mobil
- Zelebrieren Sie beim Seniorenkaffee Ihr persönliches Nippelgate
- Feiern Sie Geburtstag (obwohl Sie schon im April hatten)
- Heiraten Sie Lindsay Lohan

Diego Armando Maradona wurde als viertes von insgesamt acht Kindern des Fabrikarbeiters Diego Maradona Senior geboren. Die Familie lebte in ärmlichen Verhältnissen in Villa Fiorito. Als Diego neun Jahre alt war, wurde er beim Spielen mit seiner Straßenmannschaft Estrella Roja von einem Talentsucher des Erstligisten Argentinos Juniors Buenos Aires entdeckt und verpflichtet. Man nannte ihn fortan nur noch „Pide de oro" (Goldjunge).

Merke: Wenn Sie nicht die Möglichkeit hatten, in ärmlichen Verhältnissen großzuwerden, sondern das Pech hatten oder haben, in einem intakten Elternhaus aufwachsen zu müssen, so kann aus Ihnen trotzdem noch was werden. Nur Mut. Ziehen Sie einfach aus Ihrem stylishen Jugendzimmer in der Neubausiedlung Heidelberg „Im Bieth" in eine 40-Quadratmeter-Bunker-WG mit Schimmelflecken und Mäusedreck nach Berlin Neu-Kölln oder Wedding und verkrachen sich mit Ihrer Familie derart, dass selbst Ihre Mutter Ihnen zum Geburtstag maximal zwei Molotowcocktails in den Briefkasten steckt. Spätestens nach vier Wochen haben Sie so die Schnauze voll von Ihrem Township-Dasein, dass Sie alles tun würden, „ ... um es später im Leben einmal besser zu haben". Und genau das ist die Motivation, die Sie brauchen, um Ihre Talente voll zur Entfaltung bringen zu können. Ich weiß, was Sie denken, dieser Tipp vom Knop ist ja mal wieder völlig unrealistisch. Aber das Ziel, einmal die Hand Gottes zu werden, ist auch völlig unrealistisch. Und trotzdem hat es der Diego geschafft. Ungewöhnliche Ziele erfordern eben ungewöhnliche Maßnahmen. Oder meinen Sie, der Curt Cobain wäre zur Legende geworden, wenn er versucht hätte, seine miese Laune nur mit Traubenzucker zu bekämpfen. Oder mit Bananen. Oder mit Zartbitterschokolade. Oder mit Fix und Foxi-Heften. Der hat sich auch gedacht: Jeder Erfolg hat halt seinen Preis ... BUMMM!

Was ich aber eigentlich damit sagen möchte: Von nix kommt nix. Noch nicht mal der Bus. Sie müssen schon hingehen zur Haltestelle. Sonst kommt allerhöchstens der vierundzwanzigste Anruf der Süddeutschen Klassenlotterie. Aber Sie haben ja schon zehn

Lose und bisher nix gewonnen, außer der Erkenntnis, dass Günther Jauch wohl der Einzige ist, der aus diesem undurchsichtigen Lotterie-Dschungel als Gewinner hervorgeht. Dieser Ansicht ist zumindest Waldi Hartmann in seinem Buch „Born to be Waldi".

Denn: Ein ganzes Los der SKL kostet pro Monat 250 Euro. Insgesamt sind 2,5 Millionen Lose aufgelegt, welche noch in zehn Abschnitte aufgeteilt sind. Ein Zehntellos kostet also 25 Euro. Wer ein solches Zehntellos kauft, hat rein rechnerisch eine Chance von 1:25.000.000. Da sind die Chancen größer mit einem Rubbellos von der Lottoannahmestelle amerikanischer Präsident zu werden. Oder Trainer der argentinischen Nationalmannschaft. Irgendwie muss der Diego ja in diese Position gekommen sein. Und der George W. auch.

Wie bereits an anderer Stelle erwähnt, kann man mit der Karriere nicht früh genug anfangen. Maradona war zwölf Jahre alt, als er die Zuschauer der Seniorenmannschaft der Argentinos Juniors Buenos Aires in der Halbzeitpause mit seinen Dribbelkünsten und Kabinettstückchen unterhielt. Sozusagen als Pausenclown. Heute würde man wahrscheinlich eher von einer Überbrückungs-Frikadelle sprechen oder einem Belustigungs-Klops. Aber Sie können diesen Erfolgsweg durchaus kopieren.

Besuchen Sie einfach unangemeldet den Aufenthaltsraum der Lidl-Mitarbeiter Gronau/Epe, und gurgeln Sie zur Belustigung der Belegschaft mit WC-Reiniger oder Scheuermittel. Oder versuchen Sie auf dem Truppenübungsplatz während der Nato-Pause Gewehrkugeln mit dem Mund aufzufangen. Sie können sich aber auch einfach auf einer Großbaustelle in Köln (es gibt dort reichlich davon) einbetonieren lassen, sodass nur noch Nase und Ohren rausgucken.

Ganz egal was Sie tun, es muss nur in irgendeiner Form mit Ihrem späteren Berufswunsch zu tun haben. Wichtig ist, dass man auf Sie aufmerksam wird. (Deswegen bitte auch nur einbetonieren, wenn Sie mit den Ohren wackeln können.)

Maradona lebte als Fußballspieler in Extremen. Auf dem Fuß-ballplatz als einer der weltbesten Fußballer überhaupt anerkannt, beschädigte er seine Karriere durch Drogenkonsum und Kontakte zur Camorra. Am 4. Januar 2000 hatte Maradona während eines Aufenthaltes im Badeort Punta del Este (Uruguay) einen schweren Herzinfarkt, der auf eine Überdosis Kokain zurückgeführt wurde. Er unterzog sich anschließend einer Entziehungskur auf Kuba, wo er Freundschaft mit Fidel Castro schloss. Er kündigte die Freund-schaft zu seinem langjährigen Manager Guillermo Cóppola auf, der Maradona jahrelang Kokain geliefert haben soll.

Heißt: Suchen Sie sich die richtigen Freunde, und brechen Sie mit den falschen! Auch wenn es Ihnen schwerfällt, sich nach all den Jahren womöglich von Ihrem Goldfisch „Gunther" zu trennen, weil er Ihnen gegenüber einfach nicht loyal ist und auch mal von sich aus sein Aquarium in Schuss hält, verschenken Sie ihn. Oder essen Sie ihn. Oder trocknen Sie ihn und hängen ihn sich als Brosche um den Hals. Oder spülen Sie ihn die Toilette runter. Dann hat er bei einem Loch im Klärwerk und guter Strömung zumindest noch die Chance, irgendwo vor Norderney als Lachsersatz weiterzuleben. Aber behalten Sie ihn nicht einfach und sehen Sie zu, wie er Ihnen die besten Jahre Ihres Lebens klaut, weil er es auch nach vier Jah-ren hartem Training immer noch nicht schafft, „Guten Morgen" zu sagen, wenn der Chef ins Zimmer kommt. Ja, ja, ja, ich weiß, das hört sich alles unheimlich gemein an, und es ist doch nur ein Gold-fisch. Ein süßer kleiner Goldfisch. Aber er nutzt Sie aus. Er gibt nix zurück. Er schwimmt nur im Kreis, macht den Mund auf und zu und scheißt auch noch ins Wasser. Das ist doch nicht okay!

Kaufen Sie sich stattdessen lieber einen Hund. Der macht zwar auch Dreck und ist laut und haut manchmal ab und stinkt und frisst jede Woche acht Pakete Frolic und pariert nicht aufs Wort und .... hey, wie wär's mit einer Katze?! Bzw. mit einer Katze und einem Wellensittich. Zusammen im selben Käfig! Genau das ist es. Die machen zwar auch Dreck und sind laut, aber die bieten Ihnen wenigstens ein Spektakel. Sie können Freunde einladen und Wetten abschließen. Und Sie können die Glotze auslassen. Das spart Strom, reduziert die Elektrowellen, und Ihr Hirn kann mal ne Weile auf 3000 Grad runterkühlen. Und derjenige, der von den zwei Streithähnen übrig bleibt, hat vor allem eins: Durchsetzungsvermögen. So einen Freund brauchen Sie. Nicht so einen dämlichen Goldfisch.

Dieses Beispiel lässt sich übrigens 1:1 auf den Menschen übertragen. Wenn Sie also auch einen Goldfisch im Freundeskreis haben bzw. wenn der Goldfisch Ihr Freundeskreis ist (kann ja sein), dann weg damit. Suchen Sie sich in Gottes reichhaltigem Tiergarten einen neuen aus. Eine Katze, die auch mal schmusen will. Eine Bulldogge, die auf Sie aufpasst. Eine Amsel, die Sie mit Würmern füttert. (Keine Sorge, die blumige Sprache ist gleich vorbei. Es ist nur so eine Phase grade ...) Oder einen Elefanten, der Ihr Porzellan zerdeppert, viel Freiraum braucht, Ihnen die Haare vom Kopf frisst, der aber irgendwie so sympathisch ist, dass Sie ihm sogar Ihre Lieblingsstrumpfhose leihen würden.

Am 30. Oktober 1997 absolvierte Maradona sein letztes Pflichtspiel für die Boca Juniors. Am 28. Oktober 2008 gab der Argentinische Verband bekannt, dass Diego Maradona der neue Trainer der argentinischen Nationalmannschaft wird. Obwohl er kaum über Erfahrung als Fußballtrainer verfügt, setzte er sich nach einem Gespräch mit dem argentinischen Verbands-Präsidenten gegenüber zahlreichen Mitbewerbern durch. Nach der erfolgreichen Qualifikation zur Fußball-WM 2010 sorgte er mit vulgären Aussagen über seine Kritiker auf einer Pressekonferenz für einen Skandal. Bei der WM in Südafrika scheiterte er im Viertelfinale mit 0:4 an Deutschland.

Merke: Man darf durchaus eine große Klappe haben, man muss es sich nur leisten können. Wenn Sie also vergessen haben, den wichtigen Vorgang Xb3-7 YNT .000/434/17GF–0 zu bearbeiten, und deswegen die Turnhalle für die olympischen Sommerspiele 2004 in Athen nicht rechtzeitig fertig wurde: am besten kleinlaut in die Ecke verdrücken. Auch wenn Sie den nagelneuen Mercedes SLK Ihres Vaters vor fünf Minuten rückwärts gegen einen LKW gesetzt haben – und zwar auf der Überholspur der A 9 –, ist es besser, die nächsten Wochen den unteren Weg zu gehen. Quasi als Beule unterm Teppich.

Möglichkeiten, um danach richtig auf den Putz zu hauen:

- Sie haben grade im Englisch-Leistungskurs eine eins plus geschrieben, weil der Lehrer Ihren Bogen mit dem des Klassenstrebers verwechselt hat.
- Sie haben bei Ihrem Kreisligaspiel grade einen Fallrückzieher direkt in den Winkel platziert. Und zwar vom eigenen Strafraum aus.
- Sie haben den Korken einer Flasche Perrier-Jouet mit dem Rektum entfernt und die Brause danach mit dem Strohhalm geext.
- Sie haben bei Ihren „Bet And Win" WM-Einsätzen immer auf die Krake Paul gehört (Der kommt in diesem Buch übrigens öfter vor. Aber nur damit ich den Schinken irgendwann auch mal in Südamerika und Spanien verkaufen kann.)

Zusammenfassung:

- Geben Sie niemals auf. Hören Sie!? Niemals!
- Scharen Sie Menschen um sich.
- Ungewöhnliche Ziele erfordern ungewöhnliche Maßnahmen.
- Stellen Sie Ihr Können zur Schau (egal was: laut rülpsen, leise pfurzen, flach atmen ... wuchern Sie mit allem, was geht).
- Suchen Sie sich die richtigen Freunde (and fire your flaky friends).
- Wer was geleistet hat, darf auch eine große Klappe haben.

Lena Meyer-Landrut
Die Gothic-Bibi-Blocksberg aus Hannover

Lena Meyer-Landrut (* 23. Mai 1991 in Hannover) ist eine deutsche Sängerin und Songtexterin. Als Interpretin des Liedes „Satellite" gewann Meyer-Landrut 2010 für Deutschland den Eurovision Song Contest, nachdem sie den deutschen Vorentscheid Unser Star für Oslo *für sich entschieden hatte. Seit der Veröffentlichung ihres ersten Albums verwendet sie den Künstlernamen* Lena.

Unfassbar, da kommt eine durchgeknallte Gothic-Bibi-Blocksberg und verzaubert im Vorbeiflug mal eben komplett Europa.

Und schwupps haben wir nach fast dreißig Jahren mal wieder den Grand Prix gewonnen bzw. den Ost-Eurovision Song Contest, wie er eigentlich seit ein paar Jahren heißen müsste. Und zu verdanken haben wir das alles Stefan Raab. Er hat einen Sänger/eine Sängerin gesucht, wir alle haben demokratisch mit abgestimmt, und am Ende haben wir ein Phänomen gefunden. Warum klappt das eigentlich nicht mal in der Politik? Ganz einfach: Da bewerben sich eben keine Phänomene. Genau wie bei *DSDS*. Da gehen Phänomene erst gar nicht mehr hin. Da schauen, wenn überhaupt, nur noch die vorbestraften Phänomen-Fälschungen auf Hafturlaub vorbei. Also vorausgesetzt, die Ladung Koks ist rechtzeitig da, sodass der Kandidat überhaupt den Weg auf die Bühne packt. Zumindest kommt einem das so vor. Nicht wenige sehnen sich inzwischen den Küblböck zurück.

Lena Meyer-Landrut trat in Oslo in einem ärmellosen schwarzen Minikleid mit vier ebenfalls schwarz gekleideten Backgroundsängerinnen auf und siegte mit 246 Punkten vor der Band maNga aus der Türkei (170 Punkte) und dem rumänischen Duo Paula Seling und Ovi (162 Punkte). Es war der zweite deutsche Sieg nach Nicole im Jahr 1982.

Was ist das Erfolgsgeheimnis unserer Lena?

Eigentlich ganz einfach: Man muss echt bleiben und sich nicht verstellen. Gut, jetzt fehlt Menschen wie zum Beispiel Djamila Rowe wahrscheinlich auch schlicht die nötige Intelligenz, um sich zu verstellen, die sind einfach unfreiwillig authentisch. Halbwegs was in der Birne haben und sich trotzdem nicht verstellen, das ist ohne Zweifel die wesentlich anstrengendere Variante.

Moment mal, da fällt mir ein, ich verstelle mich ja auch des Öfteren. Mal als Kaiser, mal als Lauda. Bin ich deswegen nicht authentisch oder unfreiwillig blöd? Und war Supa Richie wirklich nur eine Rolle? Wie auch immer: Authentizität, besser noch „Echtheit" ist definitiv ein Schlüssel zum Erfolg! Deswegen läuft auch das Café der Katzenberger so gut. Weil sie bei den BILD-Lesern „echt gut" rüberkommt. Obwohl sie zur Hälfte unecht ist.

Bleibt die uns alle bewegende Frage: Wie geht es weiter mit Lena Meyer-Landrut, diesem waldorferfahrenen jungen Reh mit den Superstar-Qualitäten? Heiratet sie womöglich Gerhard Mayer-Vorfelder und heißt dann: Lena Meyer-Mayer-Vorfelder-Landrut?

Wohl nicht. Ich denke es gibt nur zwei mögliche Alternativen: Entweder sie bleibt erfolgreich, dann sehen wir sie in zwanzig Jahren bei Olli Geissen mit der „Meisten Besten Grand Prix Musik Chart Show". Auf dem Sofa hockt natürlich immer noch Thomas Stein. Daneben allerdings seine neue Ehefrau Simone Rethel (weil Johannes Heesters zwar noch lebt, sich aber wegen Liliana Matthäus von ihr getrennt hat.) Oder aber, Lena landet bei Sonja Zietlow und den Top 10 der „Menschen mit den traurigsten Musikkarrieren, die heute grüne Männerschuhe tragen und mit Häusern reden". Was wir ihr natürlich alle nicht gönnen. Schließlich hat sie ihre Jugend in Hannover verbracht – Deutschlands Party-Metropole Nr. 1 – das ist schon Schicksal genug.

Bevor alle Hannoveraner jetzt entsetzt aufschreien und das Buch an den Flatscreen werfen, wo grade das Kaminvideo läuft: Ich bin in Westfalen geboren. Das ist ungefähr so spannend wie Berti Vogts beim Rasenmähen zuzuschauen.

Fest steht: Einmal wird Lena mindestens noch auftreten. Wenn sie nämlich 2011 ihren Siegertitel „Schland oh Schland" singt und gleichzeitig versucht, mit „Guildo hat Euch lieb" den Titel zu verteidigen. Und selbst wenn das mit der Gesangskarriere doch noch schiefgehen sollte: Ihr Abi hat sie jedenfalls in der Tasche. Und zwar in den Fächern Bio, Sport, Geschichte und Englisch. Wobei das Englisch von Lena ja so speziell ist, dass man es eventuell in Lenglisch umbenennen sollte.

Aber ganz ehrlich: Uns in Deutschland ist es egal, wie Lenas Englisch ist, der Großteil von uns kann ja noch nicht mal deutsch.

Hier ein paar schöne Beispiele:
- Zündi, tu dat mäh mal ei.
- Boar, Sandro, du tust misch heut voll abfacken.
- Schakkelline, komm wech von die Regale, du Arsch!
- Schanaia, tu das Maul weg von dem Papa sein Korn!
- Schakkelline, Schastin, Schantall, Käwinn.
- Tut die Omma ma winken!
- Schakkelline, komm' mal bei die Tante, die geht mit dir bei Allkauf und tut dich da ein Eis!
- Änrico, du sollst nich imma Schlampe nach de Omma rufen!

- Rohdriges, kommste bei die Mutta oder haste Kaka in die Ohren?
- Patzkal, komm' beim Haus, et fängt am Rechnen an!
- Änrico, isch hab Juck anne Rücken ... mach ma kratz!
- Schastin, du sollst der Schanina nich imma mit de Schüppe aufn Kopp kloppen!
- Dschärimie, komm wech da bei de Assis!
- Dat Daffne is schwanger und der die das gemacht hat is wech!

Zusammenfassung:
- Seien Sie ein Phänomen (Achtung: kein Phänom, wie ein Bekannter neulich meinte).
- Bleiben Sie authentisch, auch wenn Ihre Freundinnen öfter mal sagen: „Du bist doch nicht ganz echt!"
- Wenn Sie schon einen Doppelnamen haben, seien Sie bei der Eheschließung vorsichtig. Sonst heißen Sie nachher Katrin Müller Leutheusser Schnarrenberger Hohenstein zu Thalheim-Kunz-Hallstein und Sie brauchen einen Personalausweis im DIN A2 Format.
- Tragen Sie Ihr Privatleben nicht zur Schau, das macht Lena nämlich auch nicht. Und wenn, dann lassen Sie es sich richtig was kosten!
- Kopieren Sie den Lena-Meyer-Gothic-Stil: schwarze Haare, schwarzes Kleid, knallroter Lippenstift. FERTIG.

Roger Federer
Wähl Deinen Belag!

Roger Federer (8. August 1981 in Basel) ist ein Schweizer Tennisspieler. In seiner bisherigen Karriere konnte er die Rekordanzahl von 16 Grand-Slam-Turnieren im Einzel gewinnen und beendete die Jahre 2004, 2005, 2006, 2007 und 2009 an der Spitze der Tennis-Weltrangliste. Federer ist der einzige Spieler, der dreimal in seiner Karriere drei Grand-Slam-Titel in einer Saison gewinnen konnte.*

Rekorde, Rekorde, Rekorde. Wenn sich jemand dieses Ziel auf die Fahne geschrieben hat, dann Roger Federer. Und das, obwohl er Schweizer ist, die ja bekanntlich langsamer sind als ne Tüte tropfender Honig. Und so emotionsgeladen wie ein drei Wochen altes Stück Graubrot. Aber der Roger ist eben nicht nur Schweizer, er ist zur Hälfte Südafrikaner. Was bedeutet, dass seine Sprache zwar klingt, als wäre sein Gaumenzäpfchen direkt mit seinem Blinddarm verknotet, dafür ist Roger in freier Tennis-Wildbahn gefährlich wie ein tollwütiges Happy Hippo mit Verdauungsproblemen.

Die Spitznamen von Roger Federer lauten Federer-Express (FedEx) oder King Roger.

Was all seine Stärken in einem kurzen, prägnanten Claim zusammenfasst. Wenn auch Sie wenig Bock haben, Ihrem Gegenüber in einem Acht-Stunden Monolog zum 12.000. Mal Ihren kompletten Karriereverlauf zu schildern – von der spontanen Sturzgeburt über das Trainee-Programm in einem Taliban-Camp in Nord-Waziristan bis hin zum ersten Mobbingerfolg im HUK-Coburg-Großraumbüro – dann geben Sie sich einen Spitznamen, der es auf den Punkt bringt. King Roger. Punkt. Ende. Es ist alles gesagt.

Kaiser Franz. Noch Fragen? Ich denke nicht. Prügel-Prinz. Deutlicher geht's nicht. Dr. Eisenfaust. Das tut schon beim Aussprechen weh. Und man merkt es sich.

Für Verblüffung sorgte Roger Federer im Dezember 2003 durch die Trennung von Trainer Lundgren, die Federer mit Abnutzungserscheinungen und dem Gefühl, etwas Neues zu brauchen, begründete. Zuletzt arbeitete er ohne Trainer.

Roger macht wunderbar vor, was so manch gehörnter Ehemann im Laufe seiner Scheinehe leider verpasst hat: rechtzeitig von Bord zu gehen. Dies gilt natürlich genauso für alle Frauen, die mehr Zeit in der Küche und mit seiner Bügelwäsche verbracht haben als Tarzan an der Liane. Also: Wenn's nicht mehr passt, die Reißleine ziehen, in den Sack hauen, die Kiste canceln. Auch wenn Ihnen die mintfarbene Schweinsleder-Couch ihres zehn Jahre jüngeren Freundes auch noch so gut gefällt und er sich dran gewöhnt hat, ihr Rexona Cotton Dry mitzubenutzen. Besser ein Ende mit Schrecken als ein Schrecken ohne Ende. Denn Lügen haben kurze Beine und Morgenstund hat Pelz im Mund. Dies gilt im Übrigen auch für jede Geschäftsbeziehung.

Wenn Ihnen Ihr Chef auf den Sack geht und zwar so sehr, dass Sie anfangen Ihre Schwiegermutter liebzugewinnen: KÜNDIGEN! Sofort. Scheiß auf die Finanzkrise und die ganzen anderen Medienlügen: den Klimawandel, die Schweinegrippe, den Wendlerclan. Sie finden garantiert was Neues. Vielleicht nicht sofort, aber irgendwann wird ein Kopfgeldjäger, einer von diesen rastlosen Headhuntern, auch unter Ihrer Brücke durchspazieren und Sie aus Ihrem Schlafsack raus, vom Lagerfeuer weg, als Chef-Pagen für ein Fünf-Sterne-Hotel in New York City engagieren. Oder zumindest als Nachtwächter für das McSleep im Gewerbegebiet Rautheim-Nord. Aber wenn Sie nicht gehen, werden Sie kreuzunglücklich, drehen irgendwann durch, schneiden Ihrem Chef die Kehle durch oder zumindest die Krawatte ab und landen für zwei Wochen in U-Haft. Zusammen mit Mike Tyson und Lindsay Lohan oder, schlimmer noch, dem Kachelmann (da issa wieder). Der kann Ihnen zwar minütlich sagen, wie das Wetter wird, aber die meisten Zellen haben eh kein Fenster. Nur einen harten Stuhl und eine grelle Schreibtischlampe, mit der Ihnen der Oberkommissar zum Verhör direkt in die Fresse leuchtet. Zumindest war das bei mir immer so, wenn meine Ex mich nach der Norderney-Fahrt mit den „5 Heiligen Hanseln" in die Mangel nahm.

In vielen Fällen tuts einfach auch mal gut, allein zu sein. Man kann sich sammeln, in sich reinhören, an sich rumspielen. Man besinnt sich im besten Fall auf seine alten Stärken, auf die Unbeschwertheit aus den eigenen 20ern, die Zielstrebigkeit aus den 30ern, die Kaltschnäuzigkeit aus den 40ern, die Endspurtqualitäten aus den 50ern und das Füße hochlegen aus den Jahren 65 bis 70. Gut, das würde bedeuten, man steht bereits kurz vor der Kiste, die Absolution ist erteilt, die Inschrift bereits ausgesucht, aber wer weiß, vielleicht werden Sie 100 oder 1000 oder sogar so alt wie der Heesters. Dann kreuzen Sie irgendwann mit der AIDA Space für drei Wochen quer durch den Andromedanebel und ärgern sich, dass Sie damals nicht Ihren Job als Tablettentester bei Bayer in Opladen gekündigt haben, nur weil Sie dachten, dass Sie ohne Ihren cholerischen Vorarbeiter wieder den teuren Weg zur Domina gesucht hätten, weil Sie sich an die Schmerzen und das Rumgebrülle doch so gewöhnt hatten.

Aber wir kommen vom Thema ab. Also, trennen Sie wie Roger alte Zöpfe ab, aber suchen sich irgendwann auch neue. Einen neuen Trainer, einen neuen Geschäftspartner, meinetwegen auch eine neue Ehefrau, wenn Sie mit der ganzen Kohle auf Ihrem Festgeldkonto alleine einfach nicht fertigwerden. Aber wählen Sie gut.

Überlegen Sie gründlich. „Drum prüfe, wer sich ewig bindet, ob sich nicht noch was Besseres findet." Andererseits ist heutzutage bindungsmäßig fast alles wieder rückgängig zu machen. Durch den sogenannten Liz-Taylor-Passus, die Gerhard-Schröder-Klausel, den Joschka-Fischer-Paragraphen: „Wollen Sie die hier anwesende Person XY zu Ihrem rechtlich angetrauten Ehepartner nehmen ...

(JA, ICH WILL) ... sie lieben und ehren, in guten wie in schlechten Zeiten, bis dass der Tod euch scheidet, dann antworten Sie mit Ja ?!? (... äh ... äh ... tududut: „the person you have asked, is temporarily not available. Please try again later.")

Roger Federer, der Sohn eines Schweizers und einer Südafrikanerin, wuchs zusammen mit seiner zwei Jahre älteren Schwester in Riehen und Münchenstein, Vororten von Basel, auf. Er spricht drei Sprachen (Deutsch, Englisch und Französisch) fließend und kann deshalb in Pressekonferenzen und Interviews problemlos zwischen den einzelnen Sprachen wechseln.

Auch Sie sollten mindestens Englisch perfekt beherrschen, um im Urlaub an der Playa de las Americas auf Teneriffa dem Pärchen aus Liverpool mit der blutrot-gefärbten Pergamentpapier-Haut unmissverständlich klarmachen zu können, dass das gelbe Handtuch auf der Liege am Pool – das seit 4 Uhr 30 in der Früh dort lag – Ihnen gehört hat. Außerdem kann es durchaus vorkommen, dass Sie schon morgen relativ spontan eine Rede auf Englisch halten müssen und halb Europa zuschaut, Herr Oettinger.

Federers Ehefrau ist Miroslava (Mirka) Federer-Vavrinec, eine ehemalige Schweizer Profi-Tennisspielerin, die ihre Karriere 2002 wegen einer Fussverletzung beenden musste. Am 11. April 2009 heirateten Federer und Vavrinec, am 23. Juli 2009 wurden sie Eltern von Zwillingstöchtern.

Wenn Sie sich für einen Partner entschieden haben – ob nun vorübergehend oder eben doch für den Rest Ihres ganzen Sommerurlaubs – dann wählen Sie wie Federer einen Partner aus einer anverwandten Branche oder besser noch, aus derselben. Nur direkt aus Ihrer Firma sollte er/sie nicht kommen, sonst müssen Sie Ihre dreckigen Unterhosen demnächst nicht nur zu Hause, sondern auch im Büro ständig wegräumen. Und irgendwo braucht man ja schließlich sein eigenes Reich, in dem man die Füße auf den Tisch legen und sich die Waffe ungestört an die Schläfe halten kann, wenn die Telekom-Aktien wieder mal unter zehn Euro gefallen sind. Ein Ort, an dem auch ein sich heftig entladender Kohlrouladen-Furz niemanden ernsthaft in Verlegenheit bringt, außer vielleicht die talentierte Jungsekretärin mit der dicken Hornbrille und dem Penelope-Cruz-Gedächtnis-Hüftschwung.

Auch Frauen sollten übrigens nicht im eigenen Garten wildern, es sei denn sie heißen Margaret Thatcher, Queen Elizabeth oder Frau Knüppelkuh und die Männer fressen ihnen sogar gebrauchte Klosteine aus der Hand. Kommt Ihr Partner aus derselben Branche, nicht aber aus demselben Laden, hat dies zunächst mal immense Vorteile. Wenn Sie mal Überstunden machen müssen, hat er Verständnis dafür. Wenn Sie abends lieber mit Ihrem Laptop kuscheln als mit seiner Hühnerbrust, hat er Verständnis dafür. Sogar wenn Sie sich mal wieder öffentlich ne Etage höher geschlafen haben, geht er zumindest nicht sofort mit dem Flammenwerfer auf Sie los, sondern lässt Ihnen faire zehn Sekunden Vorsprung.

Aber es gibt auch Nachteile. Man kann schlecht abschalten und spricht auch nachts um drei noch miteinander über die Wertentwicklung von altbausanierten Kellergewölben in der Uckermark. Ganz zu schweigen von der internen Konkurrenzsituation. Was, wenn Ihr Partner als Taxifahrer monatlich drei Millionen Euro netto mit nach Hause bringt, während Sie seit vier Wochen fahrgastlos vorm McDonald's am Bahnhof in der Schlange stehen? Okay, ist unrealitisch. Nach spätestens einer Woche würden Sie zumindest mal für ne Dialyse-Fahrt oder ne Leerfahrt mit Axel Schulz abkommandiert. Vor allem Männer können es nur ganz schwer verkraften, wenn die Partnerin erfolgreicher ist, als sie selbst. Es sei denn, sie steht in kniehohen Schaftstiefeln, Marke Venturini Eleganza und nem weißen Lederhalsband auf der Oranienburger Straße in Berlin, während er nur kurz vorbeikommt, um die Kohle abzuholen. Dann könnt's klappen.

Als zweitem Spieler (seit 1922) neben Björn Borg gelang es dem Schweizer, fünfmal in Folge das Tennisturnier von Wimbledon für sich zu entscheiden. Zudem ist er der einzige Spieler der Open Era, der fünfmal in Folge die US Open gewinnen konnte. Federer wurde in den Jahren 2005, 2006, 2007 und 2008 jeweils zum Weltsportler des Jahres gewählt.

Dieser Teufelskerl ist quasi eine lebende Legende. Kein Rübezahl, kein Winnetou (der wahrscheinlich niemals gelebt hat), kein Eulenspiegel, kein Bohlen und auch kein Wolfgang Amadeus Mozart, der erst nach seinem Tod den Durchbruch als Poptitan schaffte. Er ist der Elvis Presley des Tennis, der Muhammad Ali des weißen Sports, der Räuber Hotzenplotz der gelben Filzkugel. Ihm eilt schon zu Lebzeiten ein Ruf voraus, der andere das wahre Fürchten lehrt. Wie damals den vier Brüdern Joe, William, Jack und Averell Dalton oder Hannibal Lecter oder Troubadix dem Barden. Nur dass man Roger niemals zusammen mit seinem Tennisschläger an einen Baum fesseln würde, während Asterix und Obelix nebenan 38 Wildschweine verputzen.

Roger Federer ließ sich aus medizinischen Gründen militärdienstuntauglich erklären.

Dies ist ein ganz wichtiger Punkt, wenn nicht einer der wichtigsten überhaupt! Stichwort Bundeswehr. Wenn Sie nicht unbedingt nach Afgahnistan wollen, weil Sie Krieg über alles lieben und ein passionierter Landminensammler sind, sollten Sie versuchen, diesem „Verein" zu entkommen. Mit allen Mitteln. Nageln Sie sich vor der Musterung meinetwegen eine 50-Zentimeter-Monsterschraube durch die Fontanelle, Hauptsache Sie müssen da nicht hin. Und das sollten Sie auch nicht. Auf keinen Fall. Außer Sie lieben es, sich als angehender Soziologie-Professor mit Master-Stipendium von einem ehemaligen Hauptschulabbrecher mit S-Fehler und Hirnfraß sinnlos herumkommandieren zu lassen. Der nervt Sie dann jeden Tag damit, wie man T-Shirts auf DIN-A4-Format faltet, warum man sein Revier am besten mit der Zahnbürste reinigt und vor allem, dass man in der Kaserne als Gefreiter „Karl Arsch" mit Knobelbecher-Stiefeln niemals einfach über den Rasen laufen darf. Zugegeben, es gibt mit Sicherheit auch viele schlaue Soldaten, und Bundeswehr an sich ist ja auch wichtig, falls der Gülleteich von Bauer Schollenkönig mal überzulaufen droht und ein paar kräftige Jungs in Tarnzeug zehntausend Sandsäcke stapeln sollen, damit Bäurin Schollenkönigs Gemüsebeet nicht überflutet wird. Aber Kriegseinsätze?! Mit dem Haufen? Lieber nicht.

Jetzt werden sicher einige Soldaten unter meinen Lesern sagen: „Der Knop hat doch keine Ahnung, wir sind bestens geschult und sichern hier den Frieden im Irak." Euch meine ich ja auch nicht (also zumindest nicht alle), aber so Luschen wie mich damals. Die als Stabsdienstsoldat mit der Aufgabe betraut wurden, zweihundert leere Zettel mit Lochstreifenverstärker zu versehen. Dreimal am Tag musste ich die Garage für den BW-Bulli fegen und den Oberfeldwebel in der Nato-Pause mit frischen Käsebrötchen aus dem Mannschaftsheim versorgen, während er an seinem uralten C 64 Balken-Tennis gedaddelt hat. Und so einer soll dann im Tunnelsystem von Tora Bora Osama Bin Laden schnappen, der eh schon seit mindestens sieben Jahren tot ist und seitdem wahrscheinlich von einem pakistanischen Parodisten für den Al-Dschasira-Fun-Freitag gedoubelt wird. Die Zeit kann man sich sparen.

Zumal im Ausland stationierte Soldaten oftmals mit Beziehungsproblemen zu kämpfen haben. Und zwar so richtig. Das volle Programm, mit „Schluss machen am Telefon", „Auszug aus den gemeinsamen vier Wänden" und „Einzug bei dem Neuen", der eigentlich auch schon ein Alter ist, nur Sie haben's in der Ferne nicht mitbekommen. Dagegen ist so ne kleine Patrouillenfahrt durch feindliches Sperrgebiet mit Autobomben-Animationsprogramm Pipifax. Und womöglich kommen Sie vor Ort auch noch mit biologischen Kampfstoffen in Berührung oder afghanischem Rührei, und Ihnen wächst zehn Jahre später plötzlich eine Waschmaschine am Hinterkopf. Nein danke! Die Zeit können Sie besser investieren.

Im Mai 2007 traf Federer in Palma de Mallorca in der „Battle of Surfaces", der Schlacht der Beläge, auf seinen größten Konkurrenten, den Spanier Rafael Nadal. Vor 7000 Zuschauern duellierten sich die beiden auf einem Platz mit unterschiedlichen Belägen. Auf einer Netzseite der Lieblingscourt des Schweizers, Rasen, auf der anderen der von Nadal bevorzugte Sand. In der ausverkauften Palma-Arena siegte der Lokalmatador 7:5, 4:6 und 7:6 (12:10).

Geile Idee, oder ? Die Besten der Besten kämpfen gegeneinander, aber jeweils auf ihrem Spezialgebiet.

Fordern Sie deshalb Ihren Chef heraus. Sie telefonieren und tippen sich acht Stunden die Finger wund, und er versucht in der gleichen Zeit, so viele Havana-Zigarren wie möglich in seinem Lederdrehsessel wegzupaffen. Mal schauen, wer gewinnt!?
Oder Sie räumen vier Stunden die komplette Wohnung auf, putzen, kochen, waschen, bringen die Kinder ins Bett und den Hund zum Zahnarzt, während Ihr Gatte in seiner Spezialdisziplin versucht, den Kasten Flensburger im Keller plattzumachen und sich sinnlos durchs Fernsehprogramm zu zappen.

Medienwirksam ist die ganze Aktion allemal.

Roger Federer gilt als der vielseitigste Spieler im heutigen Tennis und auch als einer der besten Allrounder in der Geschichte des Profitennis. Seine bemerkenswerten Spielfähigkeiten, gepaart mit seiner nahezu beispiellosen Erfolgsquote in den letzten Jahren, haben dazu geführt, dass zahlreiche Spieler ihre Partien gegen Federer schon vor der eigentlichen Austragung als verloren abhaken.
Wenn Sie es schaffen, dass Ihre potentiellen Gegner und Feinde schon vor Beginn des eigentlichen Kampfes aufgeben, gehören Sie zu einem/einer der ganz Großen. So wie die Sendung *Wetten, dass..?*. Jahrzentelang lief die ZDF-Sendung so grandios, dass alle übrigen Sender zeitgleich quasi nur Schwarzbild gesendet haben oder die zwanzigste Wiederholung von *Pretty Woman*. Wenn Sie das als „Geschäfts-Person" schaffen, dann können Sie zum Beispiel überall auf der Welt Hamburger verkaufen, ohne jemals den Konkurrenzkampf aufnehmen zu müssen. McDonald's, Burger King und Kentucky würden ohne Murren freiwillig auf Broccoli umstellen und die Junior-Tüte wär ab sofort nur noch ein

stinknormaler Joint für minderjährige Nachwuchs-Kiffer. Dann können Sie in der Fußgängerzone von Hamm auch den dreiundzwanzigsten Billigbäcker aufmachen und trockene Berliner vom Vortag für zehn Euro das Stück verticken, auch wenn die Marmelade nach Schimmelkäse schmeckt. Es wird Sie niemand daran hindern, geschweige denn Ihnen Konkurrenz machen. Deswegen arbeiten Sie an Ihrem schlechten Ruf. Und lassen Sie sich niemals in die Karten schauen. Auch nicht, wenn Sie ohne Navi nach Italien fahren und nachts um halb vier bei strömendem Eisregen auf dem alten Plöckenpass Richtung Tolmezzo mit Ihrem Opel Rekord über dem 200-Meter-Abgrund hängen. Tun Sie gegenüber Ihrer Familie auch in dieser äußerst brenzligen Lage immer noch so, als sollte alles genau so sein!

Zusammenfassung:

- Verpassen Sie sich einen aussagekräftigen Spitznamen (z. B. Professor Pannemann, Dr. Dämlich, Blitz die Birne, irgendwas Klares halt).
- Trennen Sie alte Zöpfe ab.
- Verbessern Sie Ihre Fremdsprachen (Tipp: Auch die Kenntnisse in Sächsisch, Teilzeit-Suaheli und Computer-Hebräisch sollten Sie keinesfalls verkümmern lassen).
- Wählen Sie eine(n) Partner(in) aus derselben Branche.
- Wenn nicht, wählen Sie eine(n) aus einer anderen.
- Werden Sie zur lebenden Legende (zur toten werden Sie von allein).
- Lassen Sie sich militärisch für untauglich erklären, besser noch für „gemeingefährlich". Aber nur in Bezug auf die eigene Truppe.
- Arbeiten Sie an Ihrem schlechten Ruf.
- Lassen Sie sich niemals in die Karten gucken. Niemals. Es sei denn, Sie sind Restaurant-Besitzer.

Ein Zwilling kommt selten allein.
Und doch ist jeder Mensch
einzigartig. Außer die Klonkrieger
bei Star Wars und sämtliche
Politiker. Warum sonst bauen alle
denselben Scheiß?!

Tokio Hotel
Hauptsache doppelt!

Tokio Hotel ist eine deutsche Band aus dem Raum Magdeburg. Mit bisher je vier Nummer-1-Singles in Deutschland und Österreich sowie über sechs Millionen verkauften Tonträgern (Stand 2009) gehört sie im deutschsprachigen Raum zu den kommerziell erfolgreichsten Bands der letzten Jahre.

Merke: Auch wenn man ganz am Rande der Zivilisation, im tiefsten Urwald, irgendwo zwischen Amazonas und Inkatempeln als peruanischer Wildesel das Licht der Welt erblickt, ist es möglich, eine beruflich interessante Entwicklung zu nehmen. So hat man etwa auch als Eskimo durchaus realistische Chancen, mit viel Fleiß und einer Menge Disziplin irgendwann die Rolle des Winnetou bei den Karl-May-Festspielen von Bad Segeberg zu übernehmen. Und wenn nicht, kann man am Nordpol immer noch ein italienisches Eiscafé eröffnen und Flutschfinger oder Bum-Bum-Eis verkaufen. Allein der Wille entscheidet über Erfolg und Misserfolg. Nicht die Herkunft ist entscheidend. Ja, sogar im Fall einer Kindheit im polnischen Gorzow Wielkopolski oder im vietnamesischen Dorf Phu My Hung im Bezirk Cu Chi nördlich von Thanh Pho Ho Chi Minh ist die Sache nicht völlig aussichtslos. Die Vergangenheit hat gezeigt, dass sogar junge Männer aus Eggenfelden mit Nana-Mouskouri-Gedächtnisfrisur und AOK-Kassengestell nach einem mittelschweren Hirnbeben der Stärke 10,0 auf der Richterskala durchaus gute Chancen auf eine Teilzeitkarriere als Heulboje haben. Und sogar ich, ein zu Teenagerzeiten eher phlegmatisch veranlagter Leptosom mit Geburtsregion Soester Börde und Saisonarbeiter-Mentalität, habe es immerhin zu drei Posterveröffentlichungen in der Jugendzeitschrift BRAVO gebracht. Deswegen: Egal in welchem Krankenhaus Sie mit der Zange auf die Welt gezerrt werden – dies gilt natürlich auch für alle Hausgeburten und jeden, der im Puff beim Bettenmachen gefunden wird –, Sie haben alle Chancen dieser Welt.

P. S.: Ich möchte an dieser Stelle anmerken, dass Magdeburg für mich keineswegs am Rande der Zivilisation liegt, sondern eher als Los Angeles von Sachsen-Anhalt zu werten ist. Allerdings meinte ein guter Bekannter aus Freiburg neulich zu mir: „Magdeburg? Dann lieber Libanon." Alles eine Sache der Perspektive also.

Die Plattenfirma Universal Music vermarktet die Band Tokio Hotel seit 2007 in weiten Teilen Europas, seit 2008 auch in Nord- und Südamerika. Anfang Oktober 2009 wurde mit dem dritten

Der Tomsche Lässig-Look. Cooler Blick und Körperspannung wie ne Götterspeise unter Vollnarkose.

Studio-Album „Humanoid" erstmals ein Album der Band weltweit zur gleichen Zeit veröffentlicht.

Natürlich ist es vollkommen richtig, den Erfolg zunächst im näheren Umfeld zu suchen. Zum Beispiel als Soloflöte beim Spielmannszug oder als Schleifenaufkleber zur Weihnachtszeit im Thalia-Buchladen um die Ecke. Doch sollten auch Sie möglichst früh in großen Dimensionen denken. Als Faustregel gilt: Je bescheuerter und risikoreicher Ihre Idee oder Vision klingt, desto wichtiger ist die Flucht nach vorn. Heißt: Falls Sie Steuerberater werden wollen oder stinknormaler Versicherungskaufmann, reicht es vollkommen aus, wenn Sie Ihr Einflussgebiet auf eine mittlere Kleinstadt begrenzen. Sie müssen dann lediglich Mitglied in drei Sportvereinen mit großer Mitgliederzahl, Schützenkönig und vielleicht noch ehrenamtlicher Helfer in der Kirchengemeinde St. Scheinheilig werden, und schon ist Ihr Kundenkreis für die nächsten dreißig Jahre gesichert. Wenn Sie aber fünfzig Berufsjahre als Leadsänger einer Coverband anstreben, könnte es unter Umständen eng werden. Zumindest dann, wenn Sie Ihr Betätigungsfeld ausschließlich auf eine Stadt wie Buxtehude begrenzen oder die Fußgängerzone von Lummerland. Daher sollten Sie eventuell auch südamerikanische Rhythmen einstudieren oder sogar Südseeklänge, um notfalls durch Wildplakatierung an Kokospalmen im transozeanischen Raum den dort ortsansässigen Bongo-Bongo-Bands das Revier streitig machen zu können. Das Leben auf den Gesellschaftsinseln beispielsweise ist bei einer jährlichen Durchschnittstemperatur von circa 25 Grad durchaus akzeptabel. Und die jungen Polynesierinnen auf Tahiti, Maupiti und Bora Bora tragen jedem Westeuropäer bekanntlich den Arsch hinterher und lutschen auch älteren Herrschaften gerne mal den Blumenkohl vom großen Zeh. Da bekommt „Mann" also bestimmt schon morgens ohne Murren eine leckere Tasse Bier ans Bett und ein paar farbenfrohe Clownfische ins Müsli geraspelt.

Generell kann man sagen: Je größer die Gefahr des Scheiterns, desto eher sollten Sie alles auf eine Karte setzen. Klingt zwar dämlich, macht aber Sinn. Beispiel: Alle Gegenspieler von James Bond, egal ob Blofeld, Dr. No, Goldfinger oder Le Chiffre, streben mehr oder weniger die Weltherrschaft an. Als Ladendieb kann man zwar auch überleben, aber maximal zehn bis fünfzehn Jahre. Dann ist man zu alt, zu langsam, wird gepackt und muss für einige Jahre als Seifenwart in die JVA Ummeln. Als finanzielle Rücklage für die Zeit danach, hat man maximal vier oder fünf Flatscreen Fernseher im Keller gebunkert, zehn Maxfield MP3- Player und vielleicht noch einen Clatronic Eierkocher EK 2733 für 24 Euro 99. All diese Geräte sind allerdings zum Zeitpunkt Ihrer Entlassung technisch komplett überholt und nahezu wertlos (was bei Maxfield MP3-Playern auch nie anders war). Als Vorbestrafter kann man danach allerhöchstens noch bei Hella Lippstadt am Band Schrauben sortieren oder eine Kneipe an der Playa de Palma auf Mallorca eröffnen. Mehr ist nicht drin.

Strebt man jedoch die Weltherrschaft an, wird man im Falle des Scheiterns entweder vierzig Jahre in einem Tunnelsystem gesucht, obwohl man eigentlich schon lange kahl geschoren in irgendeiner Sommerresidenz auf Ibiza untergetaucht ist, oder man heiratet noch schnell seinen langjährigen Schäferhund, bevor man sich in alter Rolf-Töpperwien-Manier mit Zigarette und Schnapsglas selbst in Brand steckt. Hat man aber Erfolg, dann lohnt es sich so richtig. Dann hat man mindestens vier bis acht gemütliche Jahre als Aushilfssheriff an der Spitze einer Weltmacht, kann in Ruhe den Irak oder Afghanistan überfallen und lebt danach in Preston Hollow in der Nähe von Dallas, Texas, von einer stattlichen, staatlichen Rente und hat noch mindestens zwanzig Jahre, um zuzuschauen, wie die nachfolgende Generation versucht, die Karre wieder aus dem Dreck zu ziehen. Geil!

Die eineiigen Zwillinge Bill und Tom Kaulitz (* 1. September 1989 in Leipzig) machen seit ihrer Kindheit zusammen Musik. Musikalisch gefördert wurden sie dabei von ihrem Stiefvater, der selbst als Musiker in Magdeburg aktiv ist. Bei einem Auftritt 2001 in ihrer Heimatstadt Magdeburg unter ihrem Duettnamen Black Questionmark trafen sie Gustav Schäfer (* 8. September 1988) und Georg Listing (* 31. März 1987), mit denen sie im Folgenden regelmäßig im Raum Magdeburg auftraten. Aufgrund

Lassen Sie sich niemals etwas anmerken. Stichwort Pokerface. Auch wenn das Piercing eitert und die Zunge aus Versehen von hinten an die Lippe getackert wurde.

einer positiven Zeitungskritik über Toms „teuflischen Gitarrensound" nannte sich das Quartett in Devilish um.

Merke: Wem kann man im Zweifel mehr vertrauen als seinem eigenen Bruder? Seinem Zwillingsbruder. Denn schon die Bibel hat uns gelehrt, dass der ältere Kain auf den jüngeren Abel neidisch war und er deshalb zum ersten Hannibal Lecter der Menschheit wurde. Gut, es gibt auch positive Gegenbeispiele, wie die Gottschalk-Brüder, die Weppers, die Klitschkos oder die Ochsenknecht-Jungs Blue Curaçao und Coco Gonzalez. Oder im Tennis die Williams-Schwestern. Wobei die ältere Venus bestimmt etwas neidisch auf die bessere Weltranglistenposition und die dicken Hupen der jüngeren Serena ist. Aber Zwillinge sind eben Zwillinge und sich so vertraut wie Mundgeruch im Morgengrauen. Bestes Bespiel: die beiden US-amerikanischen Jung-Unternehmerinnen Mary-Kate und Ashley Olsen, die sich bis 1995 unter dem Namen „Mary-Kate Ashley" in der US-Serie *Full House* die Rolle der Michelle Elisabeth Tanner geteilt haben.

Sollten Sie jedoch gerade keinen eineiigen Zwilling zur Hand haben, weil Ihre Eltern das 13. Monatstaschengeld damals lieber für einen Busurlaub nach Lloret de Mar ausgegeben haben als für eine künstliche Befruchtung kurz nach Schulschluss (weltweit ist

Genau wie Tom, sollten Sie in eine wichtige Aufgabe stets vertieft sein. Ablenkungen vermeiden.

Blick auf die Uhr – ob auf der Bühne, im Büro oder beim ersten Sex – bitte stets diskret.

im Schnitt übrigens jede 40. Geburt eine Zwillingsgeburt), wäre es von Vorteil, wenn Sie sich im Roslin-Institut nahe Edinburgh aus einer ausdifferenzierten somatischen Zelle klonen lassen. Es ist zwar nicht gewährleistet, dass Ihr Klon genau so clever wie das walisische Bergschaf Dolly wird, aber wie sagte meine Oma einmal über mich: Aus Rührei kann man kein Ei machen! Egal, Hauptsache doppelt. Denn erstens ist geteilte Freude bekanntlich doppelte Freude (und geteiltes Leid nur halbes Leid), und zweitens braucht man nur die Hälfte an Klamotten kaufen. Was in der heutigen Konsumgesellschaft, wo eine nagelneue Versace-Jeans für 500 Euro aussieht, als wäre ein Braunkohlebagger drübergefahren, durchaus Vorteile hat. Außerdem kann man wie die Olsen-Schwestern wunderbar Terminsplitting betreiben. Heißt: Ein Personalmanager von VW könnte zeitgleich ein paar brasilianische Nutten für den Betriebsrat organisieren und außerdem mit seiner Familie die Christmette besuchen. Wobei ... blödes Beispiel. Im Zeitalter von Blackberrys und iPhones ist das auch ohne Zwilling möglich.

Offensichtliche Langeweile ...

.... überspielen Sie am besten mit Körperspannung und übertriebener Einsatzfreude.

Achtung: Vermeiden Sie grimmige Gesichtsausdrücke. Diese lassen Sie um Jahre altern. So wird aus dem jugendlichen Kaulitz plötzlich ein End-Fünziger Rambo.

Okay. Besseres Beispiel: Diego könnte beim VFL Wolfsburg pünktlich nach der Winterpause zum Training erscheinen und trotzdem noch eine Woche länger in Brasilien Urlaub machen. Zusammen mit dem Betriebsrat von VW und ein paar Nutten. So ist der Plan rund!

Auch für die Schulzeit ist das Olsen-Modell übrigens sehr empfehlenswert. Man meldet einfach nur einen Zwilling an, und beide teilen sich dann den Unterricht. Die Abiturprüfung wäre somit bereits nach einer Netto-Schulzeit von sechs Jahren möglich, statt erst nach zwölf, von denen man eh die Hälfte verpennt oder auf'm Klo beim Heimlichrauchen verbringt.

Bill Kaulitz nahm im Alter von dreizehn Jahren beim Kinder-Star-Search teil. Er schied jedoch frühzeitig im Achtelfinale nach knapper Entscheidung aus. Was lernen wir daraus. Wer zu schnell aufgibt, ist selber schuld. Wie sagte doch der große Philosoph Oliver Kahn: „Es muss immer weidagehn!" Um es nochmal deutlich zu sagen: Nicht die Talentiertesten kommen nach ganz oben, sondern die Penetrantesten. Hier ein paar Beispiele für besonders penetrante, aber sehr erfolgreiche Zeitgenossen:

- **Lindsay Lohan**
- **Bugs Bunny**
- **Spongebob**
- **Paris Hilton**
- **Farmville Einladungen bei Facebook**
- **der neue Nacktscanner am Frankfurter Flughafen**
- **die Zeugen Jehovas**
- **AWD-Finanzberater**
- **Matze Knop**
- **Bauer Heinrich**
- **Panflöten-Indianer in der Fußgängerzone**
- **Achselschweiß**
- **der Tod**
- **das Finanzamt**

Nach einem weiteren lokalen Auftritt wurde Tokio Hotel 2003 vom Musikproduzenten Peter Hoffmann entdeckt. Sony BMG Music Entertainment nahm Devilish schließlich unter Vertrag. Hoffmann holte David Jost und Pat Benzner mit ins Produzenten- und Autorenteam und ließ die Bandmitglieder Gesangs- und Instrumentalunterricht nehmen. Kurz vor Veröffentlichung der ersten Platte kündigte Sony jedoch den Vertrag. 2005 nahm die Universal Music Group die Band unter Vertrag, die sich ab diesem Zeitpunkt Tokio Hotel nannte.

Stopp!

Ob Sony sich jetzt wohl ärgert?

Weiter...

Ganz entscheidend für den Erfolg eines Produkts ist auch der Name des selbigen. So harmoniert Nutella zum Beispiel für mein Empfinden durchaus mit einem leckeren Nuss-Nougat-Brotaufstrich, der einem wunderschöne Pickel in die Fresse zaubert, während Nutoka für mich eher nach einer asiatischen Kampfsportart klingt. Auch ich stand mal vor der schweren Entscheidung, wie mein Produkt letztendlich heißen sollte. Von Supa Richie über Richie Carelli, Matti Knoplauch, Mattes Knopfloch, Supa Matze, Franz Dieter Knopbauer, Mr. Boombastic bis hin zu Comedy-Pillemann war alles dabei. Am Ende habe ich mich für Matze Knop entschieden, weil ich damit beim Autogrammeschreiben nur halb so viel Zeit benötige wie zum Beispiel Sarah Jessica Parker oder Prinz Ernst August von Hannover. Natürlich kann man seinen Namen auch wieder ändern, wie etwa Eminem in Slim Shady oder Puff Daddy in P. Diddy (auch bekannt als Puff, Puffy, Diddy, Sean John oder Sean John Combs) oder Gina Wild in Michaela Schaffrath (bzw. Michaela Schaffrath-Wanhoff), aber nicht jeder bekommt die einmalige Chance, durch ein RTL-Dschungelcamp sein Image aufzupolieren. Deswegen am besten gleich zu Beginn überlegen, als wer oder was man Karriere machen will.

Bekannte Künstler und ihre echten Namen:
Roy Black – Gerhard Höllerich
Rex Gildo – Ludwig Franz Hirtreiter
Heino – Heinz Georg Kramm
Boy George – George Alan O´Dowd
George Michael – Georgios Kyriakos Panayiotou (klingt nach´m Tavernen-Besitzer auf Mykonos)
DJ Bobo – Peter René Baumann
Campino (Tote Hosen) – Andreas Frege
Smudo (Fanta Vier) – Michael Bernd Schmidt
Kaká – Ricardo Izecson dos Santos Leite
Louis van Gaal – Feierbiest

Als eine von wenigen deutschsprachigen Bands ist Tokio Hotel mittlerweile auch international erfolgreich und konnte unter anderem in vielen Ländern Europas sowie in Nord- und Südamerika eine Fan-Basis aufbauen. In den Vereinigten Staaten erreichte das Album „Scream" Platz 39 der offiziellen Billboard-Charts, in Kanada kam es sogar auf Platz 6. 2007 konnten Tokio Hotel mit ihrem Song „Monsoon" Platz 1 der israelischen Airplay-Charts erreichen. Nachdem circa 5.000 israelische Fans in einer Petition darum baten, dass die Band in Israel auftritt, gaben Tokio Hotel am 6. Oktober 2007 vor rund 3000 Zuschauern ein Konzert in Tel Aviv.

Was lehrt uns dies? Wenn Sie den ganz großen Erfolg wollen, egal ob als Betreiber einer Quarzsand-Fabrik in der Wüste Gobi, als Treppenlift-Pilot oder als Chippendale-Imitator für Senioren-Geburtstage, sollten sie versuchen, sich teilen zu können. Oder Sie schlafen einfach nicht mehr. Auch Zähneputzen und Füßewaschen ist meines Erachtens überflüssig und kostet wertvolle Zeit, die Sie besser Ihrer Karriere widmen. Deswegen sind auch heute noch viele Führungspositionen von Männern besetzt, da sie beim Wechseln von Unterhosen und unnötiger Beziehungskommunikation wertvolle Zeit einsparen.

Nachklapp: Tokio Hotel lebt vor allem auch von der optischen Erscheinung der Kaulitz-Zwillinge. Vor allem der von einigen als personifizierter Manga-Comic bezeichnete Bill kommt dabei so auffällig daher, dass wahrscheinlich sogar eine alpenländische Dachsbracke mit Hornhautverkrümmung und chronischem Zwingerhusten ein letztes Mal aus dem Hundesessel auflugt, wenn Billy-Boy bei Silbereisen sogar die Schlüpper der Rollatorfraktion feucht werden lässt. Deswegen sollten auch Sie – man kann es nicht oft genug betonen – optische Signale setzen! Drehen Sie sich Lockenwickler ins Nasenhaar, tragen Sie als Bankangestellter Müllabfuhrkleidung oder ein Sonnenbrand-Tattoo im Gesicht. Operieren Sie als Zahnarzt nur mit auffälliger Kettensäge oder gewinnen Sie nackt die Vierschanzentournee. Komplett egal.

Hauptsache, Sie fallen auf!

Zusammenfassung:

- Auch ein Kaiserschnittkind aus Bottrop kann König von Mallorca werden.
- Streben Sie mindestens die Weltherrschaft an.
- Besorgen Sie sich eine(n) Zwillingsbruder/Zwillingsschwester (eBay-Beispiel: „Biete nagelneue Jack Wolfskin-Jacke/Suche gebrauchten Zwillingsbruder") .
- Üben Sie Terminsplitting.
- Gehen Sie anderen auf den Sack.
- Das Kind braucht einen guten Namen.
- Privatleben ist was für Feiglinge.
- Machen Sie sich optisch zum Vollpfosten.

Nicole Kidman
Vom Schaf zum Oscar

Nicole Mary Kidman (* 20. Juni 1967 in Honolulu, Hawaii) ist eine US-amerikanisch-australische Schauspielerin und Filmproduzentin. Ihr Vater, ein Psychologe und Biochemiker, forschte anschließend in Washington D. C., bevor die Familie 1970 ins heimatliche Australien zog. Als Mitglied der Kidman-Dynastie, die gemeinsam über den größten Grundbesitz Australiens verfügt, wohnten sie in Sydneys reichem Vorort Longueville. Ihre ersten Erfahrungen in der Schauspielerei machte Nicole im Alter von sechs Jahren bei einem Krippenspiel der Schule in der Rolle eines Schafes. Bei einem Modelcasting für Bikinimoden lernte sie mit 14 ihre noch heute beste Freundin, die Schauspielerin Naomi Watts kennen.

Stopp! Wie Sie anfangen und wann Sie sich das erste Mal zeigen und vor allem als was, ist schnurz-piep-egal. Hauptsache Sie treten in Erscheinung. Das ist schon in der Tanzschule so. Auch wenn Sie immer dachten, Discofox sei ein hundeähnliches Geschöpf aus der Gattungsgruppe Alopex Lagopus – sollte Ihr Tanzschullehrer einen freiwilligen Vorturner für das Wolle-Petry-Medley suchen, nicht lange überlegen und vortreten! Auch wenn anschließend der halbe Kurs vor Lachen auf dem Boden liegt und Sie den Spitznamen „Planierraupe" verpasst bekommen, ab sofort kennt man Sie. Ab sofort sind Sie jedem Teilnehmer ein Begriff. Ab sofort haben Sie zehn Mädels im Kurs von Ihrer Knutschliste gestrichen. Aber zehn andere haben Sie definitiv draufgesetzt. Einfach nur, weil man Sie jetzt kennt. Und weil Sie sich mit breiter Brust zum Affen gemacht haben. Denn Selbstbewusstsein kommt bei Frauen immer gut an. Nebenbei erfahren Sie auch noch etwas über sich und Ihre mangelnde Körperbeherrschung.

Wenn Sie also den heimlichen Wunsch hegen, mal einen eigenen Kiosk zu leiten – mit Bunte und Gala verkaufen, Süßigkeiten in kleine Tütchen abzählen und angegliedertem Tippelbrüder-Treff – dann sollten Sie mit sechs Jahren vielleicht schon mal versuchen, auf einem Flohmarkt ihre alten Susi & Strolch-Hefte zu verticken. Oder die blonde Barbie ohne Arm. Oder die Duplo-Steine-Sammlung vom kleinen Brüderchen. Oder Mamis nigelnagelneuen Rowenta Body Depilator EP 7970. Das gibt zwar Ärger, aber mit Knopfaugen-Dackel-Ich-hab-dich-lieb-und-kann-kein-Wässerchen-trüben-Blick kriegen Sie das schon wieder gewuppt. Wichtig ist, dass sich Ihr Geschäftssinn entwickelt und Ihr Kaufmanns-Gen frühzeitig befriedigt wird.

Wenn Sie allerdings genau wie Nicole Kidman als Schauspielerin oder Schauspieler berühmt werden wollen, ist das Krippenspiel eine hervorragende Gelegenheit. Wenn Sie sich für die Rolle des Schafes allerdings noch nicht reif genug fühlen, weil Sie Angst haben, sich zum Hammel zu machen, oder Ihre Mufflon-Darbietung Ihnen diverse Textprobleme bereitet oder Sie als Lamm-Ersatz die Traberkrankheit fürchten, dann entgehen Sie einfach dem Erwartungsdruck. Wählen Sie eine leichtere Rolle.

Spielen Sie zum Beispiel den Stern von Bethlehem und leuchten Maria und Josef mit einer Taschenlampe den Weg. (Wobei die Kids von heute leuchten wohl eher mit dem IPhone. Mit dem Nazareth-App für 0,79 Cent.) Oder Sie melden sich zum Casting für den großen Strohhaufen hinten rechts in der Ecke an. Oder starten Ihre Karriere als Stellwand in der Augsburger Puppenkiste. Sollte allerdings auch das zu nervenaufreibend für Sie sein, dann gehören Sie eventuell doch eher hinter die Kamera. Oder ins Publikum. Aber Obacht: Wenn Sie sich bei einer Comedy-Veranstaltung in die erste Reihe setzen, besteht die realistische Chance, als Depp des Tages zumindest für zwei Stunden im Rampenlicht zu stehen.

Nicole Kidman wurde in Ballett und Schauspiel unterrichtet

und trat Theatergruppen bei, während sie in verschiedenen Fernsehserien Gastrollen spielte.

Heißt: Sie müssen sich stetig weiterentwickeln. Natürlich können Sie mit sechzehn Ihre Lehre als Gas-Wasser-Installateur abschließen und die restlichen neunundvierzig Berufsjahre die Hände in den Schoß bzw. die Toilette legen. Oder Sie entwickeln sich weiter. Besuchen an der Volkshochschule den Kurs Porzellan- und Keramikmalerei mit Schwerpunkt Kachel-Design, kaufen sich einen Graffiti-Maker und erweitern Ihr Rohrreinigungs-Portfolio um einen Schuss Ästhetizismus. Zu deutsch: Das verstopfte Klo wird nicht nur frei gemacht, sondern nebenbei auch noch blau-rot angemalt! Dann können Sie statt den üblichen 12 Euro 50 Stundenlohn und den zwei geschnorrten Tassen Filterkaffee Marke „Sodbrennen Extra Stark" vielleicht noch einen Hunderter nebenbei verdienen. Und wenn nicht, dürfen Sie zumindest bei der Dame des Hauses als Belohnung für so viel Kreativität Ihr Rohr verlegen. Das dürfen ja sonst nur die Jungs vom Waschmaschinen-Reparatur-Service.

Im Dezember 1983 erschienen die Kinohits *Die BMX-Bande* und *40 Grad im Schatten,* die Kidman in Australien über Nacht zum Star machten. Mit dem Erfolg von *Tage des Donners* und ihrer Golden-Globe-Nominierung für Billy Bathgate feierte Kidman ihren Einzug in Hollywood, doch konnte sie sich trotz Kinohits wie *In einem fernen Land* und *Malice* nicht aus dem Schatten ihres Ehegatten Tom Cruise lösen, mit dem sie seit 1990 verheiratet war.

Merke: Eine Beziehung zu einem ebenfalls auf Karriere ausgerichteten Partner hat zunächst mal viele Vorteile. Wenn dann noch beide prominent sind sowieso. Daraus ergeben sich folgende priviligations, wie der Engländer sagt:

- Der Typ vom Pizzataxi erkennt Sie schon an Ihrer Rufnummer.
- Auch wenn Ihre Bestellung weit unter zehn Euro liegt, kriegen Sie kostenlos eine Flasche Dellitalia Rosso für 1 Euro 99 dazu.
- Auf dem roten Teppich der Jahreshauptversammlung des FDP-Ortsvereins werden Sie vom Wochentip-Volontär öfters fotografiert als die Beckhams.
- Ihre Freunde nennen Sie nicht mehr Jürgen und Elke, sondern sprechen nur noch von „Jürgelke" oder „Brangelina".
- Sie können vor dem Einschlafen noch eine Runde Wettprahlen „wer der Geilere von Ihnen beiden ist".
- Zum Geburtsvorbereitungskurs schicken Sie Ihre Nanny.
- Ihr Haus wird von der Bel Air-Privatpolizei überwacht, obwohl Sie in Duisburg Wanheimerort wohnen.
- Ihre Frau kann ohne jegliche Vorkenntnisse als Schmuckdesignerin auftreten, nur weil sie auf ihren Ohrring getreten ist und der plötzlich ne andere Form hat.
- Sie kriegen alle zwei Tage kostenlos ein neues iPhone nach Hause geschickt.
- Sogar die dicke, melanesische Fleischfachverkäuferin auf Espíritu Santo – der größten Insel des Archipels Vanuatu – weiß auswendig, dass Sie von der Schmetterlingswurst immer nur fünf Scheiben nehmen.
- Sie müssen zwar nach wie vor kacken, kriegen aber von Prada oder Cartier zwölflagiges Toilettenpapier mit Spitze gestellt.
- Ihre Trennung zieht mehr Aufmerksamkeit auf sich als die Geburt von Jesus Christus. Allerdings gibt es durchaus auch Nachteile, wenn Ihr Partner ebenfalls mit Erfolg gesegnet ist. Wenn es – wie im Falle Nicole Kidman – der männliche Teil ist, der den größeren Namen besitzt, ist Entwarnung zu geben. Frauen ist der Claim „It's a Man's World" durchaus vertraut, und sie wissen damit umzugehen. Ihr Selbstbewusstsein nimmt dadurch keinen größeren Schaden. Problematisch wird

es, wenn die Frau den größeren Erfolg hat. Dann leidet unsere Männlichkeit erheblich. Natürlich könnten wir ihr den Part des Ernährers überlassen und selbst ein Dasein als Hausmann fristen, aber machen wir uns nix vor, dafür ist der Mann einfach nicht geschaffen. Alle, die etwas anderes behaupten, lügen wie gedruckt.

Ich habe als Neunjähriger mit meiner E-Jugend-Fußballmannschaft regelmäßig gegen eine Mädchenmannschaft gespielt. Die waren alle mindestens dreizehn, zwei Köpfe größer und haben uns jedes Mal so den Arsch versohlt, dass wir Jungs anschließend immer mit hängenden Köpfen in der Kabine saßen und ernsthaft über ein Leben als Priester oder Eremit in der Wüste Gobi nachgedacht haben. Da hat es mir auch nix geholfen, dass meine Gegenspielerin Bettina exakt meinem Beuteschema entsprach und schon ordentlich Brüste unterm Trikot trug. Ich war neun Jahre alt und zutiefst in meiner männlichen Ehre gekränkt. 1:10 gegen Weiber. Eine Schande. Eine Schmach. Ein Weltuntergang. Wir hatten von diesem Haufen Barbie-Puppen-Spieler wieder mal eine Lehrstunde erhalten. Und das nicht nur fußballerisch, sondern vor allem auch in puncto Körpereinsatz. Ich fühlte mich drei Tage lang als Lusche, als Nullnummer, als größte Luftpumpe der westlichen Hemisphäre.

Würde ich jemals als vollwertiger Mann akzeptiert werden? Würde mich mein Vater jetzt noch in seinem Testament berücksichtigen? Hätte ich jemals wieder die Chance, mein gelbes Bonanza-Rad mit Würde durch die Fußgängerzone zu steuern? Nur eine mehrstündige, therapeutische Sitzung auf dem Dachboden meines Kumpels konnte ein späteres, männliches Trauma (wie etwa frühzeitiger Samenerguss) grade noch abwenden.

Also: Wenn Sie ein Mann sind und sich ebenfalls für eine prominente Partnerin entscheiden wollen, versuchen Sie unbedingt, die prozentuale Erfolgswahrscheinlichkeit der Probandin zu ermitteln. Sollten Sie dabei feststellen, dass das Energiefeld der Dame Ihr eigenes um ein Vielfaches übersteigen könnte, Finger weg! Sofort umdrehen und gehen. Augen zu halten und laut summen.

Wenn Sie eine Frau sind, kann der Kerl auch Präsident der intergalaktischen Föderation sein oder sogar der Imperator himself, Sie kommen damit schon irgendwie klar und werden über kurz oder lang Ihr eigenes Ding erfolgreich durchziehen. Insofern Sie es denn wollen und es okay ist, dass der Kerl quasi nie zu Hause ist und täglich mehrere Stunden mit seinem Laptop kuschelt oder mit seiner Kalaschnikow, falls es sich bei Ihrem Liebhaber um Olamu Sin Baden* handelt.

Paradoxerweise katapultierte Nicole Kidman erst die Scheidung von Tom Cruise in die oberste Liga Hollywoods: Obwohl ihre Filme bis 2001 weltweit über 1,3 Milliarden US-Dollar eingespielt hatten, entwickelte sich Kidman erst jetzt zu einem Kassenmagneten und machte anspruchsvolle Filmprojekte wie *The Others* zu weltweiten Kinoerfolgen. Dabei bedeutete die Verleihung des Oscars für ihre Rolle in *The Hours – Von Ewigkeit zu Ewigkeit* den bisherigen Höhepunkt ihrer Karriere.

Was lernen wir daraus? Manchmal kann das Scheitern einer Beziehung erst den Weg für eine erfolgreiche Karriere freimachen. Das bedeutet nicht etwa, dass Sie Ihren Partner nun partout in die Wüste schicken sollen. Ich meine damit vielmehr, dass wenn Ihre Liebste Sie grade in die Wüste geschickt hat oder Sie durch ein anderes Exemplar – welches natürlich in keinster Weise intellektuell, optisch und auch rein sexuell an Sie heranreicht – ersetzt haben sollte, dann nutzen Sie die Gunst der Stunde und starten voll durch. Natürlich werden Sie anfangs denken: „Nein, Nein, Nein

---

(*Name von der Redaktion aus Angst vor Restriktionen geändert)

– ich liebe Sie über alles. Meine Karriere ist mir egal." Aber Sie werden sehen, wenn Ihr Bild erst in der Zeitung steht, mutiert Ihr aktueller Widersacher mehr und mehr zur Fehlentscheidung und Ihre Ex wird sich wünschen, zumindest die Art und Weise anders gewählt zu haben. Denn inzwischen haben Sie natürlich längst Ersatz gefunden bzw. vielleicht sogar die Richtige und brauchen keinen „Wir können Freunde bleiben"-Freund mehr.

Und sollten Sie irgendwann auch noch den Oscar bekommen oder in die Hall of Fame der erfolgreichsten Gebrauchtwagenhändler Südostfrieslands aufgenommen werden, erscheint Ihr heutiger Nebenbuhler endgültig als Fulltime-Lusche, die es lediglich verstanden hat, Ihre vorübergehende Beziehungskrise durch geschicktes „Ich will mich nicht dazwischendrängen"-Gesülze eiskalt auszunutzen. Gleiches gilt natürlich, wenn Sie eine Frau sind und Ihr Kerl mit seiner Sekretärin durchgebrannt sein sollte. Natürlich sollten Sie sich anfangs immer ein Hintertürchen für eine mögliche Rückkehr offen lassen, schließlich kann Ihre Karriereplanung ja in die Hose gehen und plötzlich scheint ihre Nebenbuhlerin doch die bessere Alternative für ihn zu sein. Dann müssen Sie es menscheln lassen: zuhören, Verständnis zeigen, knappe Röcke tragen, ihn loben und Sätze sagen wie: „Ich will mich nicht dazwischendrängen." Rächen können Sie sich auch später noch.

Aber zurück zur Karriere.

2003 erhielt Nicole Kidman einen Stern auf dem Walk of Fame in Hollywood. Nach Rollen in Anthony Minghellas US-Bürgerkriegsdrama *Unterwegs nach Cold Mountain* (2003), Frank Ozs Komödie *Die Frauen von Stepford* (2005) oder der Künstlerbiografie *Fell – Eine Liebesgeschichte* (2006) kann die Australierin eine Gage von 16 bis 17 Millionen US-Dollar pro Film verlangen. Damit löste sie 2006 die US-Amerikanerin Julia Roberts als bestbezahlte Hollywood-Schauspielerin ab.

Wenn sich der Erfolg einstellen sollte, müssen Sie diesen untermauern. Entweder indem Dritte Ihnen eine entsprechende Ehre zuteil werden lassen oder Sie verleihen sich Ihren Hollywood-Stern einfach selbst. Gießen Sie beispielsweise einen Block Zement in den Vorgarten und verewigen dort Ihre Hand- und Fußabdrücke. Drucken Sie die schönsten Fotos Ihrer Laufbahn aus, rahmen Sie diese und pflastern Sie Ihr Wohnzimmer damit. Kaufen Sie für 39 Euro 50 die IKEA-Glasvitrine „Ösrö", und drapieren Sie sehr prominent diverse Utensilien aus Ihrem beruflichen Alltag darin: Blaumann, Rohrzange, WC-Rohr, Spülkasten etc. Anschließend stellen Sie die Vitrine direkt in die Diele, dass auch garantiert jeder vorbeiläuft und einen Blick riskiert.

Dann kann eigentlich gar nichts mehr schiefgehen!

Zusammenfassung:
- Zeigen Sie sich, kommen Sie aus Ihrer dunklen Ecke raus.
- Bilden Sie sich regelmäßig weiter (einbilden reicht nicht).
- Suchen Sie sich einen ebenfalls auf Erfolg ausgerichteten Partner.
- Suchen Sie sich eine auf Erfolg – aber nicht zu sehr – ausgerichtete Partnerin.
- Spielen Sie als Mann niemals Fußball gegen Frauen.
- Wenn Ihre Beziehung zu Bruch geht, nicht rumheulen, jetzt geht´s erst richtig los.
- Untermauern Sie Ihre Erfolge und hauen Sie ruhig mal auf den Putz.

Kaká

Tortänze und Staupartys: Entdecke den Brasilianer in Dir!

Kaká (* 22. April 1982 in Brasília, Brasilien) ist ein brasilianischer Fußballspieler und wird von Fachleuten zu den derzeit besten Mittelfeldspielern der Welt gezählt. Derzeit spielt der offensive Mittelfeldspieler bei Real Madrid in der ersten spanischen Fußballliga, der Primera División.

Was für ein Name! Kaká! Dabei wurde mir schon als Kleinkind beigebracht, Exkremente nicht in den Mund zu nehmen. Aber natürlich ist Kaká nur ein Künstlername so wie Zé Roberto oder Robinho oder Pipi, der berühmte brasilianische Nationalspieler der sich damals mit roten Zöpfen, seinem Äffchen und dem Pferd in die Villa Kunterbunt eingemietet hat, weil ihm sein schwedischer Club Rosenborg Trontheim kein Penthouse stellen wollte.

Aber wie heißt Kaká eigentlich wirklich? Uwe? Heiko? Oder Theodor? Natürlich nix von alledem. Er ist schließlich Brasilianer und heißt mindestens „Hector Antunez Valdeo Carsten Peter Coimbra Karlson". Und zwar nur mit seinem zweiten Vornamen. Und Pelé heißt eigentlich Pe-ter Le-hmann und Ronaldinho heißt wahrscheinlich Ronald Inho-bst. Aber was die Brasilianer ja alle gemeinsam haben, ist dieses unglaubliche Temperament, diese unbändige Lebensfreude, diese Leichtigkeit ... diese Unbekümmertheit ... Aber gleichzeitig auch wieder diese Schludrigkeit.

Unsere Mama hat ja immer gesagt, ich wäre ein Socken-Brasilianer, weil ich die Socken immer als Knäule vorm Bett fallen und liegen gelassen habe. Aber: Immer mit einer unglaublichen Lebensfreude! Heyyy ... Kamelle ... Rio ... Karneval ... da simma dabei, dat iss priiiiimaaa ... und schwupps fliegt wieder einer ... jaaa!

Mittlerweile hab ich das aber halbwegs im Griff. Dafür bin ich heute eher Kühlschrank-Brasilianer. Da kann es dann schon mal vorkommen, dass mein mittelalter Gouda eher nach schimmeliger Puten-Salami und das Pflaumenmus nach Lachsersatz schmeckt.

Und noch etwas haftet brasilianischen Fußballspielern an: Sie kommen grundsätzlich niemals pünktlich aus dem Urlaub zurück. Na gut, einige haben Flugangst und weigern sich trotz Leckerli, in die Hundebox zu klettern. Andere müssen noch feurige Tortänze üben und manche finden deutsche Pünktlichkeit einfach ... äh ... kaka! Aber so ist das nun mal. Du kannst den Fußballer aus Brasilien holen, aber niemals Brasilien aus dem Fußballer. Denn zum Teil sind sie in echten Elendsvierteln groß geworden.

Da ging es ums nackte Überleben! Und die Betonung lag nicht selten auf NACKT! Von wegen Strom, fließendes Wasser und so.

Da heißt´s beim Schlafen gehen „Gute Nackt!" Nur hat die meist keiner. Dafür eben Lebensfreude. Man ist quasi hundemüde, aber grinst den ganzen Tag im Kreis.

Und mal ehrlich: Wir können von Brasilianern wirklich eine Menge lernen! Im Stau zum Beispiel: Da geht's nicht vor und nicht zurück. Wir stecken alle zusammen fest. Und was machen wir? Wir sitzen da und ärgern uns. Stundenlang. Ein kollektives „Still-in-sich-hinein-Grummeln". Einige verbeißen sich auch in ihr Lenkrad wie ein Pitbull in die Schaukel auf dem Kinderspielplatz. Oder sie hauen mit dem Kopf dagegen und brüllen die Rückbank zusammen. Egal ob da überhaupt einer sitzt oder nicht.

Warum steigen wir nicht einfach alle aus und machen eine Stauparty draus? Der Mariacron-Laster gibt einen aus, Manni mit dem aufgetunten GTI macht seinen Verstärker im Kofferraum an und beschallt die A3 mit De Höhner oder Bläck Fööss. Und die dralle Mutti aus dem Wohnmobil macht an der Mittelplanke einen auf Limbo-Queen.

Die Frage ist nur, wie wird man zum Brasilianer? Wie schüttele ich die alten Gewohnheiten ab? Was muss man beachten? Woran muss man denken?

Ganz einfach: Kommen Sie immer unpünktlich. Fangen Sie schon bei Ihrem ersten Vorstellungsgespräch damit an. Wenn Sie dann aber kommen, dann bitte nicht geduckt, wie ein geprügelter Wolfsspitzwelpe, sondern stolz, mit breiter Brust. Versprühen Sie Lebensfreude! Küssen Sie alle Anwesenden links und rechts auf die Wange, werfen Sie mit kleinen Geschenken um sich, und beginnen Sie mit lautem Singen und Klatschen einen Tanz, der später möglichst in einer Polonaise enden sollte. Das erregt so viel Aufmerksamkeit, dass hinterher jeder vergessen hat, dass Sie zu spät dran waren.

Ausnahmen:
Wo Sie auf keinen Fall zu spät kommen dürfen:
- Hinrichtung
- Silvester (gegen 6 Uhr finden Sie kaum noch jemanden für eine Polonaise)
- Stauparty (bei Tempo 200 ist der Begrüßungskuss nur flüchtig möglich)

Aufgrund eines Wirbelbruchs nach einem Badeunfall drohte Kaká im Oktober 2000 das vorzeitige Karriereende. Heute dankt er nach jedem von ihm erzielten Tor Gott, dass er wieder voll einsatzfähig ist, indem er hochblickt und mit beiden Zeigefingern Richtung Himmel zeigt.

Der Glaube spielt bei jedem Erfolgsmenschen eine zentrale Rolle. Und vor allem Brasilianer sind zumeist tief gläubig. Viele bekreuzigen sich, bevor sie den Rasen betreten. Andere beten unmittelbar vor dem Flugkopfball noch mal schnell das Ave Maria.

Und wiederum andere tragen beim Elfmeter um ihren Hals eine kleine Reisebibel. Doch auch wer den Ölberg für ein Aufbewahrungslager des Esso-Konzerns hält und von Jesus nur weiß, dass er besser gewesen sein muss als Hans Klok und David Copperfield in Personalunion, sollte das Thema Glauben keinesfalls ad acta legen. Sie können wie Jürgen Klinsmann 2008 ja auch Buddha-Figuren aufstellen oder Legomännchen oder Diddlmäuse. Oder beten gen Mekka. Oder gen Bottrop. Oder gen Genf. Sogar eine getrocknete Küchenschabe kann Ihnen zum Sieg verhelfen, wenn Sie an ihre positive Wirkung glauben.

Aber der wichtigste Glaube – zumindest was unser Zentralthema betrifft – ist der Glaube an sich selbst. Selbst wenn Sie eines Morgens aufwachen und im Lumpenkostüm den Straßengraben einer Geisterstadt im Death Valley zieren, sollten Sie niemals an sich zweifeln. Es ist vielleicht einfach nicht Ihr Tag. Oder Ihr Monat. Oder Ihr Leben. Aber eine Katze hat ja bekanntlich sieben davon. Und wer weiß, vielleicht stammen Sie ja gar nicht vom Affen ab oder vom Neandertaler, sondern vom Muschimann. Klingt albern!? Ist aber vollkommen egal, wenn Sie nur fest genug daran glauben.

Zusammenfassung:

- Geben Sie sich einen Künstlernamen (auch als Fleischfachverkäuferin), irgendetwas Griffiges (z. B. Cervelina, Kottletta, Krautsabine oder Bauchfleisch-Bärbel).
- Versprühen Sie Lebensfreude wie ein Zirkusclown auf Weckamine.
- Lassen Sie andere ruhig mal warten, aber niemals länger als ein bis zwei Jahre.
- Glauben Sie an etwas! Und wenn nicht an Zeus, Dionysos oder besseres Wetter ab heute Nachmittag, dann aber auf jeden Fall an sich selbst.

Howard Carpendale
Das musikalische Tartufo-Häubchen

Howard Carpendale ist einer der bekanntesten und erfolgreichsten Schlagersänger Deutschlands. Ach, was sage ich, der Welt.
Schließlich spricht der geborene Südafrikaner perfektes Englisch.
Oder sagen wir Denglisch. Also Deutsch mit englischem Akzent.
Also mit dem unverwechselbaren denglischen Howie-Akzent. „Isch
frrrreu misch disch zum sehen". Toll. Ein Satz wie Butter, wie Molke-
drink mit einem Spritzer Sahne. Eine Sprache, die man so vorher
noch nirgendwo gehört hat. Außer vielleicht auf der Logopäden-
Schule. Oder bei Lena Meyer-Landrut.

Howie war und ist wohl der gefühlvollste Sänger, den die *ZDF-
Hitparade* je gesehen hat. Sogar Namen wie Chris Roberts, Jürgen
Marcus oder Andrea Jürgens (um mal die ganz Großen der Gro-
ßen zu nennen) verblassen wie aufsteigender Bratkartoffelqualm in
Mutters Dunstabzugshaube, wenn der Name Howard Carpendale
ins Spiel kommt.

Für mich unvergessen und nach wie vor sensationell ist der
Satz, den Howie 2005 im Comeback-Interview mit Johannes B.
Kerner fallen ließ, als dieser fragte: „Howie, wie kam es zu diesem
Comeback?" Und Howie antwortete: „Isch würrde nisch sagen, es
ist eine Comeback, es ist mehr Rrrückkehr!"

Natürlich, und es ist auch keine Quatsch, es ist mehr Kokolores.
Und eine Käse ist es auch nicht, es ist mehr Cheese.
Aber es ist vor allem eins: Es ist eine Howie!

Was lernen wir daraus? Ganz klar. Sie brauchen eine eigene
Sprache. Genau wie der Kaiser oder Marcel Reich-Ranicki oder
Helmut Kohl früher. Einfach damit man Sie sofort wiedererkennt,
wenn Sie singen oder telefonieren. Und sogar ein Husten, das man

sofort wiedererkennt, kann von unschätzbarem Wert sein, wenn Sie beispielsweise mal als Lawinenopfer unter meterhohem Schnee auf Ihre Rettung warten. Durch einen Lawinenhund, einen Skifahrer oder Anton aus Tirol.

Natürlich ist es am besten, wenn Sie wie Howie von Haus aus „isch", „misch" oder „disch" sagen. Oder wie Berti Vogts „Fich", wenn Sie eigentlich das Tier meinen, welches im Wasser schwimmt und Kiemen hat. Der Fich eben. Aber selbst wenn nicht, können Sie immer noch Rat bei einem Sprachtherapeuten suchen. Wer weiß, wie man Artikulationsprobleme beseitigt, weiß garantiert auch, wie man sich welche schafft. Einfach beim Hausarzt mal den Stammel-Hans geben oder den Stotter-Horst, und, zack, verschreibt Ihnen Dr. med. Metzker zehnmal „Labern lernen leicht

gemacht". Mit Korken im Mund oder wahlweise heißer Kartoffel. Das volle Programm eben. Also vorausgesetzt, sein Budget für den Monat ist noch nicht ausgeschöpft. Sonst verschreibt er Ihnen vielleicht nur Zäpfchen oder Voltaren (das hilft ja bekanntlich bei allem). Vielleicht macht er aber auch einfach nur sicherheitshalber ein paar Röntgenaufnahmen von Ihren Stimmbändern, um zu gucken, ob auch nix gebrochen ist.

Sollten Sie also keine umfassende Unterstützung bekommen, können Sie auch selbst ein paar Übungen ausprobieren. Sagen Sie einfach mal:

1. Apotheke Sapotheke Napotheke Rapotheke 2. Brautkleid bleibt Brautkleid und Blaukraut bleibt Blaukraut 3 a. Fischers Fritz fischt frische Fische (oder wenn Sie Berti Vogts heißen:) 3 b. Fichers Fritz ficht friche Fiche

Wenn Sie diese drei Sätze fehlerfrei hinbekommen, haben Sie leider nicht verstanden, was ich von Ihnen will. Nämlich genau das Gegenteil. Sie müssen sich einen abbrechen, nuscheln, stammeln oder zumindest zwischendurch stocken. Dann fallen Sie auf und die Leute reden über Sie. Kapiert? Bestimmt. Sogar ich hab's irgendwann geschnallt.

Howard Carpendale ist aber nicht nur für seine unverwechselbare Aussprache bekannt, sondern auch für sein weiches, sanftes Grunderscheinungsbild, welches durch ein gehauchtes „Ti Amo" musikalisch umspielt wird. Der Mann ist kein einfacher Sänger. Er ist eine Komposition, eine Art musikalischer Tafelspitz. Eine Himbeere im Schlafrock. Eine Tomatencremesuppe mit Tartufo-Häubchen.

Deswegen: Achten Sie auf Ihr Äußeres. Tragen Sie Pastelltöne zur fluffigen Fönwelle. Und schweben Sie durchs Leben. Selbst wenn Sie beim Ikea Kamen als Lagerarbeiter täglich tonnenschwere Tromsö-Sitzgruppen durch die Gegend schleppen müssen. Lockern Sie Ihre Gesichtsmuskeln einmal komplett durch und entspannen Sie die Unterlippe. (Einfach alles locker lassen und zehn Sekunden den Kopf schütteln!)

Jetzt denken Sie noch an Ihr schönstes Liebeserlebnis, sodass Ihre Augen leuchten wie die von Christoph Daum beim letzten Kolumbien-Urlaub, sagen zum Kollegen noch: „Isch geh jetzt in dem Mittagspause" und schon sind Sie quasi der Lagerhallen-Howie. Der einzige Gabelstapler-Fahrer, den jeder kennt, von der Putzkolonne bis zum Türstopper. Jeder weiß, der mit der komischen Sprache und dem cremefarbenen Kaschmirschal über dem Blaumann, das ist doch der Köttbulla-Carsten aus der Hardwaren-Abteilung.

Merke: Wichtig ist nicht nur, dass Sie auffallen. Sondern dass Sie rausfallen aus der Masse der stromlinienförmigen Durchschnittspaviane. Einen roten Arsch haben alle. Sie brauchen einen grünen oder besser noch einen lila-gelb gestreiften. Und Sie sind bitte schön der einzige Affe, der wiehert und die Banane mit Messer und Gabel isst. (Wussten Sie schon. Weiß ich. Aber wenns doch soooo wichtig ist…)

Zusammenfassung:

- Sie brauchen eine unverwechselbare Sprache oder Stimme; starkes Rauchen und gelegentliches Saufen können hierbei äußerst behilflich sein, zur Not ist auch ein Griff in die Lispel-Kiste erlaubt.
- Tragen Sie Pastelltöne und alle Klamotten eine Nummer zu groß (die Hip Hopper wirken auch immer extrem lässig, wenn Sie mit ihren Baggy Style-Buxen durch die Bronx flanieren).
- Achten Sie stets auf eine Spur Eleganz.
- Kauf Dir sofort die Hit-Single POKAL AGAIN von Matze Knop.
- Und wenn Sie im Büro mal aus der Mittagspause wiederkommen und der Kollege fragt provokant: „Na, auch schon zurück?", antworten Sie weich: „Isch würrde nisch sagen, es ist Rrrückkehr, es ist mehr eine Comeback!"

Lothar Matthäus
Gewollt hab ich schon gemocht

Lothar Herbert Matthäus (* 21. März 1961 in Erlangen) ist ein deutscher Fußballtrainer und ehemaliger Fußballspieler.

Der gelernte Raumausstatter (auf fränkisch-loddarisch: „Rrrraoum-aous-staddä") und frühere Mittelfeldspieler und Libero ist Rekordnationalspieler der Nationalmannschaft („Rrrrekott-nationall-spielä").

Sein größter Erfolg war der Gewinn der Fußball-Weltmeisterschaft 1990. Darüber hinaus wurde er Europameister, mehrfach deutscher Meister, Pokalsieger und italienischer Meister.

Außerdem ist Lodda nachweislich vierfacher Ehemann, dreifacher Vater und angeblich langjähriges Mitglied im Videoring. („Ja gutt, dos is rrrichtig, äh, ich frrrreu mich übba diesä Auszeichnunk und nehm den Jahrrrrrös-beitrrrrach von Zwölftausenteurrrrrrrrrrrrro gern-inn-Kaufffff".)

Matthäus startete seine Karriere beim FC Herzogenaurach. Daher auch der auffällig fränkischloddarische Dialekt.

Er spielte für Borussia Mönchengladbach (1979-1984) in der Bundesliga, erlebte seine Karrierehöhepunkte beim FC Bayern München (1984-1988, 1992-2000) und von 1988 bis 1992 bei Inter Mailand in Italien. Seine aktive Karriere ließ er 2000 in den USA bei den New York New Jersey MetroStars ausklingen. Während dieser Zeit wurden vor allem Jogging-Bilder zusammen mit Maren Müller Wohlfahrt – der Tochter von Dr. Winnetou Wohlfahrt – nach Deutschland übermittelt.

Dieser Wahnsinnskerl steht auf der FIFA-Liste der besten lebenden Fußballer, ist nach Fritz Walter, Uwe Seeler und Franz Beckenbauer der vierte Ehrenspielführer der deutschen Nationalmannschaft, hat mehr Länderspiele als der Kaiser auf dem Buckel und hat mit über 38 Jahren noch ein mordswichtiges Tor erzielt (1999 beim Confed-Cup in Mexiko gegen Neuseeland – wohlgemerkt: In dem Alter kommt für die meisten Fußballer allenfalls noch betreutes Public Viewing in Frage!). Da fühlt man sich klein und nichtig, und der Pokal für die größte selbstgezogene Möhre der Schrebergartenanlage „Klein aber mein" scheint gar nichts Dolles mehr zu sein. Aber: Trotz seiner unglaublichen Erfolge ist das Ansehen von Lothar Matthäus in der deutschen Öffentlichkeit eher – sagen wir „diskussionswürdig". Dies mag daran liegen, dass unser ehemaliger Leitwolf manchmal etwas zu ausführlich und zu abstrus in diverse Mikros quasselt. Nicht dass so etwas nicht auch mir gelegentlich passieren könnte, aber meine Bestrebungen, irgendwann mal Bundestrainer zu werden, sind in etwa so groß wie der IQ einer Packung Bundeswehrkekse. Aber ganz ehrlich, ich mag den Loddar so wie er ist. Sonst wären uns folgende Formulierungen sicher durch die Lappen gegangen.

Original Loddasche Worthülsen:

- Wir sind eine gut intrigierte Truppe.
- Schiedsrichter kommt für uns nicht in Frage. Schon eher etwas, das mit Fußball zu tun hat.
- Die Schuhe müssen immer zum Gürtel passen.
- Wichtig ist, dass er jetzt eine klare Linie in sein Leben bringt (Zur Kokain-Affäre Daum).
- Ey Mädels, unser Schwarzer hat den Längsten (gemeint war Mitspieler Adolfo Valencia).
- Es ist wichtig, dass man neunzig Minuten mit voller Konzentration an das nächste Spiel denkt.
- I hope we have a little bit lucky (Pressekonferenz New York Metro Stars).
- Ein Lothar Matthäus spricht kein Französisch.
- Jeder, der mich kennt und der mich reden gehört hat, weiß genau, dass ich bald Englisch in sechs oder schon in vier Wochen so gut spreche und Interviews geben kann, die jeder Deutsche versteht.
- Sis are different exercises. Not only bumm (Beim Training mit Partizan Belgrad).
- Das Chancenplus war ausgeglichen.
- Ich habe gleich gemerkt, das ist ein Druckschmerz, wenn man draufdrückt.

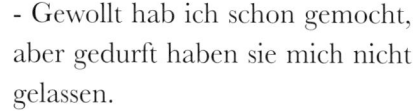

- Gewollt hab ich schon gemocht, aber gedurft haben sie mich nicht gelassen.
- Manchmal spreche ich zu viel.

Nichtsdestotrotz bleibt Lodda – neben Manni, dem Libero – einer der erfolgreichsten Fußballspieler, die wir jemals hatten.

Lodda meint: Nicht immer mit der Masse schwimmen. Einfach mal Fußballtrainer in Israel werden und den Versöhnungskuss mit der Ex an die Bäckerblume verkaufen. Oder volksnah ausgedrückt: Die Banane von der Seite schälen …
Und dann quer fressen. Stichwort Innovation.

Als „Mann von Welt" achtet Lodda stets auf gute Kleidung und gesunde Ernährung. Dazu täglich mindestens 3l Flüssigkeit. Hier trinkt er gerade eine Apfelschorle aus eigenem Anbau.

Matthäus spielte zunächst als Mittelfeldspieler und später als Libero von 1980 bis 2000 150-mal (23 Tore) für die deutsche Fußballnationalmannschaft. Er nahm als bisher einziger deutscher Spieler an fünf Weltmeisterschaften teil. Zudem wurde er Vizeweltmeister 1982 und 1986. Weltmeister 1990 wurde er als Kapitän der Nationalelf durch ein 1:0 gegen Argentinien.

Mit dieser herausragenden Leistung wäre man in anderen Ländern, wie etwa Argentinien, Ghana, Tuvalu oder Legoland, auf Lebzeiten ein Volksheld und bräuchte seine Brötchen beim Bäcker niemals mehr zu bezahlen. Außerdem bekäme man sogar beim Gang zum Dixi-Klo einen roten Teppich ausgerollt, und der Staatspräsident himself würde einem wahrscheinlich den Arsch mit Watte abwischen. Man würde auf Händen getragen, bekäme Geld, Frauen, Autos und so viele Payback-Punkte wie man nur will. Nicht so in Deutschland. Dort war der Sportsgeist schon immer sehr groß, wenn es darum ging, die eigenen Idole spätestens nach Ende der aktiven Laufbahn öffentlich zu demontieren. Dies mussten unter anderem auch Boris „Besenkammer" Becker, Henry „Ich kämpfe nur gegen Fallobst" Maske und Franzi Van „Speck" Almsick erfahren. Letztere wurde sogar schon während der aktiven Laufbahn zum Spielball der Medien und wahrscheinlich sogar von der „Bäckerblume" und dem „Wachturm" denunziert. Nicht fair.

Einzig Skisprung-Ass und BRAVO-Gold-Otto-Gewinner Sven Hannawald machte es nach seinem phänomenalen Triumph bei der 50. Vierschanzentournee 2001/2002 goldrichtig, als er sich – gefühlt – unmittelbar nach der Pokalübergabe selbst demontierte und hokus-pokus ein Burnout-Syndrom aus dem Helm zauberte. Ansonsten wären wahrscheinlich spätestens zwei Minuten nach

Karriere-Ende oder vielleicht sogar schon während der letzten Telemark-Landung in Lillehammer oder Bischofshofen die Boulevard-Geier über Hannilein hergefallen und hätten ihm Leber, Galle, Milz und Blutzuckerspiegel aus dem dreißig Kilogramm schweren Athletenkörper gerupft. Einzig allein aus diesem Grund habe auch ich mich vor ein paar Jahren, nach dem großartigen Erfolg mit dem SV Lippstadt Zweite Mannschaft und dem damit verbundenen Nichtabstieg aus der Fußball-Bauern-Bezirksliga, von der großen Fußball-Bühne eigenständig verabschiedet und fortan nur noch bei unbedeutenden

Fußball-Profis wie Lodda sind echte Ballkünstler. Und Künstler sind bekanntermaßen sensibel. Deswegen isst Lodda seine Pommes grundsätzlich aus'm Glas, damit die Fritten auch was sehen …
Die armen Dinger.

Spielen wie etwa MC Fit gegen Bayern München vor 50.000 Zuschauern in der Arena auf Schalke mitgewirkt. Dass ich nach wie vor regelmäßig in der unterklassigen Kreisliga meine morschen Knochen versuche fit zu halten, tut hier nichts zur Sache, hat aber den großen Vorteil, dass ich zwischen Sauerland und Soester Boerde jede Kuh am Rande der Bande persönlich mit Namen kenne und ihre Melkzeiten auch unter enormer psychischer Belastung bei *Wetten, dass..?* fehlerfrei vortragen könnte.

Merke: Wenn man verhindern möchte, dass man im Anschluss an die eigene Karriere – und sei es auch nur als Klassenbester in der Rütli-Schule Neukölln – öffentlich demontiert wird, sollte man die Karriere am besten bis zum Lebensende durchziehen. Zugegeben für einen Profisportler, der nicht grade im Bereich Schach, Mikado oder Klosteine-Lutschen tätig ist, ein schwieriges Unterfangen. Wer aber als Tänzer, Sänger oder Schauspieler in Lohn und Brot steht, hat bessere Chancen. Johannes Heesters etwa weiß um die Gefahren des Karriere-Endes und schiebt dieses deswegen nun schon seit Jahrzehnten vor sich her. Als normaler Arbeitnehmer wäre Heesters eigentlich bereits 1969 in Rente gegangen. Stattdessen singt und schauspielert er sich immer noch halb blind durch die Republik. So wurde ihm der Satz „Der Hitler war ein guter Kerl" auch nicht zum Verhängnis. Aber wie auch? Was hätte man mit ihm anstellen sollen? „Herr Heesters, das geht einfach nicht, Sie bekommen zehn Jahre Auftrittsverbot." Da hätte der Heesters geantwortet: „Ist gut, ich melde mich dann 2020 wieder bei Euch. Kann aber sein, dass ich dann alleine komme, weil ich weiß nicht, ob die Simone noch so lange lebt." (Keine Angst, sie ist bester Gesundheit und kaut dem Jopi zur Stunde die Milchsuppe vor.)

Im April 1992 erlitt Lothar Matthäus einen Kreuzbandriss und konnte nicht an der Europameisterschaft teilnehmen. Nach einem Riss der Achillessehne, den Matthäus am 25. Januar 1995 bei einem Testspiel gegen Arminia Bielefeld erlitt, war Lodda länger verletzt und erst zur EM 1996, zu der er jedoch nicht nominiert wurde, wieder fit.

Bedeutet: Auch größere Rückschläge – seien sie körperlicher oder seelischer Art – muss man im Laufe einer Karriere wegstecken können. Nicht immer haben wir „Normalos" dabei die Möglichkeiten eines Matthäus, der damals in Bielefeld noch am gleichen Abend unters Messer kam. Doch sollten auch Sie sich mal den Abzugs-Finger auskugeln, obwohl Sie eigentlich für den 24.12. einen Amoklauf bei Douglas oder in der Parfümerie Pieper geplant hatten, ist ganz wichtig, dass Sie nicht sofort aufgeben, sondern eventuell auf Steinschleuder, Tränengas oder Fliegenklatsche umsteigen.

Der Grund für Loddas Nicht-Nominierung war aber auch, dass er sich mit Bundestrainer Berti Vogts überworfen hatte, dessen engster Vertrauter in der Mannschaft Kapitän Jürgen Klinsmann war. Zwischen Matthäus und Klinsmann, die zu dieser Zeit bei Bayern München, wie schon vorher bei Inter Mailand, in einem Verein spielten, herrschte ein erheblicher Konflikt. Beachte: Genauso wichtig im Leben wie Freunde sind ehrenwerte Feinde. Vor allem wenn sich diese auf Augenhöhe befinden, helfen sie ungemein, den eigenen Schweinehund zu überwinden und neue Höchstleistungen abzurufen. Denn nichts spornt so sehr an wie eine gesunde Portion Hass. Wer grade keinen offensichtlichen Feind griffbereit hat – weil die Schwiegermutter in Australien wohnt und Ihr Chef Ihnen gestern eigenmächtig eine Gehaltserhöhung angeboten hat – kann sich innerhalb weniger Tage einen basteln. Einfach mal die eigene Mülltonne demonstrativ auf dem Grundstück des Nachbarn parken und jeden Abend ab 23 Uhr 30 die Ramstein- oder Marilyn-Manson-CD auf Maximum Volume drehen, und schon ergeben sich erste Risse in der einst so guten Nachbarschaft. Wenn Sie dann auch noch mit Ihrem Schlüssel einen schönen Hundertwasser auf seine Motorhaube zaubern und dem dreijährigen Nachbarssohn den Besen in die Dreirad-Speichen halten, ist eine langjährige Feindschaft in greifbarer Nähe. Weitere Ideen, um Feinde zu gewinnen, sind:

- Schütten Sie heimlich Tabasco in den Latte macchiato Ihrer Frau
- Drohen Sie dem netten Streifenpolizisten aus der Fußgängerzone zum wiederholten Male mit einer Dienstaufsichtsbeschwerde
- Beißen Sie dem Yorkshire Terrier von gegenüber ins Bein und pinkeln Sie regelmäßig an die Mauer neben Ihrer Einfahrt
- Rufen Sie zehnmal am Tag das Pizzataxi und machen die Tür nicht auf
- Bewerfen Sie den Postboten mit Wasserbomben oder setzen Sie den Briefkasten unter Strom
- Schicken Sie Penisverlängerungs-E-Mails an Ihren Chef
- Verwackeln Sie in der ambulanten Notaufnahme jedes Röntgenbild
- Fressen Sie Ihrem Wellensittich die Körner weg und stellen Sie seinen Käfig ins Gefrierfach
- Spielen Sie an Heiligabend auf der Kirchenorgel „Highway to Hell"

- Betrügen Sie Ihren Ehegatten mit seinem besten Freund oder seinem größten Feind
- Reden Sie nur von sich und hören Sie anderen niemals zu
- Werfen Sie Bomben auf London und brechen Sie einen Nichtangriffspakt mit Russland

Na dann, viel Spaß!

Zusammenfassung:
- Werden Sie Rekordhalter in Ihrer Spezialdisziplin.
- Reden Sie sich um Kopf und Kragen (die Redaktionen von *Exclusiv*, *Taff*, *Red* und *Prominent* laden Sie dann garantiert auch zur Weihnachtsfeier ein).
- Beenden Sie Ihre Karriere nie (es ist wie bei einer Party: Wenn Sie nicht wollen, dass über Sie gelästert wird, gehen Sie erst ganz zum Schluss.).
- Gewinnen Sie neue Feindschaften und pflegen Sie diese.

Britney Spears
Breakdance im Fruchtwasser

Britney Jean Spears (* 2. Dezember 1981 in McComb, Mississippi, USA, als Tochter eines Bauunternehmers und einer Grundschullehrerin) ist eine US-amerikanische Popsängerin, Schauspielerin und Designerin, die es mit ihren ersten vier Alben in Folge auf Platz 1 der Billboard-Charts schaffte. In weniger als zehn Jahren verkaufte die Sängerin mehr als 87 Millionen Alben.

Stopp!

Bedeutet: Man muss nicht immer aus der Gosse kommen, um später erfolgreich zu sein. Auch wenn eine „schlimme" Kindheit für Karrieren im Showbusiness natürlich von großem Vorteil ist. Wenn Sie also keine Scheidung Ihrer Eltern vorzuweisen haben, Sie nicht unter neun verhaltensgestörten Geschwistern aufgewachsen sind, die allesamt vom Vater scheiße behandelt wurden und Sie auch nicht im Waisenhaus groß geworden sind – weil Ihre Mutter Maria Cron hieß und Ramazotti sowohl gehört als auch literweise gesoffen hat – reicht es für den Anfang auch erstmal, wenn einfach nur Ihr Wellensittich früh verstorben ist.

Weiter …

Britney Spears drehte bereits als Kind Werbespots und nahm an Talentwettbewerben teil.

Heißt: Wenn also auch Sie mindestens 50 Millionen CDs, DVDs oder Bücher verkaufen wollen, müssen Sie früh anfangen. Am besten schon im Kindergarten. Oder besser noch vor dem Abstillen. Um auf Nummer sicher zu gehen, sogar schon während der ersten Ultraschalluntersuchung bei Mamas Leibgynäkologen.

Wenn Ihr Ultraschallbild oben auf dem Monitor erscheint, einfach mal nicht stumpf geradeaus gucken, sondern etwas Unvorhergesehenes ausprobieren: die Zunge rausstrecken, eine einfache Breakdance-Bewegung oder ins Fruchtwasser kotzen. Auffallen heißt das Stichwort. Notfalls polarisieren. In Kauf nehmen, dass die Familie mal nicht kollektiv „Oh, wie süß" ruft, sondern „Ach du scheiße".

Bekannt wurde Britney Spears als Moderatorin des *New Mickey Mouse Club* des US-amerikanischen Senders Disney Channel. Dort arbeitete sie zusammen mit Christina Aguilera und Justin Timberlake.

Konkurrenzsituationen – das ist erwiesen – spornen den eigenen Ehrgeiz an. Deswegen sollten Sie im Kindergarten in der Puppenecke zwar die alleinige Vorherrschaft anstreben, aber die Barbies der anderen nie aus dem Auge lassen. Auch Ihr Turm in der Klötzchenecke sollte stets dem Vergleich mit anderen Prachtbauten standhalten. Notfalls zerstören Sie die mickrigen Versuche der übrigen Gruppenmitglieder mit einem spontanen Wutausbruch oder kacken einfach spontan in die Hose, um die volle Aufmerksamkeit wiederzuerlangen.

Britneys Debüt-Album „Baby one more time" etwa erschien 1999, erreichte Platz 1 in den US-Billboard Charts und verkaufte sich weltweit über 25 Millionen-mal. Die gleichnamige Single war ein Nummer-1-Hit in zahlreichen Ländern, auch in Deutschland.

Ihr nächstes Album, „Oops! … I did it again" (2000) war ein ähnlich großer Erfolg.

Klotzen statt kleckern. Wichtig ist, dass Sie sich bereits früh hehre Ziele setzen. Natürlich können Sie den Traum hegen, später mal als Fußmodell mit Birkenstocksandalen für das örtliche Schuhhaus „Quadratlatschen-Depot 2000" Werbung zu wackeln.

Sie dürfen auch davon träumen, einem weißen Ritter auf einem weißen Pferd zu begegnen, der Ihnen bei Kai Pflaume mit den einleitenden Worten „Mein lieber Schatz ..." einen Heiratsantrag macht und Sie anschließend auf sein Schloss bzw. in seine Doppelhaushälfte mit Jägerzaun entführt, um Ihnen beim ersten gemeinsamen Weihnachtsfest die neue AEG Öko Favorit Express 4 mit Multi-Tab-Funktion und Restlaufanzeige unter den Baum zu legen. Oder Sie spielen Lotto und hoffen bei einer Wahrscheinlichkeit von 13.983.816 : 1 – in Prozenten ausgedrückt 0,00000858 Prozent – auf sechs Richtige, die Sie dann noch mit acht anderen Hartz IV-Empfängern teilen müssen.

Besser wäre es aber, Sie streben an, Gisele Bündchen vom Modellthron zu stoßen. Auch wenn Ihre Figur momentan statt nach Gisele Bündchen vielleicht eher nach Gisele Bund aussieht. Oder schlimmer noch, nach Lisa Bund. Aber wenn Sie es schaffen, verdienen Sie jährlich über 24 Millionen US-Dollar. Sie dürfen auch gerne davon träumen, Michelle Obama den Kerl auszuspannen oder die erste Frau zu sein, die auf dem Pluto (Reisedauer circa 9,5 Jahre) ein Handtaschengeschäft eröffnet. Wichtig ist, Sie müssen GROSS denken. Eine Spur Größenwahnsinn hat noch keinem geschadet. Fragen Sie mal den Kinski oder den Wendler oder auch einfach nur den Adolf.

(Nein, ich heiße nicht Eva Hermann und finde das Dritte Reich auch extrem blöd. Auch die Autobahnen sind böse böse böse, und ich hab das auch alles nicht so gemeint, Herr Kerner – aber reingefallen sind doch erst mal alle auf den Österreicher. Oder etwa nicht?!)

Ihr drittes Album „Britney" (2001) erreichte zwar ebenfalls Platz 1 in den Billboard Charts, brachte jedoch, wie ihr Film *Crossroads*, nicht die erwarteten Verkaufszahlen. Der Erfolg von Britney Spears basiert auf einer gemischten Fangemeinschaft. Millionen jugendlicher Mädchen und Jungen sind begeistert von ihrer Ausstrahlung und sehen sie als Idol. (Die Schnittmenge der potentiellen Kundschaft muss also möglichst GROSS sein!) Popmusik-Kritiker der Mainstream-Presse stehen Spears' Musik jedoch häufig ablehnend gegenüber und bewerten diese als kommerziell und flach.

Stopp!

Kritiker bewerten Britneys Musik also als kommerziell und flach. Heißt im Umkehrschluss, wenn Sie Erfolg haben wollen, sollten Sie erstens kommerziell und zweitens flach denken. Nichts weiter. Nur was den Massengeschmack trifft, bringt Ihnen den erhofften Erfolg. Einfach und flach formuliert – quasi für die Masse verständlich: Wenn die Mehrzahl Ihrer männlichen Kollegen im Büro eher auf Miniröcke und tiefen Ausschnitt steht, sollten Sie keinesfalls barocke Hosen mit Schamkapsel und den Busen verleugnende hochgeschlossene Oberteile mit gestärkter Halskrause tragen. Denn mit an Sicherheit grenzender Wahrscheinlichkeit ist der Pepsi-Mann nicht der Ur-Ur-Ur-Ur-Ur-Enkel des spanischen Barock-Malers Diego Rodriguez de Silva y Velázquez (1599 – 1660).

Um es in der Musikersprache zu bekräftigen: Die Chartplatzierung allein ist Trumpf. Ob Sie das mit „Schni-Schna-Schnappi", „Es ist noch Suppe da" oder dem eintönigen Gejaule Ihrer inkontinenten Perserkatze erreichen, ist verdammt noch mal egal.

Nach dem dritten Album beendete Britney Spears ihre Zusammenarbeit mit dem schwedischen Songschreiber und Produzenten Martin Sandberg (besser bekannt als Max Martin), der bis zu diesem Zeitpunkt ihre größten Hits („Baby One More Time", „You Drive Me Crazy", „Lucky", „Oops!...", „Stronger") geschrieben hatte, und wandte sich anderen Partnern zu.

Stopp!

Was lernen wir daraus? Altgedienten Freunden und Förderern sollte man stets die Treue halten – gegebenenfalls sogar die Stange, wenn man Dolly Buster oder Peter Bond heißt. Sobald Sie zum Goldesel werden, versuchen Außenstehende („Wir sind jetzt Freunde"), an Ihrem Erfolg teilzuhaben, und werden deswegen um Ihre Gunst buhlen. Wenn jemand, den Sie bis gestern noch nicht kannten, plötzlich fünfmal am Tag anruft, sollten Sie stutzig werden. Also außer bei Vodafone oder T-Online. Die rufen auch öfter an, aber das ist okay. Auch die Zeugen Jehovas haben es nicht auf Ihr Geld, sondern einzig und allein auf Ihr Nervenkostüm abgesehen.

Wichtig ist: Sie dürfen niemals vergessen, wer Ihnen zu Ihren ersten Lorbeeren verholfen hat. Erst wenn sich diese Person nicht mehr als loyal erweist, treten Sie ihr in den Hintern.

Am 3. Januar 2004 heiratete Spears überraschend ihren langjährigen Freund Jason Allen Alexander in Las Vegas. Die Ehe wurde bereits nach nur 55 Stunden annulliert. Dies war besonders brisant, da Spears über lange Zeit ein Image der Jungfräulichkeit gepflegt hatte.

Merke:

1. Fehler darf man machen. Man muss sie nur rechtzeitig korrigieren. Am besten medienwirksam.
2. There´s no business like show business. Dat fängt schon beim Festkomitee des Kölner Karnevals an. Die Jungfrau des Dreigestirns ist in echt auch ne Transe.

Am 18. September 2004 heiratete Spears den vier Jahre älteren Kevin Federline, einer ihrer Background-Tänzer, in Los Angeles.

Am 14. September 2005 brachte Spears ihr erstes Kind Sean Preston Spears Federline im Santa Monica UCLA Medical Center per Kaiserschnitt zur Welt.

Santa Monica UCLA Medical Center – der gleiche Ort, an dem übrigens Dr. Bill Murray der Meinung war: „Okay, der Michael atmet nicht mehr, er hat auch keinen Puls mehr, ist kreidebleich und das EKG zeigt eine dauerhafte Nulllinie, aber er ist nicht tot. Ich unterschreibe die Sterbeurkunde nicht!"

Santa Monica UCLA Medical Center – der gleiche Ort, an dem Matze Knop 2005 mit einer großen Beule über dem linken Ohr vergeblich fünf Stunden im Emergency Room auf schnelle Aufklärung gewartet hat, ehe er gegen 1 Uhr 30 – ohne jemals einen Arzt gesprochen zu haben – hundemüde in sein Hotel zurückgefahren ist. Am nächsten Morgen war die Beule weg! Manchmal muss man halt einfach nur drohen.

Im März 2005 wurde das Vermögen von Britney Spears auf 150 Millionen US-Dollar geschätzt – was nach jetzigem Stand auch nur 101,35 Millionen Euro sind. Seit 1999 hatte sie mehr Platten verkauft als jeder andere weibliche Popstar.

Wobei mir die aktuellen Verkaufszahlen von Patrick Lindner grad nicht vorliegen.

Im Laufe ihrer Karriere hat Britney Spears mit einer Reihe talentierter Leute zusammengearbeitet. Zu ihnen zählen unter anderen Shania Twain, Pharrell Williams, Justin Timberlake, Kanye West, Madonna, Michael Jackson, Aerosmith, Nelly, R. Kelly, Moby, P. Diddy, Snoop Dogg, Kim Cattrall, Dan Akroyd, Mike Myers, Keri Russell, JC Chasez und Natalie Portman.

Oder wie ein altes Sprichwort sagt: Umgib dich mit Leuten, die das erreicht haben, was du erreichen willst. Man könnte auch sagen: Du musst mit der Bundesliga trainieren, wenn du in der Bundesliga spielen willst.

Man könnte auch sagen: Du musst mit dem Streber in der Klasse lernen, wenn du selbst zum Klassenbesten werden willst.

Man könnte auch sagen: Du musst Äpfel essen, wenn du zu einem Apfelbaum werden willst.

Man könnte auch sagen: Matze, halt einfach die Klappe, wenn dir nix Gescheites einfällt.

Zusammenfassung:
- Kokettieren Sie mit Ihrer schweren Kindheit.
- Fangen Sie früh an. Je früher, desto besser!
- Suchen Sie Konkurrenzsituationen.
- Denken Sie GROSS bzw. größenwahnsinnig.
- Treffen Sie den Massengeschmack – schön kommerziell und flach.
- Stehen Sie treu zu Ihren Förderern.
- Umgeben Sie sich mit Erfolgsmenschen.

Der zweiarmige
Turntable-Hänger
(Grundhaltung)

DJ Hacke
Tipps fürs janze Leben

DJ Hacke (Hartmut Hackenbroich), geb. irgendwann zwischen 1953 und 1963 in Köln Nippes.
Beruf: Party-DJ
Hobby: Party-DJ
Lebensmotto: Party-DJ
Lebt seit über zwanzig Jahren auf Mallorca. Davon seit fünf Jahren selbst-ernannter Chef-Discjockey im Megapark an der Playa de Palma („dem anjesagtesten Zappelschuppen auf janz Malle").
Markenzeichen: graue Haare, grauer Schnauzbart, graue Flip Flops
Slogan: DJ Hacke hilft Dir aus der Kacke ... (dat dat dat)

Der sympathische Rheinländer hat für jede Lebenslage ein paar wichtige Tipps auf Lager. Egal ob Tokio Hotel, Papst Benedikt oder Tante Trude von gegenüber, jedem hat DJ Hacke schon aus der Patsche geholfen. Das sagt zumindest er selbst, und wir wollen es ihm auch alle nur zu gerne glauben.

1. Der DJ Hacke Liebestipp:

„Pass up Kollege, Liebe geht dursch den Magen! Wenn du also endlisch deine Traumzuckermaus gewinnen willst, musst du kochen! Und zwar ein Liebesessen mit allem Zipp und Zapp. Deswegen Achtung: Wer seiner Angebeteten eine anjebrannte Phosphatstange zwischen die Quatschtaschen schieben will und dann rauf aufn Liebeszuch, der is absolut aufm Holzwesch."

„Der absolute Kernschmelzer für dat weibliche Steinherz ist... aufjepasst.... SCHO-KO-LA-DEEEE."

Denn das hat DJ Hacke begriffen: Schokolade ist das YMCA unter den Lebensmitteln, das „Satisfaction" des weiblichen Gaumens. Das „Yesterday" der Geschmacksnerven. Wenn du Schokolade auflegst, schmelzen die Frauen dahin, wie Butter bei der Schwulenparade.

„Deswegen, der Garant fürn jemütliches Schäferstündchen zu zweit: Der wat Schokoladen-Brunnen. Da kannst du erst die Früchte drunterhalten und später ganze Gliedmaßen."

2. Der DJ Hacke Berufstipp:

„Wer im Leben wirklich etwas erreischen will, der wird am besten Party-DJ auf Malle."

Von wegen Arzt oder Jurist... Traumberufe sehen anders aus! Denn als Mallorca-DJ hast du nicht nur Sonne, Strand und Getränke frei. Du hast vor allem DIE MACHT.

The crow. Bei weiblichen DJanes auch bekannt als Hexenschwung: Vorsicht Verletzungsgefahr! Nur bis max. 2,4 Promille erlaubt.

Der backwards doublehand cue. Für Fortgeschrittene mit mindestens 5 Jahren Berufserfahrung im Bereich Disco, Karneval und Schützenfest.

Du bist der Herr der Hitparade. Der Kanzler der Musik. Der Obama der Schunkellieder. Wat DJ Hacke auflegt (oder für 20 Euro unterm Ladentisch als selbstjebrannte mp3-CD mit über 200 Tracks verkauft) DAT WIRD ZUM HIT.

Wenn Jürgen Drews einen neuen Song kompostiert, dann guckt der nicht, ob das Ding in die Charts geht. Neeeee! Der betet zu Gott, daß DJ Hacke die Nummer im Megapark in die Hot-Rotation aufnimmt. So siehts uss!

Deswegen: Auftritt bei „Wetten, dass..?" Kannste vergessen ... Tournee-Auftritt im ausverkauften Berliner Olympiastadion ... musste verschieben! Wenn auf Malle grade Saison-Opening ist, dann hat dat oberste Priority. Nix bringt disch weiter inne Media-controlcharts, als dat Wohlwollen eines Malle-DJs."

ie einbeinige Fledermaus.
Der DJ reguliert mit dem Fuß Lautstärke
und Playlist.

Aber wie werde ich Malle-DJ? So eine Karriere als DJ beginnt in der Regel als Flyerverteiler an der Playa oder als Alleinunterhalter auf Dorfhochzeiten. Quasi als dreijährige Lehre ohne Zwischen- und Gesellenprüfung.

Hintergründe:

Flyerverteiler – auch Ticketeros genannt – sind junge Menschen, die einen auf der Straße ansprechen oder sich am Strand ungefragt auf dein Handtuch setzen und dich solange volllabern, bis du kapitulierst und bereit bist, sogar im hinterletzten Siffschuppen Salmonellen mit Soße vom Boden zu essen. Manchmal locken sie dich aber zum Glück auch nur in einen stinknormalen Discotempel. Meist mit tollen Versprechungen: Eintritt frei, Getränk frei, Niveau frei und im JOY inzwischen auch „einmal über die Kellnerin rüberhüpfen frei". Der Markt rund um die Schinkenstraße ist mittlerweile so hart umkämpft, die Ticketeros sind schon aggressiver, als die JUSOS auf der Suche nach Mitgliedern.

Die Mindestanforderungen für eine Lehre als „Anquatscher" sind allerdings sehr hoch. Du musst nämlich – um möglichst viele Touristen ansprechen zu können – extrem viele Sprachen sprechen. Von wegen nur „ficki, ficki?". Aber am Ballermann brauchst du: Deutsch, Holländisch, Englisch, Besoffsky und Bekiffsky. Denn noch öfter als die Frage „Wolle Kette kaufen?" kommt die Frage „Marihuana, my friend?"

Kleines Wörterbuch
„Deutsch-Besoffsky, Besoffsky- Deutsch":

Deutsch:
„Auch wenn ich blutend auf der Straße liege – Ich fühle mich phantastisch!"
Besoffsky:
„........Eiiisssokaaay!"

Oder andersherum:

Besoffsky:
„Kannschmanummmaham?"
Deutsch:
„Dürfte ich bitte mal Ihre Telefonnummer haben? – Ich rufe dann an, wenn ich wieder sprechen kann."

3. Der DJ Hacke Auswanderer-Tipp:

„Dat Beherrschen der Landessprache ist für potenzielle Auswanderer ein absolutes Muss." Denn sonst endet sogar der größte Optimist irgendwann als schimmeliges Treibholz im Mittelmeer.

Hintergründe:

Was freuen wir uns nicht immer über die wunderbare VOX-Serie „Die Auswanderer". Wenn Hartz IV-Horst und Sozialhilfe-Sandra nach reiflicher Überlegung mit acht Kindern und ihrem bengalischen Hirtenhund „Sebastian" einen Tretbootverleih in den kanadischen Bergen eröffnen wollen. Selbstverständlich wird vorher noch alles verkauft – vom Auto über die Bierdeckelsammlung bis hin zum Flatscreen-Toaster –, schließlich ist man sich tausendprozentig sicher, dass der Neustart in Kanada ein voller Erfolg wird.

Der Tresendroher. „Sehe ich dat noch einmal, dann krissu Hausverbot!"

Auch als DJ musst du eine Marke schaffen. Sowohl durch deine Playlist als auch durch deine Optik. Deswegen ist DJ Hackes Spitzname an der Playa auch „Wolle Völler".

Vor Ort wundern sich Horst und Sandra dann, dass die angemietete 35-Quadratmeter-Bude von Wohnungsscout24.de nur ein Zimmer hat. Und das Klo ist die Straße runter nur mit dem Hundeschlitten erreichbar. Doch damit nicht genug! Welch Wunder: In dem Zwanzig-Seelen-Kaff inmitten der Rocky Mountains gibt´s gar keinen ALDI, geschweige denn ne H&M-Filiale. Und komischerweise wird Sandras Esoterik-Laden mit angeschlossenem Nagel-Piercing-Tattoo-Studio von den kanadischen Holzfällern irgendwie nicht richtig angenommen. Natürlich hat Horst schnell erkannt warum: Mangelnde Sprachkenntnisse ... auf Seiten der Kanadier natürlich. Dass die aber auch überhaupt kein Deutsch können! Ignorantes Ahorn-Pack!

Wer also erfolgreicher Frauenversteher auf Mallorca, Ibiza oder den Komoren* werden möchte, sollte zumindest ein paar Brocken Spanisch sprechen. Dat macht sich auch gut, um Spanier oder Spanierinnen näher kennenzulernen."

*(Auf den Komoren spricht man zwar Französisch oder Arabisch, aber der Hacke kann ja auch nicht alles wissen!)

Komm hol das Lasso raus ...

... wir spielen Cowboy und Indianer ...

... wir reiten um die Wette ...

... ohne Rast und ohne Ziel.

Wenn ich mich ergebe ...

... komm ich an den
Marterpfahl ... usw.

Wie wichtig fundierte Sprachkenntnisse sind, zeigen folgende Beispiele:

Spanisch:
Soy casado/a heißt: Ich bin verheiratet.

Aber: Bitte richtig aussprechen, denn:
Soy cansado heißt: Ich bin müde.

Italienisch:
Penne sind: Nudeln

Pene ist: Die Nudel (der Dödel)

Deswegen ist die wichtigste Sprache weltweit:
Die Körpersprache.

„Dat Wischtigste bei der Körpersprache ist die Körperbeherrschung!" Außerdem gilt: Wat im Hühnerstall funktioniert, dat kann im größten Tanz-Tempel der westlichen Hemisphäre nicht verkehrt sein. Deswegen, wer auf Brautschau ist, sollte Folgendes tun:

- Steh grade. Aufrecht. Wie ein Hahn oben auf dem Misthaufen. Nicht hängenlassen wie ein Känguru beim Nachsitzen. Raus mit der behaarten Brust und die Arme schön anwinkeln, um optisch größer zu erscheinen.
- Locker in den Knien stehen und die Körpermitte betonen – und damit mein ich nicht die Wannenregion, sondern den Schritt: bitte bei jedem Schritt betonen.
- Und dann ein wichtiger, vielsagender Blick. Dazu bitte seitlich zum Objekt positionieren. Ein leichtes Grinsen zeigen (aber

mit nur einer Seite des Mundes). Kaugummi darf gezeigt und weitergekaut werden.

- Diesen Blick einmal von oben bis unten vertikal am Opfer entlangfahren lassen. Kurz bei den Schuhen Halt machen (das lässt sensibel erscheinen) und dann wieder hoch.
- Um Gottes willen nicht auf die Brüste starren! Wir sind abgestillt und wollen nicht lüstern wirken. Bei den Augen hängenbleiben und dann eine Mikrobewegung: Augenbrauen ganz kurz hochziehen und dann schnell wieder runter. Die Frau muss sich noch minutenlang fragen: Hab ich das jetzt gesehen oder hab ich mir das nur gewünscht? Dann hast du sie!
- Spätestens jetzt musst du Stufe 2 zünden:

- Zwei, drei mal mit der Hand sich selbst imaginär Luft zufächeln. Durch die Backen pusten. Mit dem Handrücken über die eigene, breite männliche Stirn wischen und fragend auf das Getränk vor sich zeigen. Dat reicht! Ich schwöre: Dat Huhn gehört dir! Totsischa! Euer DJ Hacke.

Aber Vorsicht:

Immer dezent bleiben und nicht übertreiben! Wenn Sie anfangen zu japsen und die Zunge hängt raus wie bei Martin Semmelrogge oder A.J. McLean auf der Suche nach verschüttetem Bier, dann sind Sie schnell aus dem Rennen. Dann werden Sie im schlimmsten Fall von den Johannitern aus der Menge gezogen und ne halbe Stunde im Zelt nebenan reanimiert. Bis Sie Ihren Platz auf dem Misthaufen wieder eingenommen haben, ist das Huhn ihrer Träume längst mit einem anderen Aasgeier verschwunden. Dann endet Ihr Abend wieder mal mit den Damen vom Kegelclub Pudel 79. Und mit 79 ist nicht etwa das Gründungsjahr, sondern die Konfektionsgröße gemeint.

Zusammenfassung:
- Suchen Sie sich einen Slogan. Beispielsweise: „Never fear, Jupp is hier!"
- Frauen fängt man mit Schokolade (max. 56 Prozent Kakaoanteil, danach wird's zu bitter).
- Wenn Sie MACHT wollen, werden Sie DJ und nicht amerikanischer Präsident.
- Lernen Sie die Landessprache! Also in Bayern Bayerisch, in Hessen Hessisch und auf Sylt Angeberisch.
- Wer auswandern will, sollte alle Brücken hinter sich abbrechen, warum sollte man sonst auswandern wollen.
- Lernen Sie die Körpersprache, dann können Sie sich auch auf den Antillen mit einem indischen Elefantenweibchen über Minigolf unterhalten.

Heidi Klum
Liebesspiele im Wandschrank

Es gibt kaum eine Frau, die so gnadenlos perfekt zu sein scheint wie unsere Heidi. (Außer vielleicht eine Computeranimation der frühen Kleopatra.) Sie ist trotz mehrfacher Mutterschaft immer noch wunderschön, megaerfolgreich und selbst in Amiland ein gefeierter Star (wie hierzulande Bauer Heinrich, wenn er endlich eins seiner Schafe zum Traualtar führen würde). Außerdem hat sich Heidi mit Seal auch noch den begehrtesten Schmusesänger seit G.G. Anderson geangelt. Sie hat stets gute Laune und eine Nase, bei der selbst Michael Jackson damals vor Neid – Achtung, jetzt kommt ein gnadenlos guter Wortwitz – „erblasst" wäre.

Mal ehrlich, wir Männer lassen uns ja leicht blenden (tiefer Ausschnitt, lange Beine, hohe Schuhe = geil), aber als Frau schwillt dir doch bei so viel Perfektion nicht nur der Kamm, sondern gleich die komplette Rundbürste samt Lockenstab und Kreppeisen! Wahrscheinlich hat Heidi auch noch das Kamasutra mitgeschrieben, kann Kurvendiskussionen im Schlaf besprechen und ist ganz nebenbei auch noch begeisterter Fußballfan (der natürlich weiß, dass man vor der Viererkette heutzutage zwei Sechser braucht und im Mittelfeld wahlweise mit Raute oder Flügelzange à la RibRob aufläuft). Nur gut, dass Heidi nicht auch noch Lotto spielt. Die hätte doch jede Woche sechs Richtige! Und würde beim Rubbellos täglich einen Ferrari gewinnen.

Da hofft man als Frau doch, dass das Klümchen zumindest irgendwie ne Zicke ist. Oder wenigstens Mundgeruch unter den Achseln hat. Neulich hat sie ja verraten, dass sie sich mit ihrem Seal immer noch zu Liebesspielen im Wandschrank trifft. Also jetzt mal ehrlich, mein Wandschrank ist so voll mit Klamotten, da ist nicht mal mehr Platz für'n Handstaubsauger, geschweige denn für ne kleine Ping-Pong-Show. Liebesspiele im Wandschrank?! Ich denke, viele Frauen wären froh, wenn ihr Kerl einfach nur alle zwei Wochen ohne Ermahnung die Mülltonne rausstellt. Das würde manche Ehefrau mehr befriedigen als eine schnelle Zwei-Minuten-Nummer in Klappstuhl-Stellung. Vielleicht liege ich aber auch komplett falsch. Ich bin halt nur ein Mann und kann auch "Sex and The City" nix abgewinnen. Mr. Big ist für mich maximal ein gut belegter Burger mit viel Mayonnaise und Trockengurke.

Vielleicht treffen sich Heidi und Seal aber auch nur deswegen im Wandschrank, weil die vier Blagen nachts im Elternbett rumlümmeln! Und die zwei kämen zu nichts mehr, außer eben im Wandschrank. Wer weiß das schon ...

Nach dem Geheimnis ihrer Schönheit befragt, sagt Heidi ja, „Schlaf" sei ihr Wundermittel. (Es sei denn, dass sie wegen eines Sponsorvertrages mit einem Antifaltencreme-Hersteller kurz mal was anderes behaupten muss.)

Genau! Schlaf! Das ist es! Warum sind wir da nicht alle früher drauf gekommen? Angela Merkel hätte einfach nur öfter mal ein Nickerchen machen müssen. Bildhübsch wäre sie dann ... Also, ich meine natürlich noch hübscher als eh schon ... Oder sie hätte einfach mal ein paar Schminktipps von „Topmodel-Masken-Bildner" Boris Entrup annehmen sollen. Herrlich weltfremd, wie der gute Boris im Anschluss an die Topmodel-Sendung seine Schminktipps verrät, oder?

Nur mal ein Beispiel:

Boris Entrup weist vor fast jedem Schminktipp darauf hin, dass man das Make-up am besten bei Tageslicht auftragen soll. Tageslicht? Wie soll das denn bitte gehen? Nehmen wir doch mal die ganz normale arbeitende Haus-, Ehefrau und Mutter. Da stehst du morgens gegen halb fünf auf, um die Brote für die Kinder zu schmieren, den Hund um den Block zu jagen und den verwirrten Ehemann in die Spur zu stellen. Woher soll diese Frau bitte morgens um halb fünf Tageslicht nehmen? Wisst ihr, wie diese Frauen sich teilweise schminken müssen? Die schütten abends ein Muster aus Puder und Kohle auf den Küchentisch und halten morgens kurz mal das Gesicht rein, so siehts aus! Deswegen ist Maybelline für mich auch heute noch in erster Linie ein „Eis am Stiel"-Lied von Chuck Berry.

se wieder so was wie *Stars on Ice* gesendet, mit Kati Witt als Marco Schreyl-Double. Nee, dann doch lieber Heidi.

Denn Fakt ist: Unsere Heidi ist und bleibt die Beste. Und wir können so viel von ihr lernen. (Das gilt auch für alle Damen, die grade der Meinung sind: „Entweder ist der Knop geil auf die Alte oder er baggert um einen Platz in der nächsten Topmodel-Jury. Ich verspreche, ich bin absolut objektiv !)

1. Zum Beispiel, dass man sich durchaus vor dem Schlafengehen noch ne große Tafel Noisette Schokolade reinschrauben darf, wenn der Personal-Trainer mit Ihnen im gleichen Bett schläft und drei bis vier Sit-up-Einheiten pro Nacht eingehalten werden.

2. Sie können auch unmittelbar nach der Entbindung Bikini-Aufnahmen fürs Familienalbum ansetzen. Wichtig ist nur, dass bei der Niederkunft die Saugglocke nicht nur den Nachwuchs, sondern gleich auch die überschüssigen Pfunde mit rauszieht.

3. Außerdem sollten Sie sich immer ins rechte Licht setzen lassen. Heißt: nie ungeschminkt zum Bäcker, nie unrasiert zum Gynäkologen und Passfotos ausschließlich am Strand von St. Barth schießen lassen.

4. Stellen Sie mindestens drei Nannys ein, die auf Ihre Brut aufpassen und die zwölf Schlafzimmer Ihrer Luxusvilla in Schuss halten.

Und ganz wichtig: Starten Sie Ihre Karriere – genau wie Heidi – bestenfalls im Ausland. Der Prophet im eigenen Land, sag ich nur … Wenn Sie also wirklich Germany`s Next Topmodel werden wollen, nehmen Sie an der amerikanischen Ausgabe mit Tyra Banks teil. Oder an der österreichischen mit Lena Gerke. Oder an der griechischen mit Otto Rehagel. Da bekommen Sie zwar keinen Modelvertrag mit IMG als Hauptgewinn, dafür aber ne 10erKarte vom Gyrostempel Syrene und frischgedruckte Euros direkt ausm EZB-Keller. Trotzdem bleibt bei einigen Damen bestimmt auch ein klein bisschen Neid übrig.

Aber für die gibt es – Gott sei Dank – seit einiger Zeit auch einen kleinen Makel an unserer Heidi. Endlich! Und der Makel ist: Sie hat ein Tattoo! Juhuuu! Denn: Frauen mit Tattoos haben für Frauen ohne Tattoos ja immer diesen leichten: „Die ist billig"-Proll-Stempel. Also kann jetzt zumindest eine bestimmte Gruppe von Frauen erleichtert aufatmen, die andere muss darauf hoffen, dass sich Heidi jetzt auch noch ein Piercing sticht, ein Branding setzt oder sich anderweitig verstümmelt.

Prominente Frauen mit Tattoos:

- Angelina Jolie hat sich unter anderem die Breitengrade der Geburtsorte ihrer Kinder tätowieren lassen – sind vielleicht auch leichter zu merken als die Namen.
- Amy Winehouse hat dreizehn Tattoos. Bei so viel Grafitti wird sogar die Berliner East Side Gallery neidisch. Ein Tattoo von Amy ist beispielsweise ein Hufeisen. Na dann, viel Glück beim Weglasern.
- Rihanna hat Sternenstaub im Nackenansatz, eine kleine Pistole in der Achsel und ein paar schlaue Sprüche und Lebensweisheiten. Super Idee! Das mach ich demnächst auch. Schön auf dem Oberschenkel den Spruch: „Es hat nicht so viel Tag im Jahr, wie der Fuchs am Schwanz hat Haar." Das lässt Raum für Interpretationen aller Art.
- Pamela Anderson hat unter anderem Stacheldraht um den Oberarm. (Warum nicht auch noch einen Elektrozaun im Gesicht oder ne Selbstschussanlage im Schritt?)
- Frau Effenberg hat eine 51 auf der Schulter. (Na, hoffentlich ist das nicht die Anzahl der Male, die Effe noch fremdgehen darf.)

Und auch Michelle Hunziker ist bekanntlich tätowiert.

Die hat übrigens auch dieses Bergisch-Gladbacher perfect-Gen. Bildhübsch, erfolgreich und ... na klar, die Ex von einem Schmusesänger (Eros Ramazotti).

Und doof ist sie auch nicht. Sie spricht fünf Sprachen. Da könnte man jetzt denken: Die hat sich praktischerweise ihr Vokabelheft auf den Körper tätowiert. Aber nein: Es ist nur ein dezentes Bändchen am Oberarm. Gestochen mit 17. Wahrscheinlich eins dieser sogenannten Bio-Tattoos, die nach zwei bis drei Jahren komplett verblassen sollen. Aber das ist Quatsch. Selbst bei unsachgemäßer Pflege (Peeling mit grobkörnigem Sandpapier, Schrubben mit Wurzelbürste, Winkelschleifer und Flex) halten die Dinger besonders lange.

Und trotzdem ist vielleicht gerade dieses Tattoo von Heidi (sie hat sich den Namen ihres Gatten in den Unterarm stechen lassen), der kleine Makel, der Heidi dann doch wieder zu einem Menschen werden lässt.

Die Idee mit dem Namen des Gatten ist übrigens durchaus nachahmenswert. Zum Beispiel für Kegelbrüder und Schwestern. Damit man auch nach dem 25. Bacardi-Cola im Eurostrand Finteln nicht komplett vergisst, dass man ja eigentlich verheiratet ist. Oder wenn man mit der Meute nach Mallorca fährt, kann man sich ersatzweise auch den Namen des Hotels auf den Unterarm tätowieren lassen: „Hotel Riu Festival Zimmer 327" Dann ist man zwar gezwungen, die kommenden Jahre immer mindestens 250 Meter zum Strand zu laufen, aber das Riu Palace ist gleich um die Ecke. Und vor allem: Man weiß, wo man hin muss, wenn man morgens um fünf Uhr strunzdicke aus'm „Regine's" auf die Straße fällt.

Zusammenfassung:

- Sie brauchen – neben Ihrer eigenen Firma – mindestens drei oder mehr Kinder, um Ihrem Image als „Tausendsassa" gerecht zu werden. Wenn Sie keinen Bock auf die mühsamen Geburten haben, können Sie in Afrika auch einfach welche adoptieren.

- Sie sollten mit Ihrem Gatten mal wieder Sex an ungewöhnlichen Orten haben und auch darüber sprechen (zum Beispiel: auf der Waschmaschine, im Tiefkühlfach oder auf dem Gepäckträger Ihres Damenrads).

- Schlafen Sie, was das Zeug hält. Tief und lange. Einfach mal montags um 19 Uhr in die Falle gehen und erst mittwochs um 12 Uhr wieder aufstehen. Danach sehen Sie aus wie Tutanchamun nach der Frischzellentherapie.

- Trinken Sie viel! Mindestens vier Liter am Tag. Wasser, Säfte, Tee (wenn Sie eine Spaßbremse sind), Bier, Wodka, Bacardi (wenn Sie die Amy Whinehouse in Ihrer Straße sind und Ihnen Ihr Aussehen so wichtig ist wie uns Männern die Fußpflege).

- Treiben Sie Sport. Und zwar regelmäßig. (Wobei ich mit „regelmäßig" nicht meine jedes Jahr einmal an Weihnachten, sondern jeden Tag.) Zur Not engagieren Sie wie Madonna einen Fitness-Trainer. Der im Fall von zunehmender Einsamkeit auch gerne zum Fickness-Trainer avanciert und eventuell der Vater Ihres nächsten Kindes werden könnte.

- Setzen Sie sich immer ins rechte Licht. Heißt: Schlafen Sie am besten alleine, machen Sie niemals Handyfotos von sich, gehen Sie ungeschminkt nicht mal aufs Klo. Wer weiß, ob nicht gerade eine Kamera von Google-Earth aus dem Ausguss kommt, um Ihr Badezimmer in 3D abzulichten. Es könnte ja militärisch relevant sein.

- Starten Sie Ihre Karriere im Ausland. Dafür müssen Sie nicht nach Los Angeles auswandern. Es reicht auch das Nachbardorf. Aber seien Sie versichert, wenn Sie dort zur gefeierten Runkelkönigin werden, reißen sich auch die Bauern in Ihrem Heimatdorf um Sie.

- Lassen Sie sich ein Tattoo stechen. Egal was, es sollte nur eine Geschichte haben. Am besten einen emotionalen Hintergrund: Der Name Ihres viel zu früh entflogenen Wellensittichs, die Note Ihrer allerersten Englischarbeit oder den Namen Ihrer ersten großen Liebe (Biene Maja).

- Lassen Sie sich das Tattoo erst stechen, wenn alles andere bereits perfekt inszeniert ist! Wenn Sie allerdings bereits seit dem Kindergarten einen „Totenkopf" auf dem Oberarm haben oder den Schriftzug „20 Jahre Böhse Onkelz", dann kaschieren Sie diesen Ausrutscher, bis die Perfektion erreicht ist.

Mit seinen Energie-
Ausbrüchen könnte Kloppo
eine Stadt wie Paderborn
mehrere Monate mit
Licht, Strom und Wasser
versorgen.

Jürgen Klopp
Rumpelstilzchen auf Red Bull-Chilischote

Jürgen Norbert Klopp (* 16. Juni 1967 in Stuttgart) ist ein ehemaliger deutscher Fußballspieler und heutiger Fußballtrainer. Bekannt wurde er während seiner Tätigkeit beim 1. FSV Mainz 05, wo er zwischen 1990 und 2001 als Spieler und im Anschluss bis 2008 als Trainer tätig war. Seitdem betreut er die Mannschaft von Borussia Dortmund.

Das Auffälligste an Jürgen Klopp, außer den Kotletten – die an manchen Tagen aussehen wie eine Mischung aus Fischstäbchen und Velourläufer –, sind seine Wutausbrüche. Und seine Freudentänze. Beides ist vom Bewegungsradius in etwa ähnlich. Meist beginnen Sie unten am Spielfeldrand im äußersten Winkel der Coaching-Zone und enden kurz darauf mit einem Salto rückwärts auf dem Stadiondach oder dem Parkplatz vom Eissportzentrum Westfalenhalle. Dazwischen springt Kloppo meist noch wie Rumpelstilzchen auf Red Bull-Chilischote über Tische, Bänke und Dauerkarten-Besitzer, damit auch der Sportschau-Zuschauer zu Hause die „Große Bunte Kloppo-Show" in vollen Zügen genießen kann.

Ist es ein Vampir im Wolfsgewand? Nein! Ist es ein Zombie im Blutrausch? Ist es Conan der Zerstörer auf Alien vs. Predator-Jagd? Nein, es ist viel schlimmer! Es ist ein Klopp!!! UAAAAAAHHHHHHAAAAA ....
Aber das Schönste daran ist: Unser Kloppo ist bei diesem emotionalen Energie-Feuerwerk auch noch unglaublich sympathisch. Und zwar so sehr, dass sich inzwischen sogar unser zukünftiger Bundeskanzler Günther Jauch die Dienste von „El Kloppo Loco" gesichert hat. Zwar nicht als Personenschutz oder Jubelperser, aber zumindest als Experte in Sachen „Das Runde muss ins Eckige.de"

und „Wie talke ich entspannt vor zehntausend fröhlichen Hooligans".

Merke: Nutzen Sie die Gelegenheiten des Alltags, um überschüssige Kräfte oder Nerven zehrenden Ärger abzubauen. Betreiben Sie Ihren eigenen Exorzismus. Schreien Sie einfach drauflos. Egal wo. In der U-Bahn, beim Bäcker, in der Bibliothek. Schreien Sie, bis kein Buch mehr im Regal steht und das Entschärfungskommando der GSG9 mit dem Seil durchs Fenster bricht. Das befreit. Dann gäbe es auf der Welt keine Gewalt mehr. Außer vielleicht bei Aldi, wenn die neuen Computer da sind. Oder wenn überm Death Valley wieder ne Palette Klimaanlagen abgeworfen wird.

Aber es muss auch nicht immer der ganz große Vulkan sein. Kein großer Kloppo. Manchmal reicht auch ein mittelschwerer Magath oder eine Prise Prügelprinz. Beim Shoppen etwa. Ist die Verkäuferin mal wieder ignorant und unfreundlich, fragen Sie einfach nach dem Toilettenschlüssel. Und dann machen Sie nur kurz

Jürgen Klopp: Ein Sympathikus par excellence.

Aber wehe, wenn er an der Seitenlinie in Wallung kommt.

den Wasserhahn an und lassen ihn laufen. Stille Rebellion nennt man das. Keiner hat´s gesehen. Keiner hat´s mitbekommen. Außer die vielbefahrene Ameisenstraße vielleicht, die vom Gemüse quer durch den Laden bis draußen zum Müll mit den Ratten führt. Aber Sie werden merken: Es tut Ihnen gut!!! Und der Verkäuferin auch. Sie dürfen nur Ihr Bekennerschreiben nicht vergessen.

„SEHR GEEHRTE DUMME KUH, WENN SIE BEIM NÄCHSTEN MAL ANSTÄNDIG GUTEN MORGEN SAGEN UND NICHT ERST NE HALBE STUNDE MIT IHRER SCHWESTER TELEFONIEREN, BEVOR SIE MICH BEMERKEN, DENKE ICH AUCH DAS NÄCHSTE MAL DRAN, DEN WASSERHAHN WIEDER ZUZUDREHEN. HERZLICHST IHRE TERMINATÖSE"

... und die Zombies ziehen sich verschüchtert in ihre Gruft zurück.

Dann sind sogar Silberkugel, Holzpflock und Knoblauch am Ende ...

Das Gleiche funktioniert übrigens auch im Restaurant. Wenn der Ober mal wieder eine Fresse zieht wie Klaus Kinski mit Darmverschluss. Oder vielleicht auch einfach nur, weil das Essen geschmeckt hat wie ...

- der Nachtisch im Dschungelcamp
- überbackener Fußball
- Froschaugen-Sülze
- Schweinegrippensteak

Dann trotzen Sie mutig Ihrer Erziehung, und essen Sie den Teller nicht auf. Nummer zwei: Fetten Sie sämtliche Gläser sorgfältig mit Lippstift ein. Und Nummer drei: Machen Sie die Tischdecke unbrauchbar. Das geht am besten mit ...

- Mastix-Kleber (für Perücken und Haarteile)
- Brombeer-Matsche
- der Ölwanne Ihres Opel Rekord

Wenn Sie sich an der Supermarktkasse unbemerkt an der alten Oma mit dem Rollator und dem 4-Jährigen vorbei geschummelt haben

Wenn Sie im Sommer-
urlaub
einer Horde
Engländer die
letzte Liege
vor der Nase
wegschnap-
pen.

Wenn Sie
im Parkhaus
noch einen
Frauenparkplatz
für Ihren Kampf-
panzer Leopard
2 finden.

Wenn Sie Sonntag-
morgens an der Tanke
die letzten Aufbackbröt-
chen ergattert haben.

- dem Hühnchen vom Nachbartisch
- dem Gesicht von Amy Winehouse

Wichtig nur: Zahlen Sie keinesfalls mit Kreditkarte, weil sonst schön Ihr Name auf der Rechung prangt.

Viel mehr Freude bereitet es aber, wenn man Emotionen völlig ungefiltert rauslassen kann. Bei der Ehefrau etwa, wenn die Nudeln wieder so weich sind wie erigierte Stahlnägel. Dann schmeißen Sie sich auf den Boden, raufen sich die Haare und täuschen einen Würgeanfall vor. Das hinterlässt einen bleibenden Eindruck. (Dann serviert sie beim nächsten Mal wahrscheinlich Schaumstoff-Kekse, aber egal.)

Oder im Kaufhaus. Sie haben ein Sonderangebot ergattert, auf das alle scharf waren. Nehmen Sie es, und küssen Sie es. Beißen Sie rein. Auch wenn´s Tiernahrung ist oder eine Fußmatte. Tragen Sie die Beute tanzend durch den Raum, hüpfen Sie und schreien Sie: JAAAA, JAAAA, JAAAA.

Passen Sie allerdings auf, dass Sie insbesondere bei Wutausbrüchen nicht zu cholerisch wirken. Der Name Kinski ist in diesem Kapitel ja bereits gefallen. Falls doch, entgegnen Sie Ihrem Kritiker: „Ich bin kein Choleriker, Sie wertloses Stück Scheiße."

Orte und Situationen, an denen Sie Ihre Emotionen lieber für sich behalten sollten:
- Im Wald beim Rehebeobachten
- Nach geglücktem Überholmanöver bei Tempo 240 auf der Autobahn
- Sie sind Einbrecher und haben es geschafft, über den Zaun zu klettern, ohne dass die Hunde Sie bemerkt haben
- Sie sind Blondine und freuen sich über den Hauptgewinn am Geldautomaten

- Sie haben es dreimal hintereinander geschafft, mit der Schaufel Erde den Sarg zu treffen. Glückwunsch. Freuen Sie sich im Stillen

Für den 1. FSV Mainz 05 bestritt Klopp von 1990 bis 2001 325 Zweitliga-Spiele, damit ist er in dieser Liga alleiniger Rekordhalter im Verein. Klopps 52 Zweitliga-Tore werden beim FSV nur von Sven Demandt übertroffen. Zudem ist er neben Benjamin Auer der einzige Spieler bei Mainz 05, der in einem einzigen Zweitligaspiel vier Tore erzielte (1991/92 beim 5:0 gegen FC Rot-Weiß Erfurt).

Heißt: Kloppo hat den Killerinstinkt. Wenn sich ihm eine Chance bietet, nutzt er sie. Wenn nicht, nutzt er spätestens die nächste. Und dieser Punkt ist

Auch bei den Kids ist Kloppo inzwischen mindestens so beliebt, wie eine Mischung aus „Bernd das Brot", dem Kika-Tanzalarm und Kinder Pingui.

Deswegen: Fühlen Sie sich gerade so lebendig wie ein Bergsee aus Propofol oder ein Mammutbaum im Dämmerschlaf, ziehen Sie sich die Kloppo-Energie!

ungemein wichtig. Denn ganz oft im Leben geschehen Dinge nur einmal. Und dann sollten Sie zur Stelle sein.

Situationen, die so oft nicht wiederkommen und die man nutzen sollte:

- Air Berlin hat Ihren Leipzig-Flug aus Versehen nach Miami umgebucht.
- Cheryl Cole oder Jessica Alba liegen nackt auf Ihrem Bett und flehen: „Nimm mich!"
- Ihre Schwiegermutter steht an einem Abgrund und Sie stehen dahinter.
- Die Dame von der Vodafone Hotline bietet Ihnen als Frau eine „All-Net-And-Shoes-For-Free-Flat" für null Euro im Monat an.
- Krake Paul will Ihnen unbedingt die Lottozahlen der nächsten zwanzig Jahre vorhersagen.
- Hugh Jackman will bei Ihnen als Nackt-Fensterputzer anfangen.
- Ihr Chef bei der Indoor-Skihalle Neuss gibt Ihnen kurz vor Weihnachten Hitzefrei.
- Der Teufel bietet Ihnen lebenslang Frauen, Geld und Macht und will dafür lediglich ein Kaugummi.
- Ihr Panini-verrückter Lehrer bietet für Müller, Tevez und Xabi Alonso im Tausch die Abitur-Aufgaben.

Zusammenfassung:

- Achten Sie auf Ihre Koteletten. Gehen Sie auch mal wieder zum Friseur, wenn Sie auf dem Kopf aussehen wie ein Bobtail, den man bei Regen draußen vergessen hat. (Ich habe übrigens keine Koteletten. Weil ich nicht will. Und weil ich nicht kann.)
- Bieten Sie stets eine gute Show. Egal ob bei Ihrer Hochzeit, Ihrer Scheidung oder Ihrer Zwangseinweisung.
- Bleiben Sie sympathisch. In allem, was Sie tun. Selbst Freddy

Krüger war irgendwie immer ganz nett. Also, solange er auf der Mattscheibe war und nicht in meinem Traum.

- Schreien Sie Ihren Frust heraus und erleichtern Sie sich. Nur bitte nicht an Muttis Wollemie-Bäumchen auf dem Balkon.
- Wenn Sie sich nicht trauen, rate ich zur stillen Rebellion. Einfach dem Chef heimlich einen „Ich bin geil"-Aufkleber auf den Rücken kleben.
- Manchmal sollte man Emotionen auch für sich behalten. Zum Beispiel als Roboter. Das führt nur zu Verwirrungen unter Ihren Geschlechtsgenossen.
- Trainieren Sie Ihren Killerinstinkt. Stichwort: Der erste Schuss muss sitzen. Deswegen tötet man Gänseblümchen am besten mit dem Flammenwerfer oder einem Kampfpanzer. (Und Osama Bin Laden mit einer Vuvuzela. Einfach die Tröte ins Bora Bora-Höhlensystem stecken, einmal reinpusten und zack kommen zwölftausend Taliban mit erhobenen Händen freiwillig aus ihrem Loch gekrochen.)

Kloppo I
und
Kloppo II

Ob früher bei Ferrari, im Cockpit seiner Airline oder bei RTL am Experten-Mikro – Niki Lauda war stets ein Vorbild in Sachen Erfolg.

Niki Lauda
Der Mann mit der roten Sponsorenkappe

Der gebürtige Österreicher oder sagen wir der gebürtige Tausendsassa – das Nuschelorakel von RTL (quasi die Krake Paul, nur dass er die Saugnäpfe auf der Zunge trägt) – ist ein gutes Beispiel dafür, dass Niederlagen im Leben einfach dazugehören. So wie Pickel oder Herpes oder eine Scheidung, wenn Sie Joschka Fischer heißen und so schnell joggen, dass Sie auf hundert Metern von mindestens drei Zeitzonen eingeholt werden.

Man überlege: Niki Lauda hatte 1976 auf der Nordschleife vom Nürburgring einen derart schweren Unfall, dass er an der Himmelspforte quasi schon Sturm geklingelt hat. Und nur weil Gott wahrscheinlich gesagt hat: „Sorry, aber mit der Parmalat-Mütze kommst du hier nicht rein", hat Niki das Ganze überlebt. Und gewinnt im Jahr darauf – Achtung – noch einmal die Formel-1-Weltmeisterschaft. Wahnsinn. Es gibt Leute, die sagen: „Der Lauda ist schon wieder in sein Auto eingestiegen, da hat er noch gequalmt." Der Mann besitzt jedenfalls eins: Kampfgeist. Und Nehmerqualitäten. Und genau das brauchen Sie auch. Kampfgeist und Nehmerqualitäten. Und damit meine ich nicht, dass Sie im Rewe heimlich die Tiefkühlhähnchen unterm Pulli nach draußen schmuggeln sollen. Nein. Ich meine: Sie müssen durchhalten. Nicht immer gleich aufgeben. Nur weil Ihre Lieblings-Basketball-Mannschaft (eine Truppe aus kleinwüchsigen Möchtegern-Shaquille O´Neals) im Testspiel gegen die Brose Baskets grade mit 2:135 hinten liegt. Hey, vielleicht fängt's ja gleich an zu regnen, das Hallendach ist undicht und das Spiel wird abgebrochen.

- Oder Dirk Nowitzki unterschreibt kurzfristig einen Amateurvertrag bei Ihrem Club, weil er auf den Millionen-Dollar-Wahnsinn in der NBA einfach keinen Bock mehr hat.

- Oder ein Ufo landet, und die grünen Männchen sind gar nicht grün, sondern groß, schwarz und besser als die Harlem Globetrotters, die Chicago Bulls und Flip der Grashüpfer in Personalunion.

Denn genau so denkt ein Niki Lauda. Also, denke ich jedenfalls, dass er so denkt. Vielleicht ist es aber auch nur ein Reflex. Denn als Formel-1-Rennfahrer muss man schließlich jede Sekunde hochkonzentriert sein. Da haben es Golfer wesentlich einfacher. Die brauchen Reflexe maximal am 19. Loch. Wenn Sie mit Tiger Woods eine Table Dance Bar in Las Vegas stürmen.

Oder Fußballer. Die haben auch wesentlich mehr Zeit. Jedenfalls ist eine gut geschlagene Ecke bestimmt zwei bis drei Sekunden in der Luft, ehe der Ball auf den Kopf von Carles Puyol fällt. Alles in allem sind die Burschen bei Weitem nicht so hart im Nehmen wie die Formel-1-Cracks. Cristiano Ronaldo etwa. „Wenn dem ein Brusthaar ausfällt, denkt der doch sofort ans Karriere-Ende. Oder zumindest an eine achtwöchige Reha mit psychosomatischem Klini-

Gute Kurvenlage verbessert den grip. Auch beim Ford Taunus oder Opel Vectra.

Schulterblick ist Trumpf. Gerade im Sommer bei Blondinen-Alarm.

kaufenthalt. Bei einer Nagelbettentzündung verdreifacht sich das natürlich noch mal." Das sagen zumindest die Fans vom FC Barcelona. Es gibt natürlich auch Ausnahmen. Denken wir an das WM-Finale von Johannesburg zwischen Spanien und Holland. Da hätte der ein oder andere Katalane, Madrilene oder Baske ein Ganzkörper-Monocoque gut gebrauchen können. Von Seiten der Käsköppe waren das in Halbzeit eins teilweise Szenen wie bei der Christenverfolgung.

Alles in allem gilt: durchhalten, einstecken, wegstecken, weiter. Legen Sie Niki-Qualitäten an den Tag.

1. Bei KiK an der Grabbelkiste, wenn Sie die Horde Elefantenfrauen partout nicht an die Superschnäppchen lässt. Spielen Sie einfach lauthals die Verkäuferin und laden erst mal alles in Ihren Wagen. Jede Größe, jede Farbe. Sortieren können Sie später.

2. Sie verstehen die Aufbauanleitung von IKEA wieder nicht? Willkommen im Club. Aber kein Problem. Geben Sie sich als erster Mann auf der Welt die Blöße und rufen Sie die Hilfe-Hotline an.

Bei Wildwechsel – egal ob Ameisenstraße oder Elefantenkuh – das Lenkrad fest umschlossen halten.

Kopf beim Schaltvorgang gerade halten ... auch bei Müdigkeit und 5 Promille.

Einen Schaufensterbummel kann man auch vom Auto aus machen.

Warnen Sie Ihre Mitmenschen. Hier z. B. die Polizei: „Ihr Blaulicht ist defekt."

3. Sie haben sich geschworen, nie wieder bei der Telekom anzurufen. Aber auf der letzten Rechnung haben sich die Jungs mal wieder um ein paar Nullen vertan. Sie wissen: Was jetzt kommt, ist ein monatelanges Martyrium. Nehmen Sie trotzdem den Hörer in die Hand und tun Sie es. Begeben Sie sich auf den langen Weg durch die Warteschleife, durch alle Abteilungen, die nicht zuständig sind, und kämpfen Sie. Auf Leben und Tod. Für Gerechtigkeit, für Menschlichkeit, für uns alle!

4. Sie sind Gott und müssen Menschen wie George W. Bush, Katie Price oder Diego Maradona trotzdem lieb haben. Obwohl Letzterer Ihnen sogar Ihre Hand geklaut hat ...

Dann ist die Zeit gekommen, um Niki-Qualitäten abzurufen!

Natürlich gibt es auch Momente im Leben – und das ist ganz wichtig –, in denen Sie mal abschalten sollten. Körper und Geist brauchen auch ihre Ruhephasen. Sonst haben auch Sie irgendwann Ihr Burnout, Ihr Chronic Fatigue Syndrome, Ihren Schnauze-voll-Schnupfen.

Niki unterstützt den Führerschein ab 7.

Die Handbremse bekäme dann eine ganz andere Bedeutung.

Deswegen sollten Sie den Niki den Niki sein lassen und dringend eine Pause einlegen, wenn ...

... Sie als Supermarktkassiererin zu Hause den Frühstückstisch decken und sich dabei ertappen, wie Sie die Lebensmittel über´s Ceranfeld ziehen und warten, dass es „piep" macht.

... Sie Lehrer sind und anfangen, Liebesbriefe Ihrer Freundin mit Rotstift zu korrigieren.

... Sie als Tankwart essen gehen und der Kellner im Restaurant Ihnen die Karte gibt und Sie sagen statt „danke" nur: „Magnetstreifen unten rechts, Geheimzahl und bestätigen."

... Sie Spülmaschinen reparieren und Ihre Frau Sie um eine Rückenmassage bittet. Sie aber nur einen kritischen Blick drauf werfen und kopfschüttelnd sagen: „Nee, das Ding ist hinüber, da muss ein komplett Neuer her."

... Sie Zollbeamter am Nacktscanner sind und Ihre Frau sich ganz viel anziehen soll, damit sie für Sie richtig sexy aussieht. Dann sollten Sie eine Pause machen.

Niki Lauda schwört nicht nur beim Flugzeug auf den Autopiloten.

Sehr interessant:

Niki Lauda trägt vier Nieren im Körper. Da die eigenen Nieren als Folge der Medikamente nach seinem Unfall in ihrer Funktion stark nachgelassen haben, sind ihm zwei weitere Nieren (Spendernieren) eingepflanzt worden. Die erste wurde 1997 von seinem Bruder Florian Lauda gespendet, die zweite 2005 von seiner Lebensgefährtin Birgit Wetzinger. Vier Nieren! Und unsereins muss mit zweieinhalb Gehirnzellen klarkommen. Besonders auffällig war und ist übrigens auch das Kappensponsoring von Herrn Lauda. Sei Jahren trägt er eine rote Mütze mit den Aufdrucken „Parmalat", „Oerlikon" oder „Viessmann" und verdient sich so ne kleine Mio nebenbei. Und damit ist er nicht allein. Inzwischen machen das fast alle Promis. Sponsoren-Werbung auf der Mütze, am Hemdkragen, sogar auf dem frisch rasierten Rücken. Natürlich nur, wenn Sie Cheeta heißen oder King Kong oder Nikolai Walujew. Aber selbst für uns Sterbliche ist das eine Bombenidee. Lassen Sie einfach Ihr komplettes Leben versponsoren. Auf Ihrem Dekolleté zum Beispiel „Sonnenstudio Brand – Rot ist ein Gefühl" oder ...

- Vorne auf den Schneidezähnen ein dezenter Schriftzug: „Doktor Ehlers – Ihre Zahnarztpraxis mit Niveau"
- Unter Ihren Schuhen: „Ich liege hier, weil Becks Gold schneller und billiger besoffen macht."
- Auf der Kofferraum-Klappe Ihres Autos: „Geben Sie ruhig Gas, ich bin Allianz versichert."
- In den Haaren ein kleiner Zettel: „Frisur gestaltet von Friseur-

Salon Haarmonie".

- Auf Frauenbeinen einen schönen, dicken, schwarzen Aufdruck: „BRILLUX Strumpfhosen ... so fein, als hätten Sie gar keine an."
- Auf Ihrem Pullover im Büro: „Ich bin Fan vom Chef". Da ist die Gehaltserhöhung nur noch eine Frage der Zeit (... Sie Schleimer!)

Mancher wird denken: Was ein Quatsch. Aber überlegen Sie mal, fast jeden Tag tragen wir kostenlos Werbung für Aldi durch die Stadt. Wir tragen freiwillig Werbung für Adidas, Puma oder Superfly. Und verdienen nicht einen Pfennig. Das könnt dem Niki nicht passieren!

Zusammenfassung:

- Sie brauchen Kampfgeist und Nehmerqualitäten. Schauen Sie sich BP-Chef Hayward an: Der ging trotz Ölkatastrophe in Ruhe segeln. Aber der glaubt wahrscheinlich auch, das sind keine ölverklebten Vögel, die da am Strand angespült werden, sondern lauter Porno-Möwen im Latexanzug.
- Wenn´s gar nicht mehr geht, machen Sie eine schöpferische Pause. Spannen Sie mal aus. Machen Sie Urlaub. Aber bitte nur fünf Minuten! Und dann geht's weiter.
- Versponsoren Sie Ihr Leben. Fangen Sie mit kleinen Dingen an. In der Schule etwa. Sprühen Sie auf die Klotür ganz links: „Hier raucht Patrick heimlich Roth-Händle ohne Filter." Oder stellen Sie im Freibad ein Schild auf: „Tanja pinkelt Valensina in den Pool." Da verdienen Sie zwar erstmal noch nix, aber Sie gewöhnen sich an das Gefühl.

Anhang

Ich hoffe, Sie hatten beim Lesen des Buches ein wenig Spaß und haben einiges gelernt. Ich möchte mich an dieser Stelle noch mal ausführlich bei allen Prominenten bedanken, die hier besprochen wurden. Ohne sie hätte es dieses Buch nicht gegeben. Und ohne sie wären einige Kamerateams, Maskenbildner, Redakteure und vor allem ich nahezu beschäftigungslos. Danke für Euren Humor und danke für die wertvollen Tipps, die ich Euch abringen konnte. Einen habe ich allerdings noch vergessen. Jemanden, der mir immer, wenn ich irgendwo warten muss – egal ob beim Friseur, beim Zahnarzt oder auf der Samenbank – begegnet. Und zwar in Hochglanzmagazinen und Klatschblättern:

Matthew McConaughey:

Keinen anderen Schauspieler sieht man so oft in der BUN-TEN, dem Goldenen Blatt oder der Apotheker-Rundschau wie McConaughey. Und eigentlich immer mit freiem Oberkörper am Strand. Man hat das Gefühl, der wohnt da. 365 Tage im Jahr lungert Matthew auf seinem Surfbrett rum und wartet auf die nächste Welle. Oder darauf, dass ihm sein Kumpel Lance Armstrong im Vorbeifahren eine Frisbee-Scheibe zum Fangen zuwirft, während Lance mit seinem Drahtesel vor den Dopingfahndern flüchtet. Was ich damit meine: Nennen Sie mir drei Filme von und mit Matthew McConaughey.??? ... Na?! ....??? Also, mir fiel auf Anhieb nur *Sahara* ein. Und trotzdem kennt McConaughey jede Sau. Weil der Mann entweder einen tierisch guten PR-Berater hat oder täglich 12.000-mal an irgendwelchen fest installierten Webcams vorbeirennt. Die ganze Nummer funktioniert aber nur deswegen, weil Matthew durchtrainiert ist. Und zwar top. Deswegen kann er eigentlich gar nicht nur am Strand wohnen. Sondern zur Hälfte am Strand und die andere Hälfte bei McFit. Oder er hat sich bei

HomeShopping Europe das Butterfly Massage Pad mit Reizstrom zur elektronischen Muskelstimulation bestellt. Aber was lehrt uns das Beispiel McConaughey.? Klappern gehört zum Handwerk. Je lauter, desto besser. Es nutzt überhaupt nix, wenn Sie in Ihrem kreativen Lädchen als einzige Duftkerzen mit Harzer Roller-Geschmack verkaufen, Sie müssen es auch publik machen. Die Kerzen und Ihren Laden. Deswegen: Schalten Sie eine Anzeige. Verteilen Sie Flyer. Geben Sie ein Radiointerview. Oder stellen Sie sich als Frau jeden Tag OBEN OHNE vor Ihren Laden und fangen Frisbee-Scheiben auf.

UND: Putzen Sie sich regelmäßig die Zähne. Das macht Matthew nämlich auch. Auf jedem 2. Foto hat der Junge nämlich ne Zahnbürste im Mund oder zumindest in der Hand. Also nicht vergessen: 3-mal am Tag „die Krumpen schrubben"!

ENDE

Hey, ich hab gesagt „Ende"!
Sie sind ja immer noch da?
Abschalten ...

Gruss, Ihr
Peter Lustig

Danksagungen

Ich möchte mich an dieser Stelle bei folgenden Menschen bedanken:

Alfred Draxler, Alex Gernandt, Alexandra Merker, Aliki Tsiantoulas, Amadeus Crotti, André Zeppenfeld, Andrea Kaiser, Andrea Kraft, Andreas Frank, Andy Bucher, Andy Egertz, André Ehlers, Anja Gajewski, Annika Sticherling, Arno Schneppenheim, Axel Gauer, Bernd Sadowski, Bernard Michaelis, Bettina Resch, Bodo Hoffmann, Carmen Nebel, Carsten Hoyer, Christian Kniest, Christian Vosseler, Christoph Metzelder, Christoph Netzel, Dennis Muhl, Diana Othlinghaus, Dieter Anger, Dirk Rosenzweig, Elke Schneiderbanger, Erika Knop, Eva Theissen, Felix Roth, Felix Seidel, Fernando Ponce, Frank Coumans, Franz Beckenbauer, Friedhelm Döhmen, Georg Dessel, Georg Hesse, Gerry Arnsteiner, Hans J. Popp, Happy Ortkemper, Harry Seedorf, Hella von Sinnen, Holger Andersen, Horst Kern, Howard Carpendale, Hugo Egon Balder, Ingo Wohlfeil, Jessica Reimann, Joe Merkens, Jörg Althoff, Jörg Bleibel, Jörg Grabosch, Jörg Zajonc, Josef Ballerstaller, Jürgen Bangert, Jürgen Klopp, Jürgen Mahnke, Julia Bange, Kai Diekmann, Kai Hohage, Kai Traemann, Kai Uwe Homann, Katharina Konstantinidou, Katja van Lier, Klaus Munzert, Knacki Deuser, Lars Schriewer, Luca Toni, Luis Rodriguez, Malte Hentschel, Manfred Esser, Manfred Teubner, Marc Rehbeck, Marco Gödde, Marie Wellmann, Mariska Hoffmann, Mark Peine, Markus Küttner, Markus Lanz, Martin Kunze, Martin Neumayer, Matthias Alberti, Michael Markus, Michael Rummenigge, Michael Schweiger, Michel Zebouni, Micky Beisenherz, Mirko Heinze, Moritz Röder, Nils Suhling, Oliver Pocher, Oliver Versch, Omega Awlime, Paul Breitner, Peter Knop, Peter Kruse, Petra Körner, Ralf Günther, Ralf Möller, Rainer Calmund, Renate Berger, Renate Kampmann, Ronny Riemer, Sascha Rinne, Sebastian Floss, Silke van Hees, Sonja Demers, Stephanie Remmert, Sven Froberg, Sven Kuschel, Sven Schäferkorth, Svenja Bartsch, Thomas Balou Martin, Thomas Hermanns, Thomas Schrode, Tobi Tauch, Tobby Ortmann, Tom Weppler, Ulrich Klugius, Viktor Worms, Wolfgang Nadvornik, Waldemar Hartmann, und bei allen Mitarbeitern vom mvg Verlag (besonders *Christian Jund und Birgit Sander*), dem gesamten Team von Pool Position Management, allen voran *Alessia Köhnen, Alexander Elbertzhagen, Claudia von Spreckelsen und Kati Langenkämper.* Bei *Calli, Howie, Jürgen Klopp und Luca* für die Genehmigung der gemeinsamen Fotos. Bei allen Fotografen sowie bei dem gesamten Team von Bild und Bild.de, besonders bei *Tobias Holtkamp, Daniel Durst, Matthias Brügelmann und Manfred Hart.* Für die Freigabe des Fotos „Kaiser trifft Kultkaiser" danke ich *Franz Beckenbauer und Markus Hoefl* sowie *Annette Schneider von der Markus Hoefl Management GmbH.* Das Buchcover ist u.a. durch *Matzes kigaku* bestimmt. Für die Berechnung danke ich *Thorsten Theiler von www.kigaku.de.*

Ein besonderes danke an:

Timo Knop
für viele Fotos und die Mithilfe bei der Entwicklung neuer Charaktere.

Sandra Hoyer
für viele lustige Anregungen zu diesem Buch.

Und danke an alle, die an dieser Stelle eventuell und versehentlich nicht aufgeführt wurden und trotzdem mitgeholfen haben. DANKE !